KB142171

디스럽터

Non-Bullshit Innovation:
Radical Ideas from the World's Smartest Minds

디스럽터
시장의 교란자들

DISRUPTORS

파괴하는 자만이 새로운 제국을 짓는다

데이비드 로완 지음 | 김문주 옮김

쌤앤파커스

contents

▼

~~~~~~~~~~~~~~~~~~~~~~~~~~~~~~~~~~~~~~

개소리 없는 진짜 혁신을 만들어낸
'교란자들'

~~~~~~~~~~~~~~~~~~~~~~~~~~~~~~~~~~~~~~

기업에서 말하는 '혁신'이란 대체 뭘까? 일반적으로 기업혁신은 '조직과 고객에게 새로운 가치를 제공하기 위한 신선한 접근' 정도로 정의할 수 있다. 지금껏 기업혁신을 이토록 절박하게 추구한 시대는 없었다. 대개는 기존 매출 흐름과 업적 창출 과정 따위는 거의 존중하지 않는 기술 분야의 피할 수 없는 욕구를 충족하고자 혁신이 일어났다. 소매업이든 부동산이든 경영진은 보통 전산 처리와 유전자 배열 등 기술이 엄청난 속도로 발전하는 시대에 사업모델을 변혁하고, 디지털화하고, 완전히 뒤바꾸는 과정에서 자기 자리가 사라지지 않도록 사력을 다해왔다.

인텔의 공동창업자 고든 무어는 1965년 〈일렉트로닉스Electronics〉에 컴퓨터칩상의 트랜지스터 숫자가 매년 2배로 증가한다는 의견을 내놓아 유명해졌다. 곧 '무어의 법칙'이라 불린 이것은 나중에 1년이 아니라 18~24개월마다 2배가 된다고 수정되었다. 또 컴퓨터 처리 속도와 저장 능력을 높이는 데 필요한 비용이 감소한다고 규정한 이 법칙은 여전히 유효한 상태다. 이와 유사한 지수곡선은 태양열 발전과 유전학상의 발견, 나노기술, 디지털 제조, 기타 다양한 분야의 비용 역시 급속도로 감소하고 있음을 보여준다.

이것은 매우 중요한 문제다. 지수곡선은 본질적으로 희귀하고 비싼 무언가를 대중화해 결국 비용을 중요치 않은 존재로 바꿔놓기 때문이다. 가스연료 발전소는 시간이 흐르면서 사람들이 싸구려 태양전지판으로 에너지를 생성해 공유하고자 설치한 격자판 때문에 경쟁에서 밀려난다. 전통 의료보장은 개인맞춤형 치료를 위해 모든 환자의 DNA에 접근하는 시대에 무의미해진다. 내연기관자동차는 배터리 관련 비용이 줄어들고 기계학습이 발전하면서 소비자가 자율주행전기차를 선호하는 시대에 경제적으로 더 이상 성장하지 못한다.

현재의 사업에는 갖가지 위험이 존재한다. 가령 스타트업이 클라우드cloud와 크라우드crowd, 즉 클라우드 컴퓨팅을 쉽게 이용하고 크라우드펀딩으로 어렵지 않게 자본을 모으면서 시장진입 장벽이 거의 모든 분야에서 무너지고 있다. 네트워크화한 오늘날에는 기술 수용 주기도 짧아지고 있다. 전화기는 5,000만 사용자에 도달하기까지 약 50년이 걸렸지만 아이팟은 4년, 포켓몬고는 19일이 걸렸다. 그리고 의사결정권은 연공서열 조직이 아닌 SNS의 영향으로 과거 어느 때보다 큰 권력을 쥔 고객에게로 넘어갔다.

그 결과 대기업의 수명은 짧아지고 있다. 창조적 파괴creative destruction 이론을 설명한 전 맥킨지 이사 리처드 포스터는 미국 내 S&P500 기업의 평균수명이 1958년에는 61년이었지만 2012년에는 18년으로 줄어들었다고 했다. 컬럼비아대학교 경영대학원 교수 리타 건터 맥그래스가 영국에서 실시한 유사 연구에서는 1984년 FTSE100에 속하던 100개 기업 가운데 오직 24개 기업만 2012년 여전히 존재하는 것으로 나타났다. 이들 기업이 너무 느리게 반응할 경우 신뢰받는 브랜드와 전통, 공급사슬 내에서의 우위, 어마어마한 광고비 같은 것은 아무 쓸모가 없었다. 심지어 혼란에 빠진 기존 기업을 대체한 디지털 네이티브Digital Native(태어나면서부터 디지털 환경에 둘러싸여 성장한 세대 - 옮긴이)조차 안심하지 않는다. 페이스북 직원들을 위한 핸드북은 다음과 같이 냉정하게 말하고 있다.

"우리가 페이스북을 죽일 존재를 만들어내지 않으면 다른 누군가가 그렇게 할 것이다."

나는 새로 급부상하는 기술이 세상을 어떻게 바꾸고 있는지를 다루는 잡지 〈와이어드〉의 영국판에서 8년 동안 편집장으로 일하며 은행과 보험사를 비롯해 산업 전반의 전설적인 기업 임원들을 자주 만났다. 그들은 하나같이 자신이 "제대로 이해하고 혁신한다"고 장담했다. 또한 그들은 클레이튼 크리스텐슨의 1997년 베스트셀러 《혁신기업의 딜레마》를 읽었고 고비용과 복잡한 문제가 당연한 시장에 단순함, 편리함, 적당한 가격을 도입하게 해주는 파괴적인 기술을 이해한다고 말했다. 심지어 일부는 '외부 변화 속도가 내부 변화 속도보다 빠르면 곧 종말이 닥친다'는 잭 웰치의 의견을 인용하기까지 했다.

나는 그들에게 산업과 사상 변혁을 위한 혁신 프로젝트에서 어떤 구체적인 성과가 나왔는지 공유해달라고 부탁했다. 그들의 전형적인 대답은 "실질적인 성과라고 규정하기에는 지나치게 초기이긴 하지만 모든 요소가 제대로 작동하고 있다"는 것이었다. 변혁의 주체는 CIO, 스타트업 육성가, 혁신실험실로 이들은 해커톤hackathon(해킹과 마라톤의 합성어로 일정한 시간과 장소에서 프로그램을 해킹하거나 개발하는 행사 – 옮긴이), 아이디어 포털, 스타트업 투자, 실리콘 밸리 순례 등을 지원한다. 그럼 나는 그들 기업의 워크숍에서 팀에게 영감을 주려고 스타트업 관련 강연을 하는 걸까?

나는 가끔 무의식적으로 '루니 툰' 만화를 떠올린다. 로드 러너는 와일 E. 코요테가 절벽에서 떨어질 때까지 그 뒤를 쫓아간다. 계속 달리던 와일 E. 코요테는 어느 순간 아래를 내려다보고 자신이 더 이상 단단한 땅을 딛고 있지 않음을 깨닫는다. 그리고 뒤늦게 중력의 영향으로 고통스럽게 현실로 돌아온다.

대규모 조직 내에서 혁신으로 추앙받는 것은 사실 '혁신 연극'인 경우가 아주 흔하다. 그것은 정해진 규칙대로 혹은 PR부서에서 하라는 대로 사고방식과 문화의 급진적 변화에 대비해 마음의 위안을 얻고자 추진하는 혁신에 불과하다. 마치 프로토콜에 따라 공항에서 벌어지는

'보안 연극'과 같다. 실질적으로 그것은 승객을 귀찮게 만들기만 할 뿐 보안을 강화하는 데는 거의 효과가 없다. 나는 요즘 유행하는 새로운 기업업무 직함도 실망스럽다. '혁신촉진자', '혁신셰르파', '최고 파괴적 성장운영책임자', '디지털 예언자'라니! 가끔은 패러디가 더 명쾌한 대응으로 보인다. 내 책상 위에는 미국의 풍자매체 〈디 어니언The On-ion〉에서 오려낸 기사 하나가 놓여 있다. SXSW South by Southwest(IT, 영화, 음악을 아우르는 세계 최대 창조 산업 축제 – 옮긴이) 축제기간에 열린 인터랙티브 기술 관련 컨퍼런스(흔히 대기업에서 주최한다)에서 '혁신하다'라는 단어가 초당 8.2회 비율로 그리고 축제가 끝나기 전 우리가 대략 2,400만 번 말했을 거라고 추측하는 속도로 언급됐다고 보도한 내용이다. 〈디 어니언〉은 '잠재 게임체인저'라는 말도 23만 회 들려왔으나 '투자모델', '실용적인 사업 전략', '경제 현실'이라는 표현은 전혀 사용하지 않았다고 지적했다.

여전히 나는 세상 어딘가에 아주 흥미진진한, 즉 '개소리가 아닌 혁신'이 존재해 성공적인 조직에 진정한 성과를 안겨준다고 추측했다. 나는 그저 그 존재를 찾아내 그것이 가능하도록 만들어준 조건을 이해하면 그만이었다. 이에 따라 나는 변혁에 강력하고도 효과적으로 접근하는 방법을 발견하기 위한 원정을 시작하기로 했다. 혁신은 과학 공식만큼 단순하다는 말을 확신할 수 없었기 때문이다.

나는 내 여정을 지난 10년간 크게 성공한 유럽의 기술기업가 중 1명을 만나는 것으로 시작했다. 빠르게 쇠락하던 기업을 인수한 그는 그 기업이 스스로 목숨을 구하려면 현재의 사업모델을 포기해야 한다고 판단했다. 2006년 당시 스포티파이의 CEO이자 공동창업자인 다니엘 엑은 레코드 회사들을 방문해 큰 이윤을 안겨주는 비싼 플라스틱 디스크를 그만 팔고 마찰 없는 디지털 스트리밍으로 노래를 무료 제공해야 한다고 제안했다가 수없이 퇴짜를 맞았다. 결국 엑은 거의 모든 대형 레코드 회사가 스포티파이와 함께 일하도록 설득했다. 그리고 2018년 4월 공개회사로 전환한 첫날 시가총액 265억 달러라는 거액의 기업가치를 인정받았다. 엑의 스톡홀름 사무실 벽에는 펜더 스트라토캐스터 기타 하나와 함께 조지 버나드 쇼의 명언이 걸려 있다.

"이성적인 사람은 자신을 세상에 맞춘다. 비이성적인 사람은 세상을 자신에게 맞추려고 고집을 부린다. 모든 진보는 비이성적인 사람에게 달렸다."

나는 그에게 그 이례적이고도 끈질긴 여정에서 진정한 혁신과 관련해 무엇을 배웠는지 물었다.

"많은 기업이 혁신을 이야기하고 또 그 과정을 틀에 끼워 넣으려고 합니다. 나는 그게 효과가 있을 거라고 생각하지 않아요. 어떤 혁신도 책상 위에서는 일어날 수 없습니다. 창의적인 브레인스토밍을 구조화하려는 사람은 혁신할 수 없지요. 혁신은 운 좋게 발견하는 거예요. 전혀 상관없는 곳에서 나온 영향력이나 아이디어를 완전히 받아들일 때 일어나는 겁니다. 아주 오래도록 문제를 쩨려보고 있는 사람에게 그런 것이 나올 리는 없지요."

그는 우리에게 팀의 다양성이 필요하다고 지적했다. 그 다양성은 단순히 성별이나 인종이 아니라 생각과 소득 수준, 교육 배경을 의미했다. 엑은 대다수 성공적인 스타트업이 전혀 상관없는 영역에서 나온 개념을 바탕으로 만들어지는 데는 이유가 있다고 덧붙였다.

"에어비앤비를 봅시다. 호텔 사업을 해본 적도 없고 그것이 어떻게 돌아가는지도 모르는 사람들이 세운 기업입니다. 나도 음악 산업을 전혀 몰랐어요. 바로 그 점 때문에 성공할 수 있었죠. 나는 왜 모든 게 그런 식이어야 하는지 이해하지 못했습니다. '아, 레코드 회사들은 절대 변하지 않아요'라고 말하는 대신 나는 '세상은 이래야 한다고 생각해요'라며 문제에 달려들었어요. 어떤 환경에서 우리는 비이성적이어야 합니다. 혁신은 그렇게 일어납니다."

나는 이런 사람들을 '교란자들'이라고 명명했다.

그렇다면 어떤 교란자들이 혁신적 접근법을 적용해 주목할 만한 성과를 거둘 경우 우리는 교훈을 얻을 수 있을까? 시간과 장소에 구애받지 않는 휴대전화가 새로운 시장을 형성하면서 어마어마하게 성장 중인 중국 기업들은 어떤 교훈을 주는가? 모든 고난을 헤치고 디지털을 우선시하는 유럽의 유물 같은 산업 분야 회사는? 심지어 현대 민족국가에게 필요한 자질을 다시 생각해보고 있는 중앙정부는 무엇을 가르쳐주는가?

이제야말로 개소리 따위가 아닌 우리를 구원해줄 전략을 찾아 깊이 파고드는 탐험을 떠날 때가 왔다.

1장

좋은 질문을 던지고 적절한 사람끼리 이어준다면

AUTONOMOUS

삽 하나로 트럭 500대 분의 흙을 파낸다고?

하룻밤 숙박비가 1,200파운드(약 176만 원)에 이르는 영국 런던의 클라리지스Claridge's 호텔을 방문한 날 나는 호텔 안으로 들어가면서 장화와 보안경, 안전모를 착용해야 했다. 66세의 짐 맥키가 나를 데리고 진흙이 군데군데 튄 벽과 바닥에 뚫린 커다란 먼지투성이 구멍을 향해 움직이는 구조물 감시 스크린 앞을 지나갔다. 그는 나와 함께 빈 공간을 가로지르는 사다리를 타고 천천히 내려가면서 자랑스럽게 말했다.

"사람들이 불가능할 거라고 얘기했던 프로젝트입니다. 나는 도전의식을 부추기는 말을 좋아하지요."

그런데 우리가 있던 곳 바로 위층에서 부엌과 세탁실을 지나 자동문을 통과하면 1854년 개관한 이 호텔에서 야심만만한 공사가 벌어지고 있음을 누구도 눈치 채지 못한 채 그저 평온함만 가득했다. 자신을 엔지니어로 부르길 싫어하는 맥키는 아일랜드에서 성장했고 정규교육을 마치지 못했다. 그러나 거의 반세기에 걸쳐 런던에서 쌓아온 커리어로 도시의 고난도 공사를 해결해 꽤나 명성을 얻었다.

2007년 클라리지스와 코노트Connaught 호텔, 버클리Berkeley 호텔을 소유한 메이본 호텔 그룹Maybourne Hotel Group의 대주주 패디 맥킬런은 호텔 지하에 2개 층을 확장할 때 맥키의 회사 맥기 그룹McGee Group

에 연락했다. 맥킬런은 여기에 2가지 함정이 있다고 설명했다. 첫째, 투숙객이 리셉션 층 아래에서 굴을 뚫거나 땅을 파도 전혀 눈치 채지 못한 채 느긋하게 휴식을 취할 수 있어야 했다. 맥킬런은 사보이 호텔 Savoy Hotel이 2007년 12월부터 16개월간 1억 파운드(약 1,500억 원)를 투자해 리노베이션을 하느라 단골고객을 잃을 위험에 처했음을 알고 있었다(더구나 그 공사로 휴장기간이 3년까지 연장되면서 비용이 2억 2,000만 파운드로 늘어났다). 그는 그런 위험을 감수할 생각이 없었다. 둘째, 폐기물을 제거하거나 장비와 콘크리트를 들여오기 위해 건설업자들이 드나들 수 있는 유일한 곳은 건물 뒤쪽의 2m²짜리 창 하나에 불과했다.

맥키는 이것은 그저 아름다운 꿈일 뿐 실행이 불가능하다는 결론을 내렸다. 이 아이디어는 2008년 부동산 대폭락으로 잠시 보류되었으나 2015년 맥킬런은 지하 5개 층 건설 계획을 담은 3,500만 파운드(약 516억 원)짜리 계약서를 들고 다시 맥키를 찾았다. 그곳에는 2개의 수영장과 레스토랑, 스파, 상점, 사무실이 들어서고 현재 지상층에 있는 기계·전기·공기순환 시설은 40개의 새로운 객실과 6성급 스위트룸에 자리를 내주면서 지하로 옮겨갈 예정이었다. 그는 호텔 투숙객이 인지하지 못하는 동안 6,000m²의 새로운 지하공간을 어떻게 설계하고 건설할지는 전적으로 맥키에 맡겼다.

맥키는 잘나가는 여러 건설사가 이미 여러 해 동안 맥킬런의 의뢰를 거절해왔음을 알고 있었다.

"나는 해낼 수 없는 일은 존재하지 않는다고 믿어요."

이 프로젝트를 위해 은퇴를 미룬 맥키는 예전에 기술적으로 복잡한 프로젝트일수록 신이 나서 일하는 구조·지질 공학 엔지니어팀과 일한 적이 있었다. 그 희한한 엔지니어팀은 런던에서 직원 1만 5,000명을 거느린 세계적인 컨설팅·엔지니어링 회사 아룹Arup의 팀이었다. 아룹은 종업원지주 기업으로 세계에서 가장 까다로운 공사 과제를 도맡고 있다. 맥키가 말했다.

"나는 그 구조 설계를 맡아줄 수 있는 회사는 아룹뿐이란 걸 알았습니다. 그들에게 이 계획을 소개하자 미친 계획이라며 나를 정신병원에 가둬야 한다고 하더군요. 그러더니 어서 서두르자며 열정을 불태웠지요."

1946년 영국계 덴마크인 엔지니어이자 철학자인 오베 아룹이 설립한 아룹은 시드니 오페라 하우스, 쿠퍼티노의 애플 파크, 베이징의 CCTV 본사, 덴마크와 스웨덴을 잇는 외레순 다리 등을 현실화한 겸손하고 재능 넘치는 이들의 집합체다. 이 회사는 전문지식으로 런던의 더 샤드 전망대와 밀레니엄 다리, 홍콩의 국제금융센터, 뉴욕 2번가 지하철 등의 탄생을 돕기도 했다. 하지만 35개국에 90개 사무실을 두고 15억 파운드(약 2조 2,600억 원)의 매출을 올리는 기업치고 아룹은 직원들에게 무엇을 해야 하는지 지시하지 않는 이상한 곳이다. 아룹의 부의장 트리스트램 카프레는 어깨를 으쓱하며 말했다.

"내겐 거의 힘이 없습니다. 여기 사람들은 스스로 결정하고 자신과 서로에게만 설명하면 됩니다."

아룹은 의도적으로 직원들 사이에 자율성과 호기심을 적극 조장해 스스로 흥미를 느끼는 프로젝트를 선택하게 한다. 짐 맥키는 아룹의 베테랑으로 예전에 즐겁게 함께 일한 적 있는 38세의 디네시 파텔을 불렀다. 둘은 호텔을 방문해 아룹의 지질공학자와 구조공학자가 맥키 팀과 협업해 지하층을 설계할 수 있는지 살펴보기로 했다. 터널과 네모난 콘크리트 구조물이라면 사족을 못 쓰는 지질공학 전문가 파텔이 회상했다.

"우린 그곳을 '공사가 불가능한 지하층'이라고 불렀죠. 고객이 그 프로젝트에 적합한 사람들을 찾기 위해 몇 년 동안 애썼지만 모두가 불가능하다고 말했습니다. 하지만 아룹 사람들은 도전과제 앞에서 문제를 해결하기 위해 애쓰는 과정을 아주 좋아합니다. 우리는 우리 영역을 보호하려고 프로젝트를 맡는 게 아닙니다. 인간 능력의 한계를 시험해보려는 거지요."

파텔은 런던에서 가장 높은 빌딩인 230m 높이의 헤론 타워, 세계적 수준의 빅토리아 앤 앨버트 박물관의 전시관, 초고가 주거지역 원 하이드 파크 같은 건축 프로젝트를 진행한 베테랑이었다.

"그것 모두 도전적인 프로젝트였지만 이 프로젝트에 비할 바는 아니었어요. 이런 식의 지하공사를 할 경우 대개는 건물을 때려 부수고 처음부터 시작해야 하는데 그럴 수 없으니 잠이 오지 않을 정도로 고민스러웠지요. 그렇게 공사하면 도널드 트럼프나 힐러리 클린턴을 위층에 묵게 할 수 없을 테니까요."

맥키는 1920년대 아르데코 양식으로 지은 기존 별채의 지지 기둥 61개 아래로 갱도와 토대가 깊이 박혀 있으니 새로 기둥을 여러 개 세워 호텔을 공중에 띄울 방법이 있을 거라고 생각했다. 2015년 12월 파텔은 아룹의 몇몇 동료와 함께 의견을 나눈 뒤 초기 타당성 조사를 실시했다. 그들은 금세 그 프로젝트에 꽂혀버렸다. 그들이 늘 흥미진진하게 여기는 불가능한 프로젝트가 나타났기 때문이다. 그들은 곧 1928년에 발행한 잡지 〈더 빌더스The Builders〉의 오래된 판본을 구했다. 최초의 공사팀이 호텔 밑으로 1m를 파고들었을 때 연약 지반을 만나면서 겪은 문제를 다룬 내용이었다. 이 토양이 젖으면 치약처럼 되어버려 전체 구조가 불안정해질 수 있었다. 아룹-맥기팀은 진공배수vacuum dewatering 공법으로 그 문제를 해결했다. 이는 마치 스펀지처럼 땅에서 물을 빨아들이는 공법이었다.

그다음에는 좀 더 불확실한 두 번째 도전과제와 마주했다. 호텔은 한 세기 전에 만든 두께 1m에 가로·세로가 각각 50m와 25m인 콘크리트 뗏목식 기초 위에 얹혀 있었고 이를 보강하는 데 약 75톤의 철근을 썼다. 이 뗏목은 과연 지하 5개 층을 새로 짓는 압력을 견딜 정도로 튼튼할까? 이 프로젝트에서 프로젝트 매니저를 맡은 사라 글로버가 말했다.

"기초공사를 '덥석' 할 수는 없어요. 이미 존재하는 건물에는 더욱더 그렇지요. 닭과 달걀이랑 같아요. 콘크리트 속에 철근이 어디 있는지 알아내는 유일한 방법은 뗏목을 깨뜨리는 겁니다. 하지만 뗏목식 기초를 깨뜨리면 호텔을 지탱하는 구조를 파괴하고 말지요."

그녀의 팀은 실험실 실험으로 뗏목이 어느 정도 연성을 지녔는지, 작업에 따른 지반 이동으로 부러지기 전까지 얼마나 휠 수 있는지 알아내기 위해 모델 반응 계산을 활용했다. 계산에 따르면 뗏목은 공사 압력을 견뎌낼 정도로 단단했다. 그런데 호텔이 기존 뗏목식 기초 위에 세운 기둥 61개에 고정되어 있다는 가장 큰 도전과제가 등장했다. 어떻게 하면 이들 기둥을 안전하게 지하까지 연장해 기존 호텔 8개 층뿐 아니라 새로운 지하층을 단단히 고정할 수 있을까?

경험이 풍부한 아룹팀 엔지니어들은 클라리지스에서 창의적인 아이디어를 떠올리도록 소규모 팀으로 나눠 짐 맥키와 함께 작업을 진행했다. 어떤 기술을 써야 호텔을 계속 운영하면서도 '2m²짜리 창 하나'라는 제한을 충족할 수 있을까? 이들은 단순하면서도 매우 훌륭한 해결책을 찾아냈다. 아일랜드 광부들을 고용해 호텔 아래로 상층의 진흙과 하층의 뻑뻑한 점토층을 뚫고 30m까지 내려가는 터널을 직접 파게 하는 건 어떨까? 그러면 현재의 61개 기둥 밑에 있는 갱도를 철근으로 평평히 메운 후 호텔을 지탱해주는 새로운 토대를 만들기 위해 콘크리트를 깊숙이 채울 수 있을 것이었다. 결국 15명의 광부와 2명의 현장감독을 고용했는데 이들은 체계적으로 일해 단 17개월 만에 1,800m에 달하는 깊은 갱도와 400m의 터널을 파냈다. 맥키가 말했다.

"말 그대로 삽 하나로 트럭 500대 분의 흙을 파낸 거죠."

그는 나를 지하 1층으로 데려갔다. 형광색 안전조끼를 입은 인부들이 공사 장비를 운반하며 빠르게 움직였고 콘크리트로 마무리한 뻥 뚫린 공간이 정비를 기다리고 있었다. 지하철 플랫폼으로 써도 좋을 정도의 공간이었다. 콘크리트 수축을 방지하기 위해 기둥 안에는 유압잭을 설치했는데 맥키는 수영장이 들어설 기둥 2개 사이 공간을 가리켰다.

"이 빌딩 전체가 지금은 유압유 위에 떠 있는 상태입니다. 내가 알기론 3,500만 파운드짜리 공사를 마무리하면 고객은 1억 2,000만 파운드 가치를 지닌 새로운 부동산을 얻게 됩니다. 불행히도 내가 견적을 낼 때는 그걸 몰랐죠."

근처에서 바닥재를 검사하고 있던 디네시 파텔은 진척 상황에 만족하는 듯했다.

"우리는 이 공사를 위해 완전히 다른 산업 분야에서 기술을 가져왔어요. 이런 프로젝트에서는 하나의 팀이 되어 협업해야 합니다. 벽에 뚫린 작은 구멍으로 모든 것을 반입하느라 채광 기술을 끌어들여야 할지라도 말입니다."

맥키는 대놓고 자랑스러워하며 현장을 조사했다. 2019년 1월 그의 팀은 지하 5층까지 완공해 넘겼고 내부 설비를 갖추기 위한 서비스 연계 터널을 연결했다. 이들은 단 하나의 창문으로 10m²에 약 20톤을 실을 수 있는 트럭 3,000대 분의 폐기물을 제거했다. 더구나 이 모든 것은 투숙객을 방해하지 않고 이뤄졌다. 물론 일부 단골 투숙객에게는 그들이 잠자는 동안 아래층에서 뭔가 놀라운 일이 벌어지고 있다는 말이 전해지긴 했다.

"여기까지 내려와 보고 싶어 한 억만장자 손님과 록스타도 있습니다. 자기들이 위층에서 럭셔리한 저녁식사나 5성급 스위트룸을 즐기는 동안 그 아래에서 무슨 일이 벌어지고 있는지 궁금해 하더군요."

이 프로젝트는 뛰어난 사람들에게 힘겨운 도전과제를 주고 간섭하지 않을 때 어떤 일이 벌어지는지 보여주는 또 하나의 증명이었다. 파텔이 말했다.

"우리는 이런 일을 두려워하지 않습니다. 커다란 위험을 내포하고 있었지만 아룹의 가장 큰 자산은 사람이죠. 우리 직원들은 회사의 지적 부동산이에요."

전략이 없을 때 최고 성과를 내는 회사

아룹은 1년 동안 평균 6,700명 고객을 위해 1만 8,000개의 프로젝트를 진행한다. 그러나 트리스트램 카프래는 내게 아룹의 가장 큰 프로젝트는 조직 그 자체라고 말했다. 최고의 인재를 선발해 동기를 부여하고 그들이 직접 협업 방식을 선택하게 하면서 불가능한 프로젝트에 신이 나도록 만들어야 하기 때문이다. 그것도 중앙의 아무런 지시 없이 말이다.

"내가 이사회에 합류했을 때 전 의장이 말했어요. '축하합니다. 그렇다고 뭔가를 바라도 된다는 의미는 아닙니다. 운이 좋으면 당신이 뭔가를 얘기할 때 사람들이 좀 더 귀를 기울일 수 있어요.' 실제로 후배 직원이 선배 직원보다 더 많이 안다는 거죠."

1970년 7월 9일 오베 아룹은 햄프셔주 윈체스터에서 열린 파트너 미팅에서 기업의 가치와 목적을 주제로 강연을 했다. 그의 발표는 '핵심 연설Key Speech'로 알려져 있고 현재 모든 신입사원에게 그 연설문을 읽도록 권장한다. 아룹은 이렇게 말했다.

"회사는 반드시 크고 효율적이면서도 인간적이고 친근해야 합니다. 모든 직원은 지휘 계통의 연결고리나 관료 기구의 한 톱니바퀴가 아니라 모든 관심사의 초점이 자신의 행복인 한 인간으로 대접받아야 합니다. 또 수단뿐 아니라 목적으로 대접받아야 합니다."

아룹은 세계 최고 수준의 인재를 유치할 때 돈은 흥미롭고 보람 있는 일을 할 기회보다 중요하지 않다고 믿는다.

"(직원이) 자신의 창의적인 능력을 사용하고 완전히 펼치며 또 성장하고 책임이 주어지는 회사여야 합니다. 그가 얼마 후 불필요한 요식 행위나 누군가의 입김 때문에 좌절한다면, 자신의 업무에 영향을 미치지만 동의할 수 없는 결정을 무조건 따라야 한다면, 아마 그는 짐을 싸서 가버릴 겁니다. 실은 그렇게 가버려야 합니다. 인재들이 재능을 펼치도록 해주는 조직을 만드는 것은 우리에게 달려 있습니다. (결정을 내리는) 권위는 가능한 한 아래로 분산해야 합니다."

50년이 지난 지금도 그 가치는 여전히 남아 있으며 세계적인 엔지니어들은 이곳에서 커리어를 쌓기로 결심한다. 1981년 입사한 카프래는 2008년 베이징올림픽 수영장과 싱가포르의 마리나 베이 더블 헬릭스 다리 같은 상징적인 프로젝트를 맡아왔다.

"생각을 통제하지 않거나 전략이 없을 때 최고 성과를 내는 아룹은 직원의 이익을 대변하는 신탁이 소유하고 있습니다. 따라서 '그들'이나 '우리'라는 구분이 없지요. 지금까지는 아주 잘되고 있어요. 우리는 매년 수익을 내고 있고 아무런 투자도 받지 않아요. 만약 세상이 우리가 할 수 있는 것보다 더 빨리 변하면 우리의 접근법은 실패할까요? 우리 회사는 그 디지털 시대의 목적에 부합하고 있을까요?"

이것은 중요한 의문이다. 아룹은 자신들이 새로운 세대의 태도, 가정, 적응 속도에 맞춰 근본적으로 변하지 않을 경우 인재 경쟁에서 뒤처질 수 있음을 안다.

"이곳에서 35년간 있었던 사람들보다 더 많은 지식과 기술을 갖춘 이들이 속속 합류하고 있어요. 여기에는 혼란이 잠재되어 있습니다. 블록체인이나 기계학습을 말할 때 대부분의 리더가 그게 뭔지 모르지요. 아니, 우리는 쓸모가 없어요. 우리는 내적으로 집중하고 서로를 편안해하지만 실제 세계에서는 그다지 편안해하지 못하는 내향적인 사람들입니다. 그 점이 변해야 해요."

전날 카프래는 45년간 아룹에서 일했고 지금 자신과 함께 공동부의 장을 맡고 있는 이와 저녁을 먹으며 네트워크로 문제를 해결하고 유튜브로 직접 배우는 디지털 네이티브가 왜 계층적이고 내부지향적이면서 노련한 직원의 전문지식을 찬양하는 회사에 들어오고 싶어 하는지 논의했다. 다양한 업무 파트너십처럼 아룹의 직원들은 보통 맨 아래층으로 들어와 지식을 축적하면서 천천히 위로 올라온다. 왜 재능 있는 졸업생들이 스타트업에 뛰어드는 대신 확실한 책임을 부여받을 때까지 10년을 기다리는 걸까? 카프래가 말했다.

"우리는 스타트업의 정반대 쪽에 있습니다. 우리는 정말로 '우리'를 소중히 여기지요. 그러나 아룹은 더 투과성이 좋고 더 네트워크화해야 합니다. 다른 좋은 사람들과 연결될 필요가 있지만 그들이 아룹에 들어왔다가 떠나야 해요. 평생 다니는 게 아니라요."

그는 아룹이 직원들을 행복하게 만들어주기 위해 더 깊이 사색해야 한다고 본다. 그 목적을 달성하고자 회사는 더 젊은 직원들에게 '최대 성취'에 어떤 의미가 있는지 질문을 던진다. 이들은 오베 아룹이 일찍이 찬양한 바 있는 '창의적이기 위한 독립성'에 가치를 두고 문제해결을 위해 여러 전문 분야에 걸쳐 자신들만의 방식을 찾길 갈망한다. 그러나 기술이 발전하면서 이것이 실제로 어떻게 작동할 것인지는 부단한 실험을 필요로 한다.

"우리는 센서를 장착한 책상에서 일합니다. 공기 중의 이산화탄소 농도와 온도를 측정하고 사람들의 선호에 따라 업무환경을 맞춤형으로 조정하면서 하는 일에 맞춰 조명을 가동하는 센서지요. 우리는 사람들이 어떻게 느끼는지 알고 싶어서 실험하고 있는 겁니다."

아룹은 수많은 경쟁자를 무너뜨린 70여 년의 부동산 경기 사이클과 경기침체에도 살아남았다. 이들은 지속적으로 수익을 창출했고 업계 최고 권위 상을 휩쓸었으며 문자 그대로 세상 모습을 바꿔놓았다. 건축계에서 아룹은 재능 있는 인재들에게 가치주도적 커리어를 제안하고 도전적이면서 충만한 업무를 부여한다는 보기 드문 명성을 얻고 있다. 그렇지만 카프래가 말하듯 내일도 그런 신뢰를 받으리라고는 누구도 장담하지 못한다.

"우리는 조직을 싹 바꿔야 합니다. 우리가 모든 것을 안다는 생각을 깨뜨리고 싶어요. 그게 우리의 과제입니다."

'극단적 자율성'의 모범답안 슈퍼셀

조너선 다우어는 프로젝트 스매시 랜드Smash Land를 진행하는 세계 톱클래스의 게임개발자와 디자이너로 구성한 팀을 10개월 동안 이끌었다. 다우어가 '핀볼 기계와 비슷한 배경에서 캐릭터를 수집해 다른 플레이어들과 전투하는 것'이라고 설명한 이 모바일 게임은 캐나다, 호주, 뉴질랜드에서 초기 테스트를 위해 발매했고 회사 내에서 많은 사랑을 받았다. 그러나 팀의 지속적인 반복시험에도 불구하고 바라던 만큼 플레이어들을 사로잡지 못했다. 뉴질랜드에서 온 디자이너 다우어는 헬싱키의 사무실에서 팀원들에게 여전히 이 게임을 믿는지 솔직히 말해달라고 부드럽게 물었다. 그는 회상했다.

"우리는 수많은 일을 시도했고 나는 팀 내 분위기를 느낄 수 있었습니다. 메타게임이 그리 좋지 않았죠. 그리고 우리가 고치려고 손을 대는 족족 프랑켄슈타인처럼 끔찍하게 변했어요."

팀은 헬싱키의 사우나섬으로 유명한 사우나사리Saunasaari로 사우나를 하러 갔다. 그들은 대화하던 중 자신들이 다른 게임 아이디어에 훨씬 더 신이 나 있음을 깨달았다. 다우어가 말했다.

"그 순간 우리는 스매시 랜드를 그만두기로 결정했어요. 뭔가 놀라운 경지에 오르지 못했으니까요."

그는 이 결정을 공식화하기 위해 회사 전체에 이메일을 보냈다.

"우리는 일카와 협의하지도 않았어요. 그날 핀란드에 없었거든요."

일카, 그러니까 일카 파나넨이 다우어의 사장이라는 점을 떠올리면 그 말이 이상하게 들릴 수도 있다. 그러나 직원이 사업상의 중요한 결정을 내리기 전에 협의하지 않는 것은 일카가 딱 원하는 바다. 유럽에서 성공한 스타트업 가운데 하나로 가장 높은 가치를 인정받는 게임 회사 슈퍼셀의 CEO이자 공동창립자인 파나넨은 직원 280명이 자율적으로 의사결정을 하도록 권한을 부여한다. 설사 그 일이 수익을 올릴 잠재력이 있는 게임을 출시 직전에 그만두는 것이라고 해도 말이다.

파나넨은 2017년 런던 근처에서 열린 구글 자이트가이스트Google Zeitgeist('시대정신'이라는 의미로 구글의 인기 검색어를 뜻한다 - 옮긴이) 페스티벌에서 나와 점심을 먹으며 말했다.

"나는 세계에서 가장 힘없는 CEO가 되길 열망합니다. 게임 개발팀과 셀cell, 사람들에게 권력을 돌려주는 게 중요하죠. 내 임무는 최고로 가능성 있는 사람을 고용해 그들이 어떻게 가장 큰 영향력을 발휘할지 결정하도록 내버려두는 환경을 조성하는 겁니다. 그 시점부터 나는 옆으로 빠져 있어야 하지요."

　이 전략은 투자자들이 꿈꾸는 것 이상으로 효과를 발휘하고 있다. 2016년 당시 6년 차인 이 회사가 시장에 겨우 네 종류의 게임을 내놓았을 때 중국기업 텐센트는 102억 달러의 가치가 있는 것으로 평가받은 이 기업의 대주주가 되기 위해 86억 달러를 썼다. 그해 슈퍼셀의 무료 게임은 주로 게임 내 구매로 매출액 23억 달러와 이익 10억 달러를 기록했다. 매일 1억 명 이상이 이들 네 게임, 즉 클래시 오브 클랜스Clash of Clans, 붐 비치Boom Beach, 헤이 데이Hay Day, 클래시 로얄Clash Royale과 2018년 출시한 브롤 스타즈Brawl Stars를 하고 있는데 이들은 보통 8~9차례 접속해 평균 6분간 머문다. 파나넨은 이 성공을 회사가 작은 팀 또는 셀에 부여한 극단적 자율성으로 요약할 수 있다고 말했다. 그 셀이 한데 묶여 회사 이름처럼 '슈퍼-셀'을 이룬다는 것이다. 이는 파나넨이 예전에 근무하던 게임 회사에서 큰 좌절을 안겨준 전통 위계를 의도적으로 무너뜨린 결과다.

　2018년 9월 파나넨의 초청을 받은 내가 핀란드에 있는 그의 사무실로 가던 길에 다우어가 설명했다.

　"결정은 누구나 할 수 있습니다. 모든 사람이 자존심을 버리면 그런 결정은 저절로 내려지죠."

　물론 셀은 자신들의 결정을 정당화해야 한다. 그래서 금요일 오후 총회의를 여는데 어떤 주에는 중대한 결정을 두고 축배를 들기 위해 샴페인 몇 병을 따기도 한다. 스매시 랜드 같은 게임이 실패했다는 것을 인정하는 축배다. ('교훈'이라고 명명한) 샴페인 병에는 어떤 교훈을 배웠는지 쓰도록 빈 라벨이 붙어 있다. 다우어는 축배 대상이 실패 자체가 아닌 실패에서 얻은 교훈이기 때문이라고 설명했다. 슈퍼셀의 5년 차 게임기획자인 다우어가 말을 이었다.

"실패는 짜증 나죠. 회의에서 발표할 때 바들바들 떨면서 불안해하기도 했습니다. 샴페인을 마실 수 없을 정도로 울기 직전이었고요. 나는 우리가 현재 어디에 있고 어디로 가고 싶은지 나타낸 그래프를 보여줬어요. 그리고 건배사로 내가 배운 교훈을 읊자 동료들이 큰 박수를 보냈지요. 한 회사가 이런 식으로 일하는 데 필요한 신뢰 수준은 어마어마합니다."

다우어의 팀원은 재빨리 옮겨갈 다른 셀을 발견했다. 다우어는 2년 반 동안 클래시 로얄의 게임기획자로 일했고 이제는 4명으로 이뤄진 셀에서 새로운 게임을 개발하고 있다.

"여기에 대단히 중요한 계획 같은 건 없습니다. 그냥 한 무리의 사람들이 최고의 게임을 만들어내려 노력한다는 공통 목표 아래 자유롭게 움직이는 거지요."

슈퍼셀 웹사이트에는 한때 '최고의 사람들이 최고의 게임을 만든다'라는 슬로건이 걸려 있었다. 그런데 어느 순간 '사람'이란 말은 '팀'으로 바뀌었다.

폴라로이드로 찍은 직원들의 사진으로 이뤄진 벽은 셀의 규모가 4명(채용담당)부터 17명(클래시와 클래시 로얄)까지 다양하다는 것을 보여주고 있다. 최신 게임 브롤 스타즈의 셀은 13명이다. 관리부서 역시

12명으로 이뤄진 셀이다. 어떤 폴라로이드 그룹에는 한 소속원이 다른 셀로 옮기면서 생긴 빈 칸도 있다. 이들은 다양성을 중요시한다. 32개국에서 온 직원들은 헬싱키 루오홀라티 지역의 본사에서 일하며 영어를 공용어로 사용한다. 샌프란시스코와 도쿄, 상하이, 서울에서 80여 명이 더 일하고 있으며 코펜하겐에서 홀로 일하는 작곡가도 있다.

파나넨은 최고의 성과는 모든 구성원이 열정적으로 기여하는 소규모 팀에서 나온다고 믿는다. 이들은 자신들의 제품 로드맵을 완전히 주도한다. 상사는 그저 때때로 질문을 던지되 '문화를 해칠 수 있는' 질문으로 무언가를 강요해서는 안 된다. 투명성 역시 중요시한다. 회사 전체는 새로운 게임을 베타버전으로 출시하기 전 한번 해보고 피드백을 달라는 요청을 받는다. 게임팀도 사용자 확보와 참여, 수익화 목표를 회사 전반에 밝혀야 한다. 목표를 달성하지 못할 때는 변명의 여지가 없다. 파나넨은 구글 자이트가이스트 행사에서 "조직도와 과정을 훌륭한 게임으로 변형할 수는 없다. 우리는 게임이 과학이 아닌 예술 형태임을 깨달았다"라고 말한 바 있다. 이는 팀들이 실패하도록 허용한다는 의미다. 왜냐하면 '수많은 실패가 존재하지 않는다면 혁신적인 일을 하려고 충분히 노력하지 않았다는 뜻'이기 때문이다.

슈퍼셀은 과감한 방식으로 인재들에게 권한을 위임하는 유일한 게임 회사가 아니다. 밸브Valve는 수십억 달러를 벌어들이는 온라인 게임 유통 플랫폼 스팀Steam과 함께 인기 게임 하프-라이프Half-Life를 소유한 워싱턴주의 기업이다. 밸브는 계층이 존재하지 않는 '플랫랜드Flatland'가 되길 갈망한다. 밸브의 《2012년 신입사원 핸드북》에서는 이렇게 설명하고 있다.

"우리에겐 어떤 경영진도 없다. 아무도 다른 누군가에게 '보고'하지 않는다. 우리에게는 창립자 겸 회장이 있지만 그조차 당신의 매니저는 아니다. 이 회사는 당신이 조정해서 나아가야 하는 당신의 것이다. 당신에게는 기회로 나아가기 위해, 위험에서 벗어나기 위해, 프로젝트를 진행하기 위해 청신호를 줄 힘이 있고 제품을 발송할 힘도 있다. 이곳에는 고객이 원하는 바를 스스로 알아내고 그것을 고객에게 제시하려는 당신을 가로막을 불필요한 요식은 존재하지 않는다."

밸브의 사무실 책상에는 바퀴가 달려 있다. 이것은 직원들이 언제나 더 큰 가치를 위해 어디로 움직여야 하는지 고심해야 한다는 것을 떠올리게 하는 상징일 뿐 아니라 말 그대로 움직일 때 책상과 함께 움직이라는 배려이다. '발로 행하는 투표'라는 말처럼 직원들은 발(또는 책상 바퀴)로 프로젝트에 투표한다. 경제적 보상은 일정 부분 동료들의 평가로 결정한다. 그 핸드북에는 실질적인 업무 설명도 담겨 있지 않다.

"당신은 당신이 할 수 있는 가장 가치 있는 업무를 끊임없이 찾아다녀야 한다. 프로젝트가 끝날 무렵 당신은 결국 자신의 핵심 영역이라 생각하던 곳에서 벗어나 다른 영역에서 잘 마무리하게 될 것이다."

슈퍼셀은 직원들이 컴퓨터 전원을 끄고 일방적으로 다른 팀으로 옮겨가도록 권장하지는 않지만(슈퍼셀은 집단토의를 선호한다) 분명 이와 유사한 부분이 있다. 슈퍼셀의 7년 차 베테랑 티무르 하우실라가 말했다.

"신입사원이 자신에게 스스로 결정할 자유가 있음을 깨닫는 데는

2주가 걸립니다. 게임 방향, 시간표, 마감일자, 외부 파트너와 일할지 등을 결정할 수 있어요. 물론 일카에게는 커다란 힘이 있지만 팀들을 사사건건 챙기는 방식은 아니에요. 그는 좋은 질문을 던지고 적절한 사람들끼리 이어주는 데 힘을 씁니다. 그리고 언제 뒤로 물러서야 할지 알고 있죠. 그는 팀을 믿거든요."

이전에 헤이 데이와 붐 비치 기획을 맡은 하우실라는 지금 7명 팀에 속해 새로운 게임을 개발한다.

"우리는 지나간 일을 축하하려고 제자리에 멈추지 않아요. 우리 게임을 다운로드한 숫자가 수십만이라는 것도 좋지만 우리에게 동기를 부여하는 것은 새로운 기능과 새로운 게임을 만들어내는 일이죠."

슈퍼셀의 성공은 대부분 파나넨 고유의 특별한 문화에서 비롯된 것이 분명하다. 문화는 게임을 훌쩍 넘어선 스타트업 분야에서 승자를 만들어낸다. 에어비앤비의 공동창립자 브라이언 체스키는 2013년 10월 자사 팀 전체에게 '문화를 망치지 마세요'라는 편지를 보내며 이렇게 썼다.

"문화가 강할수록 한 회사가 필요로 하는 기업 내 절차가 줄어듭니다. 문화가 강할 때 우리는 모든 사람이 올바른 일을 한다고 믿을 수 있어요. 사람들은 독립을 유지하면서 자유롭게 행동할 수 있지요. 그리고 기업가 자세를 갖춥니다. 기업가정신을 갖춘 회사를 만들어야 '사람을 달에 보내는' 그다음 도약을 해낼 수 있습니다. 문화가 약한 조직(심지어 사회)에는 강력하고도 정확한 규칙과 과정이 필요합니다."

분명 게임 기획에는 창의력이 주도하는 특정한 방법론이 필요하다. 조너선 다우어가 말했다.

"자동차 생산라인에서 일하는 직원들이 즉흥적이길 바라는 사람은 없습니다. 브레이크는 똑바로 작동해야 하니까요. 하지만 우리는 창의적인 동시에 즉흥적으로 움직여야 하고 더 많은 아이디어에 개방적인 자세를 갖춰야 합니다. 지금 수많은 유형의 산업에 보다 창의성 있는 요소가 존재합니다. 생각은 언제나 어느 쪽으로든 움직일 수 있지요."

내가 다우어에게 슈퍼셀이 직면한 주요 위협이 무엇인지 묻자 그는 조용히 대답했다.

"진지함이에요. 우리의 몸집이 커질수록 진지함이 우리를 좀 더 전통 스타일로 끌어갈 위험이 높아집니다. 가장 큰 위협은 우리가 도전과 자신에게 의문을 보이는 자세를 버리는 것입니다. 대세를 따르면서 여러 프로세스를 고정시키는 것이 훨씬 더 쉽거든요."

50명의 인스파이어 스카우트

미국 건축가이자 미래 트렌드 리더로 알려진 크리스 루브크만은 직원들이 자신의 업무에 영향을 줄 트렌드의 선두를 지키도록 아룹이 어떻게 돕는지 설명했다.

"우리는 유럽입자물리연구소CERN를 위해 터널을 뚫고 내부 벽이 갈라진 모습을 영상으로 찍는 데 드론을 사용했습니다. 또 어떤 틈새가 점차 벌어지고 있는지 판단하려고 개발한 알고리즘에 대입했지요. 과거에는 누군가가 비계로 올라가 금이 간 곳이 커지는지 보기 위해 $1cm^2$마다 측정해야 했답니다. 이게 바로 혁신이죠."

그는 오토데스크Autodesk(8장에서 자세히 다룬다) 같은 소프트웨어 회사는 실험과 연구를 중앙으로 집중화한다고 말했다. 반면 아룹은 직원 1만 5,000명에게 권한을 위임하고 자율성이라는 막중한 감각을 주기 위해 그 기능을 분권화한다고 했다.

루브크만은 아룹의 '세계적인 예지와 연구, 혁신' 기획자로 1년의 절반을 여기저기 돌아다니지만 직원들이 호기심을 비롯해 최고의 성과를 내기 위한 툴과 지식을 갖췄는지 확인하는 역할도 맡고 있다. 그의 임무는 '유동성과 신뢰, 호기심'이 가능하도록 만드는 일이다. 다시 말해 회사 전체 구성원이 회사 밖에서 변화를 이끄는 존재를 인식하고 있는지 확인하고 그들의 아이디어를 더욱 키워주는 한편 직속 상사들이 그 길을 방해하지 않는지 파악하는 것이다. 그의 설명에 따르면 이는 기업혁신에 보이는 '상아탑'식 접근과 완전히 정반대다. 여기에 문제가 되는 연구를 우선순위에 두는 CEO나 CTO, CMO는 없다.

35명이 함께하는 루브크만의 탈중앙화한 팀(그중 절반이 정규직이다)은 고객과 논의하고 자신들이 호기심이 가는 것의 정보를 제공하고자 아룹의 사업 부문과 함께 일한다. 가령 예지팀Foresight Team은 몇 가지 툴을 사용하는데 이를 위해 전사全社를 대상으로 조사하고 이를 50명의 '인스파이어 스카우트Inspire Scout'에게 제공한다. 인스파이어 스카우트란 각 지역에서 사례 연구를 다시 제출해주는 직원을 말한다. 이들의 관찰 결과는 회사 내에서 더 광범위하게 공개하는 인스파이어 브라우저Inspire Browser 데이터베이스를 구축하는 데 기여한다. 그리고 고객 업무에 영향을 줄 수 있는 사회, 기술, 정치 트렌드 논의를 촉발하도록 기획한 '변화를 위한 동인動因' 카드 세트로 발행한다. 예를 들면 수명 연장은 홍콩 지하철에 어떤 영향을 미치는가? 수소연료 셀은 유럽의 도로망에 어떤 의미를 지니는가? 미래의 소매업 트렌드가 프록터 앤 갬블P&G에 어떻게 수익을 창출해줄 것인가?

아룹은 블록체인, 로봇공학, 기계식 학습처럼 최근 유행하는 것을 주제로 열리는 워크숍에 직원들을 초청하기도 한다. 직원들은 어떤 내용이든 연구 아이디어가 생각나면 아룹의 승인을 받기 위해 온라인으로 쉽게 의견을 제출할 수 있다. 이때 이들이 하는 일은 그 새로운 기술이 회사와 동료에게 어떻게 도움을 줄 것인지 설명하는 것뿐이다. 그리고 영향을 미칠 범위에 따라 중앙과 부서에서 모두 결정을 내린다.

이 중 어떤 방법도 아룹이 슈퍼셀과 마찬가지로 능력 있고 의욕 넘치는 전문 문제해결사를 영입해 이들이 함께 최고 성과를 내도록 자율성을 부여하는 방법을 모색하지 않으면 아무 소용이 없다. 이를 위해서는 평범한 회사처럼 행동하지 않아야 한다. 디네시 파텔은 나와 함께 클라리지스 호텔을 떠나며 말했다.

"우리가 고객에게 제공할 수 있는 최고 가치는 아룹에 헌신적인 사람들로 여러 전문 영역을 아우르는 팀을 꾸려 고객과 엮어주는 겁니다. 적어도 우리는 주주들이 '회사의 운명은 여기서 일하는 사람들에게만 달려 있다'고 생각하지 않게 하고 있어요."

극단적인 자율성과 투명성을
어떻게 구현할 것인가?

▼

최고 인재는 최고 성과를 내고 그 과정에서 스스로 성장할 기회를 주는 직장을 원한다. 대니얼 핑크는 자신의 책《드라이브》에서 연봉과 지위는 자율성(스스로 정한 방식으로 일하는 자유), 숙련(기술을 향상시킬 기회) 그리고 목적(의미 있는 무언가의 일부가 되고 싶은 소망)보다 훨씬 효과가 떨어지는 동기라고 결론지었다. 인재를 얻기 위해 경쟁하는 모든 기업에게 슈퍼셀과 아룹의 성공은 응용할 만한 교훈을 안겨준다.

1. 훌륭한 사람들을 고용한 뒤 그 앞을 가로막지 않는다. 적들이 분산된 이 시대에는 군대조차 위계적 의사결정에 담긴 가치에 의문을 품는다. 기업이 직원에게 권한을 위임하고 그들의 책임에 명료한 기준을 설정해놓을 때 엄청난 결과를 낼 수 있다.
2. 직원에게 자율성을 부여할 때는 그들의 발목을 잡는 그 어떤 내부 장벽도 최소화한다. 예를 들면 형식적인 승인 절차나 불필요한 회의 등이 있다. 관료제는 속도와 창의성의 적이다.
3. 모든 직급의 직원이 회사의 대화에 참여하게 한다. 이를 위해서는 수준

높은 투명성이 필요하다. 슈퍼셀에서 모든 직원은 핵심성과지표KPI를 매일 이메일로 받는다. 일카 파나넨은 언젠가 신입사원이 오더니 "제게 이 메일이 잘못 온 것 같아요. 오늘 아침 우리 게임의 모든 매출 데이터를 받았어요"라고 말했던 때를 떠올렸다.

4. 실패의 공포를 줄인다. 직원들이 위험을 감수하길 꺼려하면 예외적인 일을 하지 않으려고 한다. 잠시 멈추고 실패에서 교훈을 받아들이는 것도 중요한 일이다. 샴페인 한 잔과 함께 그 교훈을 두고 건배를 외치는 것도 좋다.

5. 건강하고 창의적인 일 문화는 신뢰에 달려 있다. 티무르 하우실라는 다음과 같이 말했다. "임원들이 기대에 미치지 못하는 직원은 회사를 나가야 한다고 생각한다면 이는 회사가 그 팀을 신뢰하지 않고 그 팀은 회사를 신뢰할 수 없다는 의미예요. 신뢰 없이 위험을 감수할 수는 없어요."

6. 회사에 통찰 직무를 개설한다. 이로써 리더십 팀과 직원은 자사 시장이 어디로 향하는지, 그 진화에 맞춰 제품과 과정을 어떻게 생각해야 하는지 이해할 수 있다. 크리스 루브크만은 1년에 이틀은 일정을 정해놓으라고 조언한다. 하루는 의제를 이해하기 위한 날이고 다른 하루는 여기에 반응하기 위한 날이다. 이후 1년간 계획한 행동이 뒤따른다. 루브크만이 부연했다. "회사의 이러한 심호흡은 우리 머릿속에 산소를 불어넣어줍니다. 이건 사려 깊고 책임감 있는 리더와 관련된 이야기입니다."

2장

해적처럼 싸우고
용병처럼 떠나는 법

RECEPTIVE

악당과 공평하게 경쟁할 해커를 찾습니다

15년 전 미 해병대 하사관으로 일한 알렉스 로메로는 당시 어느 안전 사격통제 미사일 시스템을 점검하다가 걱정스러운 부분에 주목했다. 불빛이 일정한 순서로 미사일 제어장치를 향해 번쩍일 때 그 탄도가 달라질 수 있음을 발견한 것이다. 컴퓨터 보안을 전공한 전기광학 전문가 로메로는 그 약점이 무기 시스템의 효율성을 떨어뜨릴 수 있음을 알고 있었다. 그가 이 우려를 지휘 계통에 전달하려 했을 때 이런 타박이 돌아왔다.

"그건 자네가 관여할 일이 아니야."

몇 년 후 미 국방부의 미디어부서 정보보안을 담당한 로메로는 그가 상식이라고 생각하는 아이디어를 들고 상사들에게 접근했다가 비슷한 실망감을 얻었다. 알리바바나 젠데스크 같은 디지털 기업은 소프트웨어의 취약점을 비공개로 지적하고 그 수정을 도와주는 외부인에게 현금으로 보상해주는 버그 바운티bug bounty(기업의 서비스와 제품을 해킹해 취약점을 찾은 해커에게 포상금을 주는 제도─옮긴이)를 운영하고 있었다. 여기서 착안한 그의 아이디어는 가령 ISIS가 국방부 웹사이트에 참수 동영상을 올릴 가능성을 최소화하기 위해 일반에 공개한 기관 웹사이트의 보안을 시험하도록 '윤리적인' 해커들을 초청하자는 것이었다. 실망스럽게도 그는 불가능하다는 대답을 들었다. '미국 정부에는 우리 시스템의 취약점을 아는 사람들이 그 부분을 공유하도록 허용하는 법적 장치가 없다'는 것이 그 이유였다. '스타워즈' 티셔츠를 입은 로메로가 제복을 입은 사람으로 가득한 펜타곤 구내식당에서 당시를 회상했다.

"그들은 컴퓨터 사기와 오용에 관한 법Computer Fraud and Abuse Act에 따라 기소당할 위험이 있었어요."

몇 달 후 로메로는 직장에서 몇몇 사람이 그에게 접근해 '핵 더 펜타곤Hack the Pentagon'(펜타곤을 해킹하라)이라는 버그 바운티 프로젝트를 운영하도록 돕겠다고 하자 의심을 품었다. 그는 DDSDefense Digital Service(국방부 디지털 서비스)라는 부서명을 들어본 적이 없었고 당시에는 웹사이트도 없었다. 자신이 '사회공학', 즉 비밀 정보를 폭로하도록 심리적으로 조종하는 기법에 당할지도 모른다고 생각한 로메로는 그들에게 지휘관의 관련 문서를 받아오라고 요청했다. 다음 날 그들은 미 국방부 장관의 서명이 담긴 편지를 들고 나타났다. DDS는 실제로 존재했을 뿐 아니라 미리 뒷조사를 마친 해커들을 초청해 연방정부의 네트워크를 뚫어보게 하라는 최고위층의 승인을 받은 첫 부서이기도 했다.

2016년 4월 18일 자정에 시작한 핵 더 펜타곤은 5개 공개 웹사이트, 즉 Defense.gov, DoDLive(미 국방부 블로그 - 옮긴이), DVIDS(국방 영상정보 배포 시스템 - 옮긴이), myAFN(국방 방송), DIMOC(국방 영상 관리

센터)를 표적으로 삼았다. 첫 취약점은 13분 만에 발견했고 6시간 후 그 숫자는 200까지 늘어났다. 참가등록을 한 1,400명이 넘는 해커 가운데 250명 이상이 취약보고서를 제출했는데, 버그 138개가 '타당하고 독특하며 포상금을 받을 자격이 있다'고 인정받아 발견자들은 총 7만 5,000달러를 벌었다. 당시 국방부 장관이던 애슈턴 카터가 훗날 말했다.

"우리는 특정 정부의 후원을 받는 자들과 블랙 햇 해커black-hat hacker (악의적 목적으로 정보 체계에 침입하거나 컴퓨터 바이러스를 유포하는 해커들 – 옮긴이)들도 여기에 도전해 우리 네트워크를 이용하고 싶어 한다는 것을 알고 있었습니다. 이 실험 전에 우리가 제대로 인식하지 못한 사실은 변화를 원하고 우리 국민과 나라를 더 안전하게 지키고 싶어 하는 화이트 해커가 얼마나 많은가 하는 것이었지요."

카터는 실험 덕에 국방부는 적어도 100만 달러를 아꼈지만 여기에 들어간 운영비는 고작 15만 달러였다고 말했다.

이것은 그저 시작에 불과하다. 프로젝트를 이끈 리사 위스웰은 이 실험의 성공을 발판으로 삼았다. 국방부 내에서 존경받고 있던 그녀는 고등연구기관 다르파DARPA에서 펜타곤으로 옮겨 국방부가 2015년 사이버전 전략을 세우는 것을 도왔다. 따라서 그녀는 광범위한 정부 전반을 대상으로 정책 권장사항을 포함한 보고서를 배포하고 모든 최고정보보호책임자Chief Information Security Officer들에게 "이건 사용할 수 있는 언어고 또 합법적으로 할 수 있는 방법"이라고 설명했다. 그

녀는 알렉스 로메로 곁에 나란히 앉은 제복 차림의 사람들 사이에서
말했다.

"우리는 다른 조직에서 고도의 통제 아래 활용하는 실제 사례를 정
부에 적용하길 원합니다. 일이 벌어지기 전에 발견하는 것이 비용이
훨씬 덜 들거든요."

결국 미 국방부를 위해 다른 버그 바운티가 이어졌고 이를 이끈 기
업 가운데 하나가 해커원HackerOne이다. 2016년 12월 핵 더 아미Hack
the Army는 118가지 취약점을 식별해냈고 상금 10만 달러를 지급했다.
핵 더 에어포스Hack the Air Force는 207개의 효과적인 보고서를 만들었
으며 총 13만 달러의 포상금을 지급했다. 위스웰이 회상했다.

"우리는 몇 가지 약속을 했어요. 미션 크리티컬mission critical(기업과
조직 생존의 필수 시스템으로 이 요소가 정상 작동하지 않거나 파괴되면 업무수행
전체에 치명적 영향을 미친다 – 옮긴이)은 건드리지 않기로 했죠. 혹시 다운
되어도 우리가 살아남도록 대중에게 공개한 웹사이트만 대상으로 삼
았습니다."

그녀는 적극 홍보해 정보를 제대로 전달하려 노력했고 법적 위험을
최소화하고자 법무부와 긴밀히 협조했다. 이 취약성 프로그램이 충분
히 성과를 올렸다는 데는 의심의 여지가 없다. 이로써 해커가 실제로
서버실 안의 난방시설에 접근할 수 있음이 밝혀졌고 컴퓨터가 내부
네트워크상에서만 발견하는 것으로 여겨지던 내용이 실제로는 공개
한 공공 인터넷으로 유출되고 있음을 알게 되었다. 더 근본적으로는
이전까지 버그 바운티 제안서를 거듭 반려하던 관료들을 그들이 가장

잘 알고 있는 것은 아니라고 설득할 수 있게 됐다. 그리고 미 의회는 다른 기관들이 국방부와 유사하게 자체 버그 바운티 프로그램을 운영하게 하는 한편 그 과정에서 DDS의 자문을 얻도록 하는 법을 제정하고 있다. 로메로가 말했다.

"악당은 언제나 존재하니까요! 그놈들은 허가가 날 때까지 기다리지 않습니다. 우리는 그저 공평한 경쟁의 장을 만드는 것뿐이에요."

이제 복무기간을 마치고 교사가 되기 위해 교육을 받고 있는 위스웰이 미소를 지으며 말했다.

"나는 버그 바운티를 위해 경쟁할 아이들을 키울 거예요."

자신의 아이디어를 더 추진하기 위해 DDS 정규직으로 자리를 옮긴 로메로는 모호하게 말했다.

"우리는 우리가 추진하는 대상의 복잡성을 강화하기 위해 노력하고 있습니다."

그가 말하는 복잡성은 미사일부터 위성까지 아우른다. 지금은 둔감한 관료충조차 자신을 안전하게 보호하려면 새로운 방식으로 기술을 활용해야 한다는 것을 이해하고 있다.

백악관이 선발한 괴짜 구조대

"한 무리의 너드가 나타나 다른 사람들은 몇 년이 걸려도 하지 못할 일을 몇 달 안에 해치운다는 게 얼마나 미친 짓입니까? 그냥 순수한 의도에서 말입니다. 내 좌우명은 '네가 불태우고 있는 그 다리가 길을 환하게 밝혀주길'입니다."

DDS 국장이자 창설자인 크리스 린치는 다른 사람을 의식하지 않고 거침없이 욕지거리를 내뱉었다. 트위터에 쓰인 프로필에 따르면 DDS는 '미 국방부의 기술 향상을 위해 펜타곤에서 복무 중인 너드팀'이다. 이 팀은 40명의 엔지니어와 디자이너, 프로젝트 매니저 그리고 넷플릭스·IDEO·드롭박스·팔란티어 등에서 이직한 '관료제 해커bureaucracy hackers'로 이뤄졌다. 심지어 군대 내부에서 엄중히 선발한 기술인재도 있다. 이 팀은 당당하게 해적 문화를 내세운다. 공식 웹사이트에서 린치의 직함은 '두려움 없는 리더'이고 펜타곤 사무실 표지판에는 원래 상사 이름을 써야 하지만 그의 방은 그냥 '반란연합Rebel Alliance'이라고 되어 있다.

펜타곤 구내식당 안쪽의 깊숙한 곳에서 나는 얼룩무늬 군복을 입은 수백 명의 남녀에게 둘러싸인 채 45세의 린치와 이야기를 나눴다.

"이제 우리는 세상에서 가장 놀라운 미션이 있는 곳으로 갑니다.

300만 명이 운이 좋을 때는 작은 국가로, 운이 나쁜 날엔 큰 도시로 가는 거지요. 그 미션은 다리와 도시, 탱크, 전투기를 만드는 겁니다. 우주에는 위성을 띄우고 우리가 호수로 운전해서 들어가는 걸 막기 위해 GPS를 돌리죠. 세계에서 가장 적대적인 지역 중 일부로 사람들을 데려가는 미션입니다. 시간이 갈수록 지금껏 존재한 미션 중 가장 놀랍도록 기술적인 미션이 되어가고 있어요. 하지만 여기에 기술 전문가는 없죠. 그들은 빌딩 밖에 있거든요. 시스템은 자신이 만들어내야 하는 결과를 만들어냅니다. 당장이라도 10만 명의 젊은 남녀를 세계 어느 곳이든 보낼 수 있는 거지요. 이 시스템이 우리를 위해 존재하는 건 아니지만 미션은 지금 우리를 필요로 합니다."

린치는 재빨리 몸을 움직이며 덧붙였다.

"어려워요. 내가 살면서 겪은 최악의 직업이라고요. 가끔은 이불을 뒤집어쓰고 울고 싶어집니다. 반대로 가끔은 평생 이어질 것 같은 도취감을 느끼기도 하죠. 죽을 땐 내가 한 어떤 일이 정말 중요했다고 생각하면서 죽겠지요."

DDS는 2013년 10월 오바마 대통령의 건강보험개혁법에 가입하도록 만든 웹사이트 HealthCare.gov의 참사에서 생겨났다. 이 웹사이트는 2시간 만에 박살났고 첫날 6명만 가까스로 등록할 수 있었다. 이 프로젝트를 고치는 데 처음에 책정한 9,370만 달러가 아닌 17억 달러가 들었고 그제야 기술계를 향해 긴급 도움을 요청했다. 당시 구글 엔지니어였던 미키 디커슨은 백악관이 선발한 괴짜 구조대 중 하나였다. 2014년 8월 그는 새로운 미국 디지털 서비스USDS, United States Digital Service의 책임자가 되면서 연방기관 전체에 스마트 기술을 전파하도록 단기간 내에 디지털 인재들을 데려오라는 임무를 부여받았다.

린치와 다른 3명의 엔지니어가 마음이 찢어질 정도로 아픈 문제를 해결하기 위해 곧바로 뛰어들었다. 참전군인 2만 명의 건강기록이 국방부에서 보훈처로 전송되던 중 사라져버린 것이다. 퇴역한 참전군인의 의료 요청 20건 가운데 하나가 질병 때문에 긴급히 치료해야 하는 순간에 거부당하기도 했다.

결국 시스템이 PDF 파일만 인식할 수 있다는 것이 밝혀졌고 의사들은 자신이 스캔해서 시스템에 입력한 JPEG 이미지 파일이 전송 과정에서 조직적으로 폐기되고 있음을 몇 년간 알지 못했다. 린치가 설명했다.

"그러니까 당신이 쿠웨이트 유전에서 복무한 탓에 암에 걸렸다 칩시다. 화학요법 치료를 받아야 하는데 그들이 당신의 진료기록을 찾지 못해 보험금 지급을 거절하는 겁니다. 불복 청구를 하면 그다음 10년이 걸려 그들이 당신의 서류를 찾아내겠죠. 당신은 이미 사망한 후겠지만 말이죠."

업무에 착수한 엔지니어팀은 사라진 2만 건의 서류를 정확히 처리했다. 이들은 기록 전송에 걸리는 시간도 석 달에서 단 하루로 줄였다. 또한 시스템 업데이트가 18개월이 아닌 2주마다 반드시 이뤄지도록 만들었고 참전군인이 받을 자격이 있는 치료에 접근하도록 보장하는 것도 도왔다. 린치가 말했다.

"우리는 45일간 파일변환기를 사용했습니다. 이제 당시처럼 5% 수준으로 누군가가 죽지는 않아요. 어디서 이런 경험을 하겠어요? 정말 멋진 일이에요."

마지막 날 린치는 오바마의 최고기술경영자CTO인 토드 파크에게 전화를 받았다. 국방부를 위해 특별판 USDS를 만들어보는 건 어떤가? 그는 후디에 청바지 차림으로 면접을 보러 갔고 발표문을 들여다보며 땀을 뻘뻘 흘리던 정장차림의 한 남자를 포함해 자신이 다른 누구보다 뛰어나다는 것을 깨달았다. 그는 발표조차 하지 않았고 대신 단순한 아이디어를 하나 내놨다.

"우리가 너드들로 구성한 특수기동대를 만들어 가장 크고 중요한 문제를 다루는 건 어떨까요? 성과를 내면 다음으로 넘어가고요."

그는 그 자리를 꿰찼고 2015년 11월 복도 길이만 28km에다 제복을 입은 무장경비들이 지키는 세상의 가장 큰 사무 빌딩에서 일하기 시작했다. 이전에 그가 주로 일하던 곳은 커피숍이었다. 관료제와 새로운 환경에 적응하기 어려웠던 그는 자기 아파트 부엌에서 일했고 USDS에서 몇몇을 데려왔다. 얼마 뒤 그는 우연히 알게 된 보좌관 레이나 스탈리를 팀의 참모장으로 앉혔다. 스탈리의 합류와 함께 펜타곤에서 비어 있는 방 하나를 발견한 이들은 필요한 물품을 구입한 뒤 뒤집힌 쓰레기통 위에 걸터앉아 일했다.

몇 달 만에 이들은 건물의 보안조차 뚫려 있음을 발견했다. 린치는 신규 방문객 신분증 발급 시스템에서 방문객을 예약하다 자신이 이전의 모든 펜타곤 방문객을 찾아낼 수 있음을 알아냈다. 그가 펜타곤의 내부보안대장에게 주의를 주려고 이메일을 쓰는 동안 다른 동료 하나도 모든 방문객의 사회보장번호에 접근할 수 있음을 알았다. 린치는 재빨리 보안책임자에게 전화를 걸어 곧장 방문자 포털을 닫아야 한다고 말했다. 그런데 그 시스템은 이제 막 1년에 걸친 보안점검 과정을 마친 참이었다. 린치가 설명했다.

"다 가짜였어요! 2시간 내에 우리는 공무원들이 1년 동안 한 것보다 더 많은 일을 해치웠지요."

DDS가 사람들을 더 채용하면서 이 초창기 너드 특수기동대는 실제 가동 중인 기구에서 해결해야 할 몇몇 중대한 문제를 발견했다.

우선 위성항법시스템GPS 위성을 조종하는 소프트웨어를 현대화한다면서 시간만 질질 끌다가 예산마저 초과해버린 국방부의 비참한 프로젝트가 있었다. 이 차세대 운영통제시스템operational control system의 목적은 더 높은 정확성을 제공하는 GPS 위성을 오늘날처럼 2배 이상 늘리는 데 있었다. 그 기능 향상은 군대뿐 아니라 디지털 지도를 사용해 길을 찾는 일반인에게도 이득을 준다. 국방부의 조달책임자가 린치팀에 전화를 했다. DDS의 소프트웨어 엔지니어로 가장 급박해 보이는 위기에 달려들곤 하는 폴 타글리아몬테가 이렇게 회상했다

"5년간 7억 달러가 들 것으로 예상한 프로젝트였습니다. 그런데 우리 팀이 개입한 때가 7년째 되는 해였고 완성하려면 아직 몇 년 더 남은 상태였죠. 계약업체에서는 1,000명 가까운 소프트웨어 개발자가 매일 그 일을 했지만 아주 구닥다리 방식이었어요."

20종 이상의 주요 소프트웨어 부품으로 구성된 그 시스템은 매번 소프트웨어를 수동으로 설치하고 시험 가동하는 데만 약 3주가 걸렸다. 타글리아몬테는 몇몇 동료가 계약업체 개발자 30명을 슬쩍 한쪽으로 데려가 DevOps(개발Development과 운영Operations을 합친 말)로 알려진 좀 더 빠릿빠릿한 코드 작성 방식을 쓰도록 권하던 모습을 떠올렸다. 또 소프트웨어 부품을 자동 운영하는 방법을 가르쳐주어 수동으로 3주가 걸리던 구축 시간을 약 15분으로 대폭 단축하게 했다. 그러자 곧 적대적인 반격이 가해졌다. DDS 코더가 떠나자마자 계약업체가 훈련받은 내부 팀을 해체한 것이다. 린치가 말했다.

"우리가 다시 나타나자 누군가가 2주간 있었지만 우리가 떠나자 팀을 다시 해체했습니다. 젠장맞을! 결국 우리가 거기서 그냥 살기로 했어요. 6개월 동안 매일 DDS에서 2명이 그곳에 나가 있었지요."

그 노력은 효과가 있었다.

"우리는 회사 엔지니어, 공군성 장관, 우주방위사령관, 벤더Vendor 대표 등과 함께 분기 평가를 했어요. 그리고 실제 회의에서 우주공간 위성을 지상에서 통제할 수 있는 대박 소프트웨어를 만들어냈지요! 너드들이 소프트웨어를 만들어낸 거라고요!"

이 소규모 해적들은 상사에게 자신들의 접근법이 더 싸고 더 빠르게 성과를 낼 수 있음을 보여줬고 명성을 얻기 시작했다. 여기에 밀리지 않기 위해 벤더는 자신의 성과를 기록해줄 촬영팀을 고용했고 자기들이 DevOps로 정부를 위한 소프트웨어를 개발했음을 짚어주는 보도자료를 펴냈다. 린치가 말했다.

"6개월 만에 정면으로 한 방 먹여버렸죠."

DevOps는 이제 국방부 표준조달계약상에 성문화되어 있다.

팀은 가끔 전투지역으로 날아가 옛 버전의 엑셀이 돌아가는 컴퓨터로 고통받는 최전방부대를 찾아간다. 적들은 최신식으로 암호화한 텔레그램 그룹과 폭탄을 실은 상업용 드론을 사용하는데 말이다. 해외의 모처에서 이들은 기술에 뛰어난 미군들과 함께 드론 폭파 도구를 개발하기 위해 연구했다. DDS에 따르면 국방부는 문제점을 해결하고자 그때까지 계약업자들에게 7억 달러를 지급했다. 그러나 이들은 전장의 군인들과 함께 코딩, 시험, 반복시험을 거친 후 10만 달러도 되지 않는 돈으로 4주 만에 작동용 프로토타입을 만들어냈다. 그들과 함께 일한 군인들은 정부가 지급한 컴퓨터에 소프트웨어를 다운로드받도록 승인받지 못해 규격 부품으로 컴퓨터를 자체 제작해야 했다. 이후 린치는 사이버사령부 책임자 폴 나카소네 장군의 허락을 얻어 그 현역군인 중 일부가 군복을 벗고 몇 달간 DDS에서 코드를 작성하도록 했다.

이들은 아프가니스탄에서도 마법의 힘을 발휘했다. 그곳의 현지 장교 훈련을 담당한 NATO의 고문들은 ANET(어드바이저 네트워크Advisor Network의 줄임말)라는 고장 난 국방부 툴로 모든 대화를 기록해야 했다. 타글리아몬테가 말했다.

"보고서 하나를 쓰는 데 4시간씩 걸렸어요. 그렇다고 화장실을 갈 수 있는 것도 아니었죠. 스크린세이버가 뜨면 내용이 다 날아가거든요."

15주 동안 아프가니스탄을 4번 방문한 DDS는 ANET를 처음부터 다시 개발해 장애 없는 유저경험으로 바꿔놓기 위해 보고서 보관을 담당하는 사람들과 함께 일했다. 그 후 ANET 코드를 오픈 소프트웨어 저장소인 깃허브GitHub에서 공개해 다른 기관과 NATO 협력기구들이 사용할 수 있게 했다. 타글리아몬테는 이렇게 말했다.

"우리의 유일한 혁신은 우리가 실행한다는 것입니다."

———

"우리를 움직이게 만드는 건 '영향력'이에요."

———

DDS 사무실은 펜타곤이라기보다 '스타워즈' 팬미팅 현장처럼 보였다. 이곳에서는 자체 무선인터넷 네트워크, 군대에서 승인받지 않은 맥북과 크롬북을 사용하고 반위계적인 개방형 사무실 배치를 유지했다. 벽에 붙은 포스터에는 페이스북('빨리 움직여 혁신을 꾀하라Move Fast and Break Things')과 스타트업('그냥 해치워 버려Get Shit Done')에서나 볼 법한 문구도 있었지만 대부분 '스타워즈'와 관련된 포스터('제국이 자네를 원하고 있다The Empire Wants You')였다. 회의실은 '요다', 스피커폰은 '데스스타'로 불렸고 커다란 깃발은 반란연합을 찬양하고 있었다(공군성 장관이 분위기를 알고 보낸 선물이다). 그 밖에도 곳곳에서 장난기가 넘쳐흘

렀다. 화이트보드로 만든 벽에는 피해야 할 유행어로 대시보드, 3D프린트, AI 등이 나열되어 있었다. 린치가 말했다.

"우리는 기술 업무를 위해 훌륭한 기술인재를 고용합니다. 그들은 가끔 장벽에 부딪히죠. 그때가 바로 우리가 상승하는 시점이에요. 우리는 빨리, 자주 상승해야 한다고 믿습니다. 더러는 관료 사회가 우리와 달라도 괜찮아요. 우리를 평가하는 국방부 검증자 가운데 일부는 우리를 어리석다고 생각합니다. 바로 그것이 완벽하게 마음에 드는 해결책을 이끌어내지요."

'스타워즈' 분위기는 의도적으로 관료와의 마찰에 따른 문화 저항을 알린다. 린치는 자신이 '스타워즈'를 좋아하는 이유는 비록 소규모지만 능력 있는 무리가 나타나 무언가 중요한 일을 하도록 만들기 때문이라고 했다. 덧붙여 그는 필요한 것은 용기뿐이라고 강조했다.

이 팀의 구조는 수평적이고 모든 구성원은 자기 시간의 80%를 쏟을 프로젝트를 선택한다(나머지 시간은 다른 사람들의 프로젝트를 돕는 데 쓴다). 레이나 스탈리가 말했다.

"우리를 움직이게 만드는 건 '영향력'이에요. 가장 많은 사람에게 영향을 주도록 가장 짧은 시간 내에 할 수 있는 일은 무얼까요? 나는 어떤 특정 프로젝트가 1,000억 달러를 아끼게 해주어도 상관하지 않습니다. 그건 그냥 숫자에 불과하니까요."

이 팀이 몰두한 영향력 큰 프로젝트 중 하나는 인터넷이 등장하기 전 매년 5개 군에 걸쳐 25만 명에 달하는 모든 신병의 입대를 처리하는 데 쓰인 결함투성이 서류 기반 시스템이었다. 흔히 MIRS로 알려진 군입대 처리 명령 통합자원 시스템Military Entrance Processing Command Integrated Resource System이라는 이름조차 제대로 기능하지 못하고 있었다. 신병은 입대처리소에서 자신의 사회보장번호가 적힌 봉투를 받는데 하루 동안 그 안에 건강검진 결과와 충성선서, 비상연락처, 복무계약서, 급여등급, 지원입대 장려금 등을 채운다. 병사가 신병훈련소에 도착하면 그 서류뭉치는 거의 60장에 달할 정도로 두꺼워진다. 그 안에 담긴 모든 중요한 정보, 즉 언젠가 퇴역군인 혜택을 결정할 데이터는 인사 데이터베이스에 수기로 정보를 입력하기 전까지 한낱 종이쪼가리에 담겨 있을 뿐이다. 병사가 차렷 자세를 취하는 동안 바람에 날아갈 수도 있고 화장실에 놓고 올 수도 있다. 또 데이터를 입력하는 보조원이 실수할 수도 있다. 그 인터페이스는 초창기 넷스케이프 네비게이터와 비슷했다. 소프트웨어 업데이트 때문에 마우스가 제멋대로 움직이면서 마우스로 업무를 하는 것이 불가능했다.

DDS 참관인은 9시간 동안 한 신병을 따라다녔는데 그 신병은 9시간 만에 이런 말을 들었다.

"사실 우리는 문신이 당신 목의 너무 위쪽에 있어서 군 선발 규정에 맞지 않다는 걸 눈여겨보고 있었습니다. 그러니까 당신은 입대할 수 없어요."

DDS 소속인 군 디지털 서비스 책임자 패트릭 스토다트는 "꽉 막힌 행정실과 서류처리 과정이 모두 문제였고 지휘관들은 시스템의 결점에 맞춰 자신의 요구사항을 조정했던 것"이라고 말했다.

MIRS를 운영하는 관료들은 실리콘 밸리 기술 전문가들의 조언을 원치 않았다. 겨우 정례감사에서 기술 결함이 다양하게 드러났을 때만 압박에 못 이겨 연락을 취했을 뿐이다. 스토다트팀은 복무 계약과 비상연락망이라는 2가지 형식을 네트워크 전체에 전송하는 방법을 코딩하는 것부터 시작했다. 코드 작성에 3주가 걸렸고 지도부에서 이를 활용하기까지는 7개월이 걸렸다. 스토다트는 그때 관료 절차가 얼마나 복잡한 지 처음 겪었다고 말했다.

그 후 몇 달을 사령부로부터 그 프로젝트를 지켜낸 그는 이를 도와줄 계약업체를 고용했다. MIRS를 현대화하려던 예전의 시도는 의회가 중단시키기 전까지 수억 달러를 날렸다. 그러나 DDS는 몇백만 달러로 해결책을 찾아낼 것으로 추정했고 그 금액은 매달 사람이 수기로 데이터를 입력하는 비용을 아끼는 것과 동일했다. 스토다트가 내게 말했다.

"우리는 최고의 인재로 구성한 작고 민첩한 팀을 유지하면서 효율적으로 일하지요. 그리고 팀으로서 권한을 위임받아 최고라고 생각하는 일을 합니다. 우리는 모든 문제점을 한 번에 해결하려 하지 않습니다. 우리는 '혁신 그룹'이 아니에요. 그저 눈에 보이는 문제를 고치려는 거죠."

DDS는 그 과정에서 여러 손쉬운 방법을 배웠다. 하나는 팀에 '관료제 해커'를 두는 것이다. 팀의 개발자, 디자이너, 프로덕트 매니저와 함께 일하는 변호사는 이들이 불필요한 요식행위를 뚫도록 돕는다. DDS에서 각각 법무자문위원과 법무자문부위원으로 일하는 섀런 우즈와

월 갬블은 스스로를 팀이 목표를 달성하도록 돕기 위해 법률 지식을 활용하는 문제해결사로 본다. 예를 들어 MIRS에서 관료층은 신병들이 전자서명으로 등록하는 것을 거부했다. 우즈는 전자서명이 더 광범위한 부서 정책에 쓰이도록 하는 최종 법률보고서 초안을 작성했다.

"가끔 제안을 막기 위해 법을 잘못 인용하거나 잘못 적용하는 경우가 있습니다. 그 장애물은 법률적이라기보다 문화적인 경우도 왕왕 있죠. 우리는 일을 제대로 해낼 방법을 찾을 수 있어요."

———

해군에 입대하지 말고 해적이 돼라

———

린치는 팀 지도부와 워싱턴 DC에서 저녁을 먹기 위해 펜타곤에서 차를 타고 나오며 문득 고백했다.

"난 문제아였어요. 어렸을 때 해킹을 엄청 많이 했지요. 7세 때부터 컴퓨터를 만졌어요. 비디오게임에서 속임수를 쓰려고 해킹을 시작했고요. 요즘 내가 하는 면접 질문 중 하나가 '어렸을 때 비디오게임에서 속임수를 써본 적 있나요?' 하고 묻는 겁니다. 그렇게 시스템을 극복할 수 있는 사람을 찾죠."

그는 오하이오주 중산층 집안 출신으로 스티브 잡스와 함께 일하는 꿈을 꾸며 자랐다. 무엇보다 스티브 잡스가 1983년 회사 워크숍에서 팀의 저항성과 독립심을 고취하고자 "해군에 입대하기보다 해적이 되는 것이 낫다"고 한 말에서 영감을 얻었다고 한다. 하지만 그는 대학을 졸업하지 못했고 게임 회사에서 일하다 쫓겨나기도 했다.

웹 기반 업무용 소프트웨어 쪽 일에 관심이 많은 그는 답티브Daptive라는 부채투성이 소프트웨어 회사를 세우고 매각하는 일을 도왔다. 그 후 성공적인 게임 스타트업과 서비스 기업을 창립했다. 의식적으로 DDS 문화에 해적의 사고방식을 심어준 린치는 이렇게 주장했다.

"시스템에 불경한 태도를 보여야 합니다."

예를 들어 국방부 고위급 인사와 회의를 하려면 보통 사무실 비서에게 미리 연락해야 하는데, 그 비서는 연공서열에 따라 몇 주 후 회의를 잡아준다. 린치의 팀은 그냥 아무 때나 나타난다.

"그런 시스템은 아주 불편합니다. 예전에 우리가 국방부 지도부를 만나려 했을 때 처음 3주 동안은 사람들이 내가 노트북컴퓨터를 고치러 IT 회사에서 나온 줄 알더군요. 이제 국방부 장관과 간부 직원은 우리를 중심에 두고 함께 일합니다. 아무것도 없이 괴짜처럼 굴고 인습을 타파할 수는 없어요. 성과를 내야 하죠."

나는 그에게 DDS가 기반을 다져 기득권처럼 행동하지 않기 위해 어떻게 하고 있는지 물었다. 그는 망설임 없이 대답했다.

"떠나야죠. 머물 수는 없습니다. 관계를 쌓고 예의를 차리려 노력하고 너무 자주 수긍하면 이 무리는 어느 순간 죽어버릴 수 있어요. 변화는 편하지 않아요. 누군가와 관계를 맺고 변화로 인한 마찰을 피하는 게 훨씬 더 쉽지요. 하지만 싸움을 받아들여야 합니다."

린치는 가장 큰 싸움을 앞두고 있다. DDS는 국방부 전체를 위한 대용량 클라우드 컴퓨팅 계약 개발을 이끌고 있는데 덕분에 국방부는 여러 혜택 중에서도 아주 커다란 기술 자동화를 누릴 것이다. 이 기업 합동방어 인프라Joint Enterprise Defense Infrastructure(줄여서 제다이JEDI라고 부르는 이것은 또 다른 '스타워즈'의 흔적이다) 계약은 100억 달러 가치가 있으며 단일 계약업체와 진행할 예정이다. DDS 같은 소규모 그룹이 획득과 유지Aquisition & Sustainment 부서에만 2만 명이 근무하는 부처 전체를 위해 그 과정을 설정하는 일은 전무후무했다. 전통 군수업체와 로비스트는 이 계약이 아마존 같은 기술 기업에 넘어갈 가능성을 맹렬하게 공격하고 있다. 2018년 봄 제다이 제안서 초안은 벤더 46곳과 동업조합 2곳, 연방기관 3곳으로부터 대부분 비판적인 내용이 담긴 1,000건 이상의 지적을 받았다. 린치는 JEDI를 간단하게 아크 리액터Arc Reactor(영화 '아이언맨Iron Man'에 나오는 가상의 동력원)라고 부른다. 국방부를 살아 있게 유지해줄 거라는 의미다.

또한 DDS는 일을 해치우는 자신들만의 특별한 방식으로 현역 인재를 훈련시켜 군의 다른 분야에서도 반란을 일으키고자 열을 올리며 달리고 있다. 내부에서는 이 프로그램을 통틀어 '진어소Jyn Erso'라고 부른다. 영화 '로그원: 스타워즈 스토리Rogue One: A Star Wars Story'에서 제국의 초강력 무기 데스 스타를 훔치도록 반란연합을 돕는 펠리시티 존스가 분한 역할의 이름을 딴 것이다. 최전방에서의 반反드론 전략은 진어소식 계획이다. 12개월짜리 교육기간을 효율적인 12주로 대폭 줄인 사이버사령부를 위한 코딩스쿨도 마찬가지다. 팀의 3분의 1은 방어망상의 변칙 활동을 탐지해내는 툴을 개발하고 있다. 그리고 팀원 6명 가운데 4명은 펜타곤 사무실에서 사복을 입고 일하면서 국방의 의무에 성실히 임하고 있다. DDS는 장교들이 관료제의 보호를 받으며 직접 몸을 움직여 자신의 기술 능력을 생산성 있게 사용할 수 있는 환경을 조성하기 위해 노력하고 있다.

사이버사령부에서 인재와 특수작전을 담당하고 있는 니콜 카마릴로는 진어소 시험 프로그램을 시작하는 데 주된 역할을 맡고 있다. 그녀의 목표는 군에서 최고 기술 인재를 찾아내 육성하고 배치하며 유지하는 것이다. 군의 재능 있는 기술 전문가가 좌절할까 걱정스러웠던 그녀는 조지아주 포트 고든Fort Gordon 같은 군기지에서 수백 명의 후보자를 만나 일대일로 솔직하게 토론했다. 이것은 그 자체로 문화적 도전이었다. 카마릴로가 말했다.

"가끔 팀에서 가장 하급자가 기술 측면에서 최고의 해결책으로 생명을 살리는 때도 있어요. 우린 수평적인 조직 문화가 뿌리내리도록 노력하고 있습니다. 이 문화는 지금껏 군사적 성공을 이끌어온 것과 정반대라 할 수 있지요. 부대 내의 신뢰를 강화하고 사람들에게 심리적 안정성을 주어 누구든 처벌의 공포 없이 목소리를 내도록 하는 것이 관건입니다. 현대의 보다 다양한 기술 문제를 해결하려면 궁극적으로 군이 유연해질 필요가 있으니까요."

최근 DDS는 미군의 새로운 사이버사령본부라 할 수 있는 포트 고든 기지 근처에 첫 위성사무실을 설치하고 있다. 린치는 이것을 'DDS의 사고방식을 널리 주입하기 위한 중간지점'이라고 표현했다. 이곳의 암호명은 타투인Tatooine으로 루크 스카이워커가 집이라 부른 머나먼 모래행성의 이름을 땄다. 프로젝트를 이끄는 건 진어소 프로그램을 졸업한 육군 참모들이다. 나는 타투인에 소속된 한 병사에게 기존 소속 부대에서 불가능했던 것 가운데 얻은 것이 무엇인지 물었다. 한 병사가 답했다.

　　"1년도 지나지 않아 새 컴퓨터를 사는 겁니다. 농담이 아니에요. 국가경계 임무를 위해 가치 있는 일을 하고자 저는 적절한 장비를 얻느라 이를 악물고 싸워야 했어요."

　　예전에 '혁신'활동에서 실망한 적이 있던 이 병사는 진어소에 합류하라는 제안을 받고 처음에는 회의적이었다. 그러나 기술상의 자유로운 의사결정과 프로그램이 제공하는 멘토십에 금세 확신을 얻었다.

　　"우리는 공통의 오픈소스 산업 표준기술을 사용하고 있습니다. 예전에는 허용하지 않던 일이에요."

　　나는 린치의 부서장 팀 밴 네임에게 DDS의 생존을 위협하는 가장 큰 요소는 무엇이라고 생각하는지 물었다. 그는 옛 동료가 했던 말 가운데 가장 좋아하는 부분을 인용해 읊었다.

　　"관료제는 2가지를 싫어합니다. 하나는 현재 상태 그리고 다른 하나는 변화죠. 우리가 커질수록 우리는 더 큰 위협이 됩니다."

　　내가 린치가 이 그룹을 떠난다면 어떨지 묻자 그는 잠시 생각에 잠겼다가 대답했다.

"크리스를 둘러싼 기풍이 있고 또 그가 쌓아온 관계도 있습니다. 그를 대체할 인물은 조직 입장에서 깊이 심사숙고해 선택한 걸 거예요. 아무튼 우리는 잘 해낼 겁니다. 아마 우리는 괜찮을 것입니다."

똑같은 질문을 린치에게 하자 그는 이렇게 답했다.

"우리는 DDS 문화에 어떤 의미를 담고 팀 운영에 규격화한 개념을 쌓아왔습니다. 변화하려면 약간 대담해야 합니다. 사람들의 사무실에 불쑥 나타나거나 협상에서 무언가 어려운 이야기를 꺼내는 자신감으로 그 시간이 곪아터지게 만들 수 있어야 하지요. 이제는 모든 신병이 DDS 방식이 있다는 걸 압니다. DDS 방식은 기다리지 않는 겁니다."

그는 의자에 등을 기대며 말을 이었다.

"하지만 영원히 지속되지 않아도 괜찮다면 어떨까요? 가령 내가 당신에게 여기에 6개월간 머물 권한을 주고 당신이 작업한 프로젝트가 1만 명의 생명을 구했다고 해보죠. 그리고 다음 날 DDS가 문을 닫아요. 그 접근법을 더 광범위한 부서에서 채택했기 때문에요. 그러면 어떨까요? 그럴 가치가 있었을까요? 나는 그렇다고 믿어요. 목숨을 건 젊은 남녀를 보호하려는 무언가를 만들 때까지 오랜 시간이 걸리면 우린 지는 거니까요. 우리는 반드시 관료제를 해킹해야 합니다. 그 누구도 우리를 구하러 오지 않아요."

뒤로 열 걸음 되돌아갈
용기가 있는가?

▼

7억 달러의 예산을 쓰는 300만 명 규모의 조직만 DDS가 미 국방부에 전한 교훈에서 도움을 받을 수 있는 것은 아니다. 크고 느리게 움직이는 기업이면 어디나 기술에 능한 소규모 팀이 자유롭게 일하도록 자율성을 위임할 때 이득을 얻는다. 스티브 잡스의 말에 비유해 해군의 효율성을 업그레이드할 수 있다면 해적을 고용하는 게 낫다. 크리스 린치는 이와 관련해 이렇게 말했다.

"혁신은 단순히 '돈을 주고 사는' 것이 아닙니다. 혁신은 문화 변동이죠. 뒤로 열 걸음을 돌아와 실제로 문제를 다뤄야 합니다. 우리 팀에서 보이는 모든 것은 다 필요에 따라 태어난 겁니다."

다음은 우리가 응용할 수 있는 DDS식 접근법 중 핵심 요점이다.

1. 최고 인재를 고용해 그들에게 자율성을 부여한다. 팀이 정서적으로 충만하면 문제를 넘어 성과를 창출할 가능성이 크다.
2. 리더는 규범과 규칙에 도전하는 사람들을 보호하기 위해 공중 엄호를 해줘야 한다. 레이나 스탈리가 설명했다. "우리는 필연적으로 장벽에 부딪

힙니다. 그게 과정이든 사람이든 예산이든 말이에요. 그래서 맨 위에 투사가 버티고 있는 게 무엇보다 중요합니다."

3. 불이 있으면 불을 사용한다. 규칙은 새로운 규범을 세울 기회를 주는 위기상황에서는 작동하지 않는다. DDS 소속원 1명이 말했다. "정부에는 2가지 상태가 있어요. 하나는 돌멩이처럼 아주 딱딱한 상태입니다. 영원히 아무것도 바꿀 수 없는 상태죠. 다른 하나는 플라스마 상태입니다. 어떤 위기가 〈뉴욕타임스〉 1면을 장식할 때 이전까지 어떤 규칙을 적용했는지는 상관없어요. 우리는 플라스마 상태가 눈에 띌 때마다 이를 활용합니다."

4. 감동적인 신화는 소규모 팀의 영향력을 확대한다. DDS는 어느 정도 스토리텔링 덕에 번창한 면이 있다. 팀 밴 네임은 다음과 같이 말했다. "일부 거창한 구전설화 덕에 우리가 성공할 수 있었습니다."

5. 출시한다! DDS는 약속한 시간 안에 제품을 출시하는 것에 엄격하다. 린치는 이렇게 덧붙였다. "우리는 파워포인트로 발표문을 만들지 않아요. 어리석은 일이거든요."

6. 사용자를 위해서가 아니라 사용자와 함께 만든다. DDS팀은 최전방 병사와 함께 드론 무력화 툴의 프로토타입을 사용해보고 반복시험하며 이것이 목표에 부합하고 병사들의 욕구에 부응하는지 확인했다.

7. 작은 승리에 초점을 맞추고 이를 빨리 반복시험한다. 진어소 프로젝트에서 일하는 현역군인들을 지원하는 데 종합계획이란 것은 없었다. 초기 반드론 프로젝트 성공 이후 그 방법을 실용성 있게 확대했을 뿐이다.

3장

관점만 바꿔도
기회의 문이 열린다

SERVICE

사람들에겐 건강보험이 아닌 건강이 필요하다

헬싱키의 포휼라Pohjola 병원은 흥미롭게도 핀란드에서 가장 큰 금융 그룹 OP가 짓고 운영하는 병원이다. 이 병원의 전 수간호사 니나 베사니에미는 병원을 관리하면서 투르쿠와 탐페레 등 핀란드의 다른 도시에 새로운 자매병원 4개를 여는 계획을 세우도록 돕기도 했다. 베사니에미의 우선순위이자 10명의 상근 외과의와 2명의 비상근 외과의의 우선순위는 가능한 한 빨리 환자를 치료함으로써 이들이 효율적으로 회복해 일터로 돌아가게 하는 것이다. 여기에는 중요한 핵심성과지표가 있는데 그것은 환자가 얼마나 빨리 치료받고 성공적으로 퇴원하는지와 환자의 만족도다.

1902년 설립된 OP는 한 세기 넘는 역사를 자랑하는 존경받는 핀란드 기업이고, OP가 2005년 인수한 포휼라 보험 회사는 1891년 설립되었다. 그런데 인터넷과 스마트폰, P2P 대출, 스타트업, 암호화폐, 블록체인, 인공지능, 자율주행차 등 기술이 이끌어가는 행동 변화 결정요인이 100년 된 사업모델을 위협하자 이들은 급진적인 생존모드로 접어들었다. 어떻게 하면 변화하는 고객욕구에 대응해 수익성 높고 지속 가능한 새로운 사업 분야를 개척하면서도 고객의 번영·웰빙·안정을 도모하고 지역과 국가의 번영을 강화하는 사회적·경제적 미션을 수행할 수 있을까?

2016년 이사회는 OP를 향후 5년간 새로운 종류의 디지털화한 은행으로 재건하는 데 20억 유로(약 2조 6,000억 원)를 투자하기로 결정했다. 회사는 당연히 스마트폰 앱을 출시하고 전반적으로 고객의 새로운 기대에 보다 적극 대응할 방법을 찾을 예정이었다. 그런데 내부 논의를 거치면서 고위 경영진은 좀 더 급진적으로 멀리 나아가는 방식을 제안했다. 자율주행차 네트워크 성장이 앞으로 수십 년간 개인의 자동차 소유를 무너뜨린다면 어떨까? OP는 '통합 이동성 서비스'에 투자하는 방법을 탐색해야 한다. 자산관리가 점차 은행 내부의 자문가보다 알고리즘 결정에 의지한다면 어떨까? OP는 모든 미래 상품에 '금융지능'을 담기 위한 기계학습에 힘껏 투자해야 한다. 고객의 번영·웰빙·안정을 도모하는 미션이 더 이상 트럭을 살 때 대출해주거나 가게주인의 지불금을 처리하거나 연간 여행보험을 파는 의미가 아니라면 어떨까? OP는 더 직접적인 방식으로 이들의 웰빙을 보장해야 한다. 결국 고객의 부상을 치료하고 가능한 한 빨리 일터로 돌려보내기 위한 고효율 병원을 운영하면서 여기에 건강보험 사업을 결부했다.

처음 5개 병원을 세우는 데 1억 2,500만 유로(약 1,600억 원)를 투자했고 이때 트라우마와 사고 그리고 궁극적으로 만성질병 관리와 급성질환까지 다루도록 확장하는 치료 계획을 함께 세웠다. 최근까지 OP의 의료 기업 포홀라 테르베우스Pohjola Terveys를 책임진 사물리 사르니가 나와 함께 커피를 마시며 설명했다.

"점차 다가오고 있는 은행 붕괴까지 다다르게 됐습니다."

그는 은행이 대응할 수 있는 방법이 2가지였다고 설명했다. 그것은 처리 과정 자동화와 비용 절감이었다. 그렇지만 이것은 고객을 구글과 애플, 기타 디지털 경쟁자에게 잃을 위험성이 있었다.

"우리는 다른 길을 택했어요. 고객은 은행이 아니라 서비스를 필요로 하죠. 고객은 주택담보대출이 아니라 쉴 곳을 필요로 하고요. 차를 사고 싶은 게 아니라 이동을 원합니다. 우리는 건강보험을 팔았는데 사람들은 건강보험이 아니라 건강이 필요한 거거든요. 미래에도 여전히 사람들은 건강을 필요로 할 겁니다. 그래서 우리의 목표는 사람들이 건강을 유지하도록 디지털 서비스를 만드는 것입니다."

정형외과에 특화된 첫 병원은 2013년 헬싱키에서 문을 열었다. 그후 5년 동안 탐페레, 투르쿠, 오울루, 쿠오피오에서 연달아 다음 병원을 열었다. 당시 OP의 회장 레이요 카르히넨은 이렇게 약속했다.

"우리 고객은 대부분 우리가 종합 의료 서비스를 제안하는 곳부터 2시간 내 거리에 살 겁니다."

그는 목표가 단순히 수익 극대화에 있지 않다고 덧붙였다.

"건강과 웰빙 산업을 확장하는 것은 우리의 기본 미션에 걸맞습니다. 우리의 초점은 고객의 번영과 웰빙 향상에 있으니까요."

사물리 사르니에게 이것은 회사의 핵심 가치에 기반을 둔 은행의 새로운 디지털 서비스 사업모델을 리포지셔닝하는 문제이기도 하다. 그는 협동조합의 근본 가치가 수익뿐 아니라 소유자들에게 서비스를 제공하는 데 있다고 설명했다. 이 은행은 단순히 고객에게 건강보험만 팔고 싶은 게 아니라 더 광범위한 통합 서비스의 일환으로 고객 건강을 유지하도록 돕고 싶은 것이다. 사르니는 이것이 출발에 불과하다고 말했다.

"우린 아직 의료계에서 혁명을 목격하지 못했어요. 디지털 서비스 관점에서 우리는 유전학과 개인맞춤형 약품으로 시작할 수 있습니다. 당뇨 같은 만성질환에 원거리 모니터링과 자동관리를 제공할 수도 있고요. 여기에는 행동 변화가 뒤따릅니다. 아무도 오프라인 은행에 가고 싶지 않은 것처럼 의사를 찾아가는 걸 원치 않게 되는 거죠. 분명 의사를 방문하기보다 온라인으로 갈 겁니다. 따라서 관리부서는 변화해야 합니다. 영국의 일부 병원에서는 놀랍게도 여전히 종이에 기록한다고 하더군요!"

결정적으로 환자중심 접근법은 보험과 의료를 모두 제공하는 은행 자체에 경제적으로 타당하다. 핀란드에서 고용주(또는 보험업자)는 직원이 병가를 내면 매일 질병수당을 지불할 의무가 있다. 그러므로 사람들이 가능한 한 빨리 직장으로 돌아오게 만들어야 할 금전적 유인이 있고, 이는 포횰라 병원이 환자를 신속하고 효율적으로 치료하는 것에 최적화한 이유이기도 하다. 이 시스템은 미국 의료보험 내에 내재한 이익 상충을 방지해준다. 미국에서는 의료 서비스 제공자가 반드시 필요하지 않은 MRI 촬영이나 수술 등을 진행해 보험업자에게 비싼 치료비를 청구하는 경향이 있다. 사르니가 미소 지으며 설명했다.

"그건 전통 사업모델이에요. 우리 사업모델은 수익 창출을 위해 불필요한 촬영이나 실험, 수술 등을 하지 않는 것을 바탕으로 합니다. 불필요한 일을 제거하고 적절한 일만 하는 거지요."

포흘라 테르베우스의 시작점은 의료 서비스 제공자와 보험 회사의 동기가 일치하는 방법을 찾는 것이었다. 이로써 하나의 회사가 탄생했고 환자는 불필요한 지출을 줄이고 임상적으로 최선의 치료를 받게 되었다. 더 비싼 치료 대신 재활 치료를 처방하는 경우라도 마찬가지다.

　이 전략은 성과가 있는 것으로 보인다. 포흘라 테르베우스는 다른 병원보다 2배나 빠른 기간 안에 환자를 일터로 돌려보내는 것이 자신들의 '의료 서비스' 접근법이라고 말한다. 사르니가 말했다.

　"이를 측정하는 건 꽤 재미있어요. 우리 보험환자 중 절반은 여전히 다른 병원에서 치료를 받습니다. 따라서 우리에겐 무작위 대조군이 있는 셈이에요. 우리 병원은 환자당 병가 일수가 20일이 적은데 이 경우 환자의 증상 발현 건당 2,000유로(약 260만 원)를 절약할 수 있습니다. 또한 우리는 순추천지수NPS, Net Promoter Score, 즉 -100부터 +100까지 점수를 매기는 고객충성도를 따르고 있어요. 수술 부문에서 95∼96점을 받는데 꾸준히 상회하고 있지요. 그러니 효과가 있는 것으로 보이네요."

　정신과의사이자 철학자인 사르니는 보다 넓은 맥락에서 많은 생각을 한다.

　"난 의사에게서 가능한 한 멀리 떨어져 있는 것이 최선이라고 믿어요. 우리는 위험할 수 있습니다. 인도에는 배고픈 의사는 배고픈 호랑이보다 더 위험하다는 말이 있지요."

　그는 현재 중요한 것은 자신의 은행이 그 핵심 신념에 연관성이 있으면서도 진실하도록 하는 것이라고 말했다. 전혀 은행답지 않은 서비스를 제공하더라도 말이다.

"고객은 우리와 함께 있는 한 은행과도 계속 함께할 겁니다. 이는 우리가 사업에서 살아남는 유일한 방법이죠. 나는 은행을 위해 일한다는 생각을 전혀 하지 않아요. 핀란드에서는 이 회사를 수술하는 은행이라고 여기지 않습니다. 수술하는 은행이 소유한 보험 회사지요. 이건 보건의료예요."

변화 앞에서 기존 사업을 날려버릴 준비

OP의 조합원 소유 구조는 상장기업을 뒤흔드는 냉혹한 바람으로부터 은행을 보호해주는 역할을 한다. 하지만 그들의 과감한 변혁 행보는 새롭고 험한 디지털 현실을 마주한 모든 산업에 교훈을 준다. 수익 모델에 근본적인 위협이 가해지자 OP 경영진은 첫 번째 원칙으로 되돌아왔다. 무엇보다 이들은 은행의 주력시장 차별화 요소를 식별하려 했다. OP의 경우 한 세기 동안 고객충성도와 신뢰를 쌓게 한 결정적 요소는 협력 미션과 고객 서비스 정신 그리고 고객의 '지속 가능한 번영·안정·웰빙' 향상 목표 등이다. OP가 주택담보대출 이자, 자동차

금융, 소액결제, 농기계 대출, 환전, 생명보험, 금융자산관리, 그 밖에 21세기식 가치창출에서 얻는 수익이 더 이상 은행 존속을 담보하지 않는다면 당연히 새로운 가치를 재구성해야 한다. 실제로 OP 경영진은 4개 핵심영역에서 개인고객을 향한 은행의 가치를 재구성하기 시작했다. 그 핵심은 건강과 웰빙, 이동성, 가정연계 서비스, 재무설계다.

2015년 가을 은행 CEO는 존재론적 질문을 던져 전략 관점에 착수했다. 미래에는 무엇을 위해 은행과 금융 서비스 제공자가 필요할까? 아니, 실제로 필요하기는 할까?

OP의 최고전략책임자CSO로 47세인 톰 달스트룀이 설명했다.

"우리는 밀레니얼 세대에게 무엇이 어떻게 은행을 대체할지 어느 정도 연구를 마친 상태였습니다. 은행은 기본적인 역할을 잊고 있었어요. 예를 들어 오늘날 국제 결제 시스템은 전혀 타당성이 없습니다. 우리는 금융 시스템이 근본 변화를 앞두고 있음을 알고 있었어요. 완전히 날려버릴 필요가 있지요."

실제로 그의 팀은 기존 사업을 날려버릴 준비를 했다.

"이건 협소한 제품혁신이 아닙니다. 누군가가 우리를 보고 따라 할 수 있는 그런 게 아니죠. 우리의 접근법은 종합적입니다. 우리는 핀란드 시장의 3분의 1을 차지할 만큼 성공적인 일반은행으로 저축부터 대출까지 모든 영역을 다뤘어요. 덕분에 재정이 풍부하고 좋은 기업 DNA와 좋은 브랜드, 기술 능력, 설계 통찰력 등을 보유하고 있지요. 그래서 우리는 우리가 개입할 더 기본적인 욕구나 가치사슬을 생각했

습니다. 건강과 웰빙 외에 고객이 우리에게 해결해주길 원하는 근본
문제는 무엇일까요?"

2005년 포홀라 보험 회사를 인수하면서 의료 산업 기반은 이미 탄탄
했다. 그러나 2015년 전략 검토는 훨씬 더 앞서 나갔다. 달스트룀은 그
회사가 이동성을 생각하기 시작했다고 말했다. OP 매출의 10%는 사
람들이 자동차를 사고 보험에 들도록 돕는 데서 나온다. 그렇지만 자동
차는 점차 스마트해지고 필요한 정도의 데이터를 생산해내고 있다.

"테슬라는 자체 보험을 제안할 만큼 데이터를 신뢰합니다. 그러면
우리는 어떻게 될까요? 현재 우리는 서비스화한 자동차를 제안하고
있어요. 앱으로 즉각 전기차를 렌트하는 것부터 시작하고 있습니다."

그 외에 OP의 운전자들은 무엇이 필요할까? 당연히 전기충전소다.
이에 따라 은행은 전국 충전소 네트워크를 설치하고자 에너지 회사와
손을 잡았다. 여기에다 자동차 공유모델을 개발하는 한편 보유 자동
차의 효율성을 높이기 위해 기업고객과 함께 일한다. 통합 이동성 서
비스MaaS, Mobility-As-A-Service와 이를 제공하는 것은 주택공사와 논의하
고 있다. 이는 개인이 소유하던 자동차를 다양한 교통 형태를 편리하
게 통합한 앱 타입 서비스로 바꾸는 개념이다. 달스트룀은 잠시 말을
멈췄다가 다시 이었다.

"그다음으로 우리는 소매업을 생각했습니다. 우리는 결제 분야에서
이미 큰 자리를 차지하고 있지만 상업 서비스는 전통을 따르죠. 소규
모 상인에게는 뭐가 필요할까요?"

영세 상인들과 대화하자 그들이 온라인 상점을 운영하면서 겪는 어

려움이 드러났다. 따라서 OP는 새로운 결제와 출납 서비스를 개발했고 이들에게 재고관리, 고객관계관리, 물류 관련 소프트웨어에 접근할 기회를 주었다. 또 모바일 지불을 위해 페이먼트 하이웨이Payment High-way를 사들여 상인들이 사용하도록 챗봇을 설치했다. 공연기획자들이 현장에서 비非현금으로 결제받는 방법을 개발하기까지 했다. OP 카사 OP Kassa로 불리는 이 소상공업 서비스는 현재 고객 수백 명과 시험운영하고 있다.

한편 은행은 어떻게 해야 다른 소상공인 고객에게 더 좋은 서비스를 제공할지 고심했다. OP는 이들이 사업자등록을 내고 법, 세금, 임금과 관련해 의무를 다하도록 도울 수 있었다. 그들은 한 발 더 나아갔다. 소상공인이 전체 여정을 잘 헤쳐 가도록 도와주면 어떨까? 가령 기업가정신을 배우는 무료 아카데미에 참석할 기회를 제공해 자신의 브랜드를 마케팅하는 방법을 가르치고 국제 판매나 인재채용 지침을 제안하는 건 어떨까? 이것이야말로 가치 있는 서비스였다.

그 뒤 OP가 노린 것은 주택으로 달스트룀은 이것을 설명해주었다.

"우리는 주택보험과 주택담보대출, 부동산 중개회사에도 진출했습니다. 우리의 연금기금은 부동산에 투자한 덕분에 그 부문에도 광범위한 지식이 있지요. 그러나 우리는 어디에 가치를 더할 수 있을지 생각했습니다. 그 결과 노인들이 더 오랫동안 독립적으로 생활하도록 돕는 지능형 주택과 관련해서 일하고 있습니다. 우리는 집을 더 안전하게 만들고 싶은데 이는 건강과 웰빙 영역으로 연결되죠."

여기서 더 급진적인 점은 OP가 이른바 '서비스화한 주택home-as-a-service' 대상을 시험하고 있다는 사실이다. 이는 자택 소유 자체를 대담하게 재해석한다. 예를 들어 OP 고객이 오픈 마켓에서 구입하고 싶은 아파트를 발견했지만 돈을 지불할 수 없다고 하자. 그러면 은행은 자체 부동산 투자기금으로 그 아파트를 구입해 고객이 시세보다 약간 높은 렌트비를 내고 살도록 '서비스'해 주택을 공동소유권 형태로 만들 수 있다. 이는 첫 주택 소유비용이 너무 높을 때 이를 해결해줄 뛰어난 방법이자 투자기금에 현금수입을 안겨주는 장기적으로 안정적인 방법이다.

핀란드의 많은 기업과 마찬가지로 OP는 노키아가 전 세계적인 피처폰 대세에서 갑자기 아이폰 시대의 비적응자로 몰락해버린 교훈을 여전히 곱씹고 있다.

"노키아는 사람들에게 거짓 안정감, 그러니까 사실은 그렇지 않은데 자신이 만든 건 모두 세계 수준이라고 거드름을 피우면 매우 위험할 수 있음을 가르쳐줬습니다. 우리는 어떤 면에서 세계 최고가 될 수 있지만 늘 겸손하게 열심히 노력해야 합니다. 우리는 모든 걸 잃을 수도 있어요. 10년 안에 완전히 죽어버릴 수도 있죠. 나는 OP가 그럴 수 있다고 생각하지 않지만 스스로를 처음부터 다시 만들어야 합니다. 금융 업계에는 거짓 자기만족이 너무 많아요."

OP도 마찬가지다. 직원이 1만 2,000명에 달하는 이 회사는 현재 자사를 혼란스럽게 만들려는 계획을 세우고 있다. OP는 스스로를 은행이라 정의하지 않으며 장기 목표도 은행이 되는 것이 아니다. 달스트룀이 말했다.

"그것으로는 부족합니다. 우리에겐 혁신할 여지가 아주 많아요. 건강 분야에서도 다른 사람들이 이미 한 것을 하고 싶지 않습니다. 중요한 것은 고객과 사회를 위해 가치를 창조하고 다른 사람들이 하지 않은 방식으로 문제를 해결하는 겁니다. 건강과 웰빙 산업을 혼란에 빠뜨리는 게 관건이지요."

———

외과수술을 집도하는 보험 회사

———

100년 역사를 자랑하는 은행이 어떻게 수술집도 사업과 즉석 렌트카 사업, 서비스 제공형 건물임대 사업, 심지어 노인요양 사업까지 분야를 다층적으로 넘나들며 이종교배를 해온 것일까? OP는 자사 미래가 AI 연구와 서비스 기획, 린 스타트업Lean Startup(단기간 내에 아이디어를 최소요건제품으로 제조한 후 시장 반응을 보고 다음 제품에 반영하는 것을 반복해 성공 확률을 높이는 경영 방법 – 옮긴이) 방법론을 도입하는 것에 달려 있음을 깨닫고 스타트업과 제휴해 초기 단계에 투자하거나 성장 단계 기업을 인수했다. 또한 디자인 스프린트design sprint(구글벤처스가 고안한 아이디어 개발 방식으로 다양한 분야의 전문가와 의사결정권자로 구성한 스프린트

참여자가 5일간 문제 도출, 해결책을 위한 브레인스토밍, 비판에 기반한 의사결정, 프로토타입 생산, 소비자 피드백 단계를 거쳐 문제를 해결하는 방법 - 옮긴이)와 애자일 - 스크럼agile-scrum(애자일은 변화에 기민하고 효율적으로 반응하는 다양한 개발 방법론이고 이를 위해 30일마다 작동 가능한 제품을 만들어내는 것을 스크럼이라 한다 - 옮긴이) 경영 그리고 실시간 고객연구로 미래의 잠재사업을 시험하고자 이 모든 방식을 결합했다. 다시 말해 OP는 실행에 옮겨야 한다는 보편타당한 동기에 따라 움직였다.

OP가 변신한 과정의 핵심에는 '신사업'이라 불리는 150명 규모의 부서가 있다. 나는 은행 자체의 스타트업 제조소에 가까운 이 부서 책임자 마사 페우라를 은행 본사 건물에서 만났다. 페우라는 현재 위치를 지키기 위해 기존 서비스를 디지털화하는 것만으로는 부족하다고 설명했다. 새로운 서비스는 대단히 중요하다. 즉, 고객의 건강을 유지하고 미래의 출근길을 보장하는 등 '사람들의 일상에서 중요한 순간'과 연관 있는 서비스를 제공해야 한다. 이는 금세 실패할 수도 있는 새로운 계획의 내성을 강화하고 전통 은행이 절대 하지 않을 일을 해야 한다는 의미이기도 하다. 페우라가 말했다.

"우리는 30개 이상의 프로젝트를 시작해 그중 절반을 포기했습니다. 자산관리, 자유계약은행 같은 것이었는데 그냥 접었지요. 이런 프로젝트에 소규모로 시드 머니Seed Money를 투자했습니다. 그런 다음 진척이 보일 경우 좀 더 투자했죠. 가상통신 사업으로 전화서비스 사업에 들어가는 것도 고려했지만 사업 논리가 충분치 않았습니다. 디지털 교육에 진출해야 할까요? 이건 너무 엉뚱하죠. 그래서 재빨리 접었어요."

페우라는 이것을 '굉장히 실용적인 방식에 따른 혁신'이라 부른다.

"우리의 역할은 외부에서 벌어지는 변화에 맞춰 개방적으로 변하는 겁니다. 여러 가지 일을 실행해보는 쪽으로요. 우리에게 도전과제란 새로운 사업가 문화를 만들어내는 것입니다. 전통 은행 업계에서 그다지 전형적이지 않은 '실험' 문화죠."

이를 위해 이들은 스타트업 경력이 있는 직원을 채용해 'OP 랩'으로 알려진 연구부서 안에서 실험할 기회를 제공했다. OP 랩에는 1,000만 유로(약 131억 5,000만 원)의 예산을 배당했다. OP 랩 책임자 크리스티안 루오마는 이곳을 회사의 '혁신 플랫폼'이라 부른다. 이곳의 진정한 업무는 은행이 스타트업과 가까워지도록 만들고 스타트업에서 배우거나 그들과 제휴를 맺는 것이다. 예를 들면 스마트 의료, 스마트 이동성, 스마트 상업, 스마트 리빙 등을 포함해 프로그램을 협업할 수 있는 스타트업을 초청한다. 또한 실리콘 밸리와 런던에서 각각 스타트업 투자·컨설팅 기업인 플러그 앤 플레이Plug and Play, 액센츄어와 함께 스타트업 액셀러레이터 과정을 공동주최하며 스카우팅 네트워크로 인재들을 찾는다. 2017년 이 네트워크가 확인한 500개 기술 스타트업 가운데 OP는 ED루퍼Edlooper(상황 기반 운전자보험 기업), 레이7Raye7(승차공유 기업), 버디 헬스케어Buddy Healthcare(수술 후 환자교육 기업), 투모로 랩스Tomorrow Labs(블록체인 기반 부동산매매 기업) 등을 포함한 여러 기업과 협업협정을 맺었다. 이는 잠재적으로 곧 닥칠 일이 무엇인지 알아볼 수 있는 효율적인 방법이다. 노키아에서 OP로 오기까지 스타트업을 두루 경험한 루오마가 말했다.

"솔직히 스타트업과 기업 간의 협업은 아주 어렵습니다. 나는 기업들이 당연히 해야 할 일이고 트렌드라 생각해 스타트업에 접근하는 경우를 자주 봅니다. 그런데 그들은 혁신의 사파리 여행을 떠나 안전선 밖에서 스타트업을 구경하다가 그냥 가버립니다."

그러면 OP는 왜 여기에 그토록 신경을 쓰는 걸까?

"우리는 열심히 배우고 있습니다. 이것이 실행하는 가장 빠른 방법이에요. 그런 다음 기업을 인수하고 기술을 등록하거나 개발합니다."

OP랩은 미국 작가 에릭 리스의 가르침을 엄격하게 따른다. 에릭 리스의 베스트셀러《린 스타트업》과《스타트업 웨이》는 고객의 실제 욕구를 측정하기 위해 반복적인 제품 출시와 피드백 루프를 결합하는 것에 기반한 기업설립 방법을 대중화했다. 그는 팀이 저비용 실험을 위해 '최소요건제품'을 출시함과 동시에 핵심성과지표로 피드백을 꾸준히 관찰해야 한다고 제안한다. 실제로 시장이 원하는 것을 기반으로 할 경우 이 '검증한 학습'에서 제품을 신속하고 반복적으로 변경하기 위한 교훈을 얻을 수 있다. 마사 페우라가 말했다.

"에릭 리스와 OP랩의 생각은 같아요. 이게 바로 스타트업 웨이이지요. 여기에서 아이디어를 검증하고 채택하고 조정합니다. 시장진출 속도는 무척 중요해요."

이 팀은 지난 1년 동안 40개의 새로운 서비스를 출시했고 피보Pivo

개인금융 앱도 재개발했는데 가입자가 70만 명에 이른다. 또한 소상공인을 위한 이동식 출납 앱도 내놓았고 블록페스트Blockfest를 핀란드에서 최초로 현금결제가 전혀 없는 뮤직페스티벌로 만들었다. 피자체인 코티피자Kotipizza를 위해 챗봇 기반 주문 서비스도 만들었으며 오울루 북부 도시에서 코워킹 스페이스Co-working Space(사무실을 공유하며 정보와 기술, 아이디어를 자유롭게 나누고 함께 협업·교류하는 공간 – 옮긴이)를 시험운영하기 시작했다. 그 밖에 전자상거래 유통을 제공하는 십펑크Shipfunk와 분산원장distributed-ledger(개인의 거래 정보를 개별 데이터 블록으로 만들어 체인처럼 차례차례 연결하는 블록체인 기술 – 옮긴이) 플랫폼 기업인 R3 같은 스타트업에 투자하기도 했다. 페우라는 이것을 '혁명'이라고 표현했다.

"2년 전에 시작할 때 OP랩은 기업환경의 스타트업과 같았습니다. 이제는 성공 가능한 포트폴리오를 갖췄죠."

이동성 서비스에 접근하는 OP의 방식은 이 회사가 얼마나 빠르고 급진적으로 실행하는지 보여주는 전형적인 사례다. 페우라는 "자동차 소유자와 관련된 커다란 사업이 있음을 깨달았다"고 말했다.

"자동차 대출과 보험이 OP그룹 수익의 10분의 1을 차지했어요. 그래서 이동성 서비스 쪽의 변화를 이해할 필요가 있다고 생각했죠. 새로운 서비스를 개발하고 새로운 방식으로 가치를 더해야 하니까요."

새 사업팀은 브레인스토밍을 거쳐 최소요건제품을 만들기 시작했다. 그것은 OP의 맥주상표 작명 전통에 따라 '블랙 캡 스타우트'라 부른 렌트카 서비스와 '코로나'라는 차량공유 서비스다.

먼저 이들은 외부 인재 영입에 나섰다. 소냐 헤이킬라는 2014년 알토대학교에 제출한 석사논문에서 보여준 원대한 비전 덕에 핀란드에 엄청난 미디어 열풍을 일으켰다. 그녀는 그 논문으로 통합 이동성 서비스, 즉 MaaS 개념을 대중화했고 그녀가 필요했던 OP팀은 2015년 11월 헬싱키에서 열린 슬러시 스타트업 페스티벌을 찾아가 헤이킬라를 만났다. 그녀는 이렇게 회상했다.

"몇 년 전 우리는 어떻게 이동성이 변화할지 생각하기 시작했어요. 핀란드 사람들은 자동차 소유에 집착했지만 우리는 자동차를 소유할 필요가 없는 이동성의 자유를 제시하고 싶었지요. 사용자 욕구는 변화하는 중이고 소유권에서 '사용권'으로 움직이고 있습니다. 더구나 디지털화와 커넥티드 카Connectd Car(인터넷, 모바일 기기, 운전자와 연결된 자동차-옮긴이) 덕분에 스마트 서비스가 가능해졌어요. 당신의 휴대전화는 매끄러운 사용자경험과 개인맞춤형 서비스, 더 큰 효율성이 가능하게 해줍니다. MaaS의 첫 단추는 서비스화한 자동차, 다시 말해 차량공유나 차량임대입니다. 우리는 차량을 소유한 것과 소유하지 않은 것 간의 차이를 메워주고 싶어서 이를 개발하기 시작했어요."

OP팀은 BMW의 차량공유 서비스 드라이브나우DriveNow를 프랜차이즈화하기 위해 BMW와 접촉했다. 그리고 6개월 내에 OP는 헬싱키에 1분 안에 렌트가 가능한 150대의 BMW와 미니를 보유했다. 6개월 후 등록고객은 1만 5,000명으로 늘어났고 서비스는 3개 도시로 확장됐다. 이들은 OP 쿨쿠OP Kulku라는 전기차량 임대사업을 시작하기 위해 테슬라, 닛산 그리고 기타 자동차 제조업체들과 함께 일하기도 했다. OP 쿨쿠는 2~4년의 계약기간 동안 매월 일정 비용을 내면 보험, 수리, 자택배달 심지어 세차까지 포함한 서비스를 제공한다. 이들은 융통성 있는 월별 차량 임대회사 OP 카우시아우토OP Kausiauto를 시작하기 위해 렌트카 업체 유로카Eurocar와 제휴했고 핀란드에 전기차 충전소 100개를 세우고자 북유럽 에너지 기업 포텀Fortum과도 제휴했다. 이 중 일부는 시내 중심가에 위치한 OP의 지점들과 연결되어 있다.

최근 이 팀은 주차장 예약과 주차료 지불, 최저가 주유소 검색 등 차량 소유주를 위해 모든 것을 해주는 안내용 앱을 개발하고 있다. 또 최적화한 경로를 찾아주고 버스, 드라이브나우 차량, 택시를 포함해 여러 교통수단을 이용하는 여행을 예약·결제하는 것은 물론 매달 회사로 경비처리용 영수증을 직접 보내주는 OP 마트카OP Matka 앱도 만들고 있다.

이러한 서비스 주도 접근법은 OP의 자동차 관련 사업 계열을 바꿔놓았을 뿐 아니라 부동산 사업 계획에서도 중심을 차지한다. 핀란드에서 전통 부동산중개업자로 이뤄진 가장 큰 체인을 소유한 OP는 매년 170개 지점에서 1만 2,500건의 주택거래를 처리하고 있다. OP는 자사를 핀란드에서 가장 큰 주택대출 제공업체로 추정하며 부동산 관리 담당 직원만 700명에 이른다. 그러나 인터넷은 부동산 같은 수익성 높은 전통 영역도 뒤흔든다. 온라인 부동산 종합 웹사이트가 OP의 중개업체를 시대에 뒤처지도록 만든다면, 새로운 P2P 대출이 OP의 주택담보대출 사업을 축소시킨다면 어떨까? 기술이 이끄는 스타트업이 프롭테크Proptech(부동산과 기술의 합성어 – 옮긴이) 붐으로 고객의 기대를 높여놓은 이 시대에 OP는 어느 영역에 존재해야 하는 걸까?

이것이 바로 야르코 키타넨이 OP의 홈서비스 분야를 이끌면서 씨름하는 과제다. 2017년 2월 이곳에 합류한 키타넨은 핵심팀 5명, OP 외부 인재 15명과 함께 'OP 홈 에코 시스템' 작업을 하고 있다. 이는 핀란드 사람들이 집을 사고 빌리고 사용하는 방식을 바꿔놓을 대담한 시도다. 그는 이렇게 말했다.

"우리는 우선 사람들이 이사할 때 사고 빌리는 것을 어떻게 혁신할지에 초점을 두고 있습니다. 그다음에는 입주해서 사는 사람들에게 어떤 서비스를 제공하고 스마트 데이터를 어떻게 적용할지 생각하죠."

2017년 초 그의 팀이 발매한 첫 제품은 집을 매매하려는 사람들에게 시장가격과 예상하는 미래가격 변동추이의 투명성을 제공하는 온라인 툴이다. 키타넨은 이 서비스가 "중개업자들이 누리던 힘을 고객에게로 옮겨준다"고 설명했다. OP는 블록체인으로 주택거래를 디지털화해 거래를 신속히 진행하고 인지세 납부를 자동화하기 위해 은행 컨소시엄을 구성했다. 또한 3가지 목표 아래 협력하고자 160개 스타트업을 면밀히 조사했다. 하나는 기존 부동산 자산관리에 변화를 일으키고, 다른 하나는 스마트 홈을 운영하며, 마지막은 임대시장을 디지털화하는 것이다. 사실 OP는 더 큰 그림을 그리고 있다. 구체적으로 말해 자사의 잠재 역할을 대규모 기술 기업과 함께 고객을 위해 '똑똑한' 센서가 작동하는 집을 만드는 데 두고 있다!

지금까지 진행해온 프로젝트 중 가장 큰 도박은 키타넨이 '서비스화한 주택'이라고 부르는 것이다. 고객에게 서비스하기 위해 아파트를 구매하는 OP는 고객의 위험성을 최소화하고 소유권의 일부 혜택을 누린다. 톰 달스트룀은 "주택 관련 서비스시장도 생각하고 있다"고 말했다. 키타넨은 이렇게 덧붙였다.

"지붕을 수리해야 할 때 누구를 신뢰하나요? 우리는 투명성과 평점을 제시합니다. 우리에게는 이미 서비스를 제공하는 1,500개 공급사가 있어요."

신흥주택 에코 시스템은 OP에 얼마나 큰 이득을 안겨줄까? 키타넨은 수억 유로의 매출을 올릴 것이라고 추정했다.

"핀란드 부동산시장은 벌써 연간 10억 유로(약 1조 3,000억 원)입니다. 그리고 아주 아날로그적이죠. 그곳에서 돈이 나올 거라는 예상이 가능하죠."

알고리즘이 아니라 휴먼리즘으로 되는 것

서비스 분야로 진출하면서 이득을 얻는 것은 비단 수십억 유로를 보유한 은행뿐이 아니다. 메이페어라는 런던 고급 동네의 커즌Curzon 거리에서 1936년 8월부터 영업해온 아늑하고 복작복작한 헤이우드 힐Heywood Hill 서점은 어려운 시기를 헤치고 성공하기 위해 즐거운 역발

상을 했다.

여왕에게 책을 공급하는 이 서점은 2011년 로열 워런트Royal Warrent (왕실조달허가증)를 받았지만 몇 년간 혼란스런 시기를 거쳐 왔다. 이곳에서 가게 세를 내가며 새 책과 오래된 책을 함께 팔아서는 아마존이나 기타 할인서점에 맞서 먹고살기가 힘들었다. 존 르 카레가 1974년 스파이소설《팅커, 테일러, 솔저, 스파이》에 이곳을 배경으로 한 장면을 넣어 가게의 명성을 높여도 소용없었다. 입구 위에 걸린 푸른색 명패가 말해주듯 소설가이자 사교계 명사였던 낸시 미트포드가 1942년부터 1945년 사이에 주급 3파운드 10실링씩 받고 일했다는 사실도 의미가 없었다.

2011년 12대 데본셔 공작이자 미트포드의 조카인 자신의 장인에게 이 사업을 물려받을 때 니키 던은 변화가 필요하다고 생각했다. 정치 컨설턴트로 문학계와 거리가 먼 던은 예리한 눈으로 상황을 관찰했다.

"가게에 우두커니 서서 생각했어요. 서점에 미래가 있나? 사람들은 왜 서점에 오지? 아마존은 잘나갔고 워터스톤스Waterstones 서점은 신통치 않았습니다. 그리고 전자책이 서서히 부상하고 있었죠. 낸시 미트포드가 손님들과 이야기를 나누던 책상 뒤에 앉아 나는 믿기 어려운 사람들이 가게로 들어온다는 걸 깨달았어요. 그들은 국제적이면서도 부유한 재계 리더이자 자신의 영역과 문화를 통틀어 최고 자리에 있는 사람들이었습니다. 그 덕에 재미있는 하루를 보냈죠. 나는 '아, 여기 뭔가가 있네. 저들에게 도움을 주려면 무슨 일을 해야 할까?' 하고 생각했어요."

48세의 던은 헤이우드 힐을 '문학적인 문화 속의 동갈방어(상어 곁에서 기생하며 상어를 먹이가 있는 곳으로 인도한다는 어종 - 옮긴이)'로 보았다. 상어 주변을 헤엄치지만 할인서점이나 저명한 고서점과 경쟁하기에는 너무 작다는 의미였다. 그 순간 그는 깨달음을 얻었다. 책을 파는 데 헤이우드 힐의 전문지식이 더 이상 의미가 없다면 책을 추천하는 전문지식을 재구성해보는 건 어떨까? 안목 있는 고객들을 위한 주문 맞춤형 서재를 구성해주고 개개인에게 맞는 도서 추천 기능 등을 활성화하면서 도서판매업을 큐레이션 서비스로 바꾸는 건 어떨까? 던이 점잖게 설명했다.

"고객이 다음에 읽을 책을 고르려고 이곳에 오는 것이 아니라 자기 취향을 이야기해주면 그것을 바탕으로 우리가 골라주는 겁니다. 개인 맞춤형 도서구독 서비스죠. 우리는 이것이 알고리즘이 아니라 휴먼리즘으로 되는 것이라고 말합니다."

아이러니하게도 그 아이디어 중 일부는 가게에서 무심코 카를 마르크스 책을 읽다 떠올린 것이었다. 마르크스는 《자본론》에서 기계화가 19세기 노동자를 시스템에 '의식적으로 결합한 상태'로 바꿔놓는다고 보았다. 던은 이 구절을 처음 읽었지만 인간이 알고리즘 혹은 기계적이기보다 의식적으로 결합을 만들어낼 수 있다는 점을 곰곰이 생각해봤다.

"버크Burke의 책만 읽고 싶진 않을 테죠. 우드하우스Wodehouse가 쓴 책도 조금은 읽고 싶지 않을까요?"

그 결과 헤이우드 힐의 구독서비스 '책과의 1년A Year In Books'이 탄

생했다. 950파운드(약 140만 원)를 내고 앵글로파일Anglophile(영국 애호
가라는 의미 – 옮긴이) 서비스에 가입하면 1년 동안 고객의 독서 취향에
맞춰 선정한 영국 책들을 우아한 상자에 담아 4번 배달해준다. 개인적
으로 선정한 하드커버 책을 더 좋아한다면 390파운드(약 60만 원)에 도
서 상담을 받을 수 있다. 그 후 아티스트 크레시다 벨의 그림으로 만든
책갈피와 함께 선물처럼 포장한 12권의 책을 배달받는다. 서점 아래
층에서는 5명의 책 담당 직원이 상근직으로 근무하며 구독 서비스 업
무를 맡고 있다. 각 직원은 매년 100∼200권에 이르는 책을 읽고 매달
열리는 회의에서 특정 구독자의 독서 취향에 딱 들어맞는다고 생각하
는 책을 선별한다. 던은 구독자 수를 정확히 밝히지 않았고 "1,000명
대 초중반 구독자가 평균 265파운드(약 38만 원)를 선지급한다. 자금
운용에서 변화를 일으키고 있다"라고만 말했다. 이 기업이 공개한 연
차결산보고서에 따르면 '책과의 1년' 구독 서비스 선입금은 2017년
35만 763파운드(약 5억 1,300만 원)였고 매년 빠르게 늘고 있다.

이는 아마존의 도서추천 알고리즘과는 정반대다. 던이 설명했다.

"책 담당 직원들은 열정적이고 진심 어린 여성 독자입니다. 그들
이 있는 공간은 매일 마치 부커상 심사위원실 같죠. 그들은 하루 종일
이런 식이에요. '데이비드 로완 씨가 지난달에 뭘 봤더라? 그분께 윌
리엄 쇼 책을 보내야겠어. 누구 이 책 읽어본 사람?' 그런 다음 책을
25개 국가로 배송하는 거죠."

여기에는 주문맞춤형 서재 서비스도 있다.

별도의 서재팀은 고객 가까이에서 이들의 관심사에 귀를 기울이고 이해하는 데 시간을 투자한다. 팀은 기초제안서를 작성해 다양한 예산안과 함께 제시하며 보통 그 내용은 약간 수정이 이뤄진다. 시작점은 1만 파운드지만 몇백만 파운드까지 늘어나기도 한다. 이후 팀은 책을 구하기 위해 나선다. 전통 도서구매와 달리 여기에는 경제적 위험이 거의 없다. 사전 동의를 거친 책만 구매하기 때문이다.

던의 기업가적 에너지는 소매업을 서비스로 재정의하는 것이 변화효과를 낼 수 있음을 보여준다. 헤이우드 힐은 여전히 규모가 작지만 전과 다른 새로운 자신감을 보이고 있다. 던이 웃으며 말했다.

"우리는 우리가 세상에서 가장 위대한 작은 서점이라고 생각합니다. 심지어 나는 강령까지 써놨어요. 뭐냐면 우리는 새 책이든 옛 책이든 좋은 책을 전 세계 독자와 수집가에게 혁신적인 방식으로 판다는 겁니다. 그리고 우리는 어떤 창의적인 에너지를 이 공간으로 끌어들이고 있어요."

던은 자신이 그 어느 때보다 이 사업에 긍정적이고 일이 꽤 즐겁다고 말했다.

행동심리학이 인구통계학보다 더 중요하다

조직이 서비스 주도 변혁을 성공적으로 이루려면 어떤 실용적인 툴이 필요할까? OP의 사례는 치열한 경영 집중과 하이브리드 인재 풀pool 뿐 아니라 강력한 기술 전문지식, 서비스 디자인, 디자인 싱킹을 이해해야 한다는 것을 보여준다.

OP에서 디자인 미션을 이끄는 사람은 투오마스 마니넨이다. 노키아 출신인 마니넨은 '디자인과 고객경험' 부서장으로 오울루와 헬싱키에서 디자이너, 디자인 싱킹 전문가 85명을 책임지고 있다. 그는 이렇게 말했다.

"우리가 만약 독립 회사라면 핀란드에서 가장 큰 디자인 에이전시일 겁니다. 핀란드에 있는 모든 서비스 디자인 인력의 10%가 우리 회사에서 일하고 있어요. 하지만 국가적으로 서비스 디자인 분야에 투자하는 돈 가운데 50%는 우리에게 책임이 있습니다."

이 팀의 주요 역할은 애자일 방법론과 실험 방법론으로 신제품의 프로토타입을 내놓는 것이다. 마니넨은 "아이디어가 떠오르면 가설을 세우고 이를 시장에서 신속히 시험해본다"고 설명했다. 예를 들어 이 팀이 에어비앤비 보험 수요라는 아이디어를 떠올렸다고 하자. 그러면 진짜 욕구가 존재하는지 알아보기 위해 다양한 에어비앤비 건물이 있는 스톡홀름 지역에서 페이스북 광고를 돌리며 프로토타입을 내놓는다.

"사람들에게 이 제품을 사용하는 첫 고객이 되고 싶으면 이메일 주소를 남기라고 요청했어요. 한데 광고는 거의 아무런 반응도 얻지 못했습니다. 우리는 여기에 고객욕구가 전혀 없다는 걸 깨달았고 그 프로젝트를 접었어요. 그 후 스톡홀름에 있는 에어비앤비 호스트들을 인터뷰하면서 엄청난 노력이 필요하다는 걸 깨달았지요. 그 단계에서 노르웨이에 비슷한 보험 서비스가 있지만 그 보험이 전혀 팔리지 않고 있다는 것도 알았습니다. 완제품 출시보다 페이스북 광고가 더 싸고 빠르지 않겠어요?"

이 회사는 전 사업 부서에 걸쳐 디자이너를 배치했는데 그 목적은 부서 간의 효과적인 커뮤니케이션 보장에 있다. 그러나 모든 프로젝트는 고객과 함께 시작한다. 은행이 개인금융관리 앱을 출시하기 전 마니넨의 팀은 고객을 초청해 워크숍을 5번 열었다. 트렌드와 운전자 이해, 비전 수립, 전략기회 등에 관한 워크숍이었다. 여기서 나온 아이디어를 시제품으로 만든 다음 이들은 콘셉트별로 인터뷰를 15번 시행했고 서면으로 설문지 조사도 했다. 마니넨이 말했다.

"우리는 경제적 웰빙 서비스가 부족하다는 것을 깨달았습니다. 행동심리학이 인구통계학보다 더 중요하다는 것도요. 그래서 고객을 쾌락주의자, 낙관주의자, 몽상가, 노력가 관점에서 살펴보기 시작했어요."

이제 그의 팀은 OP 주택 서비스의 다음 단계를 생각하고 있다.

"저가 센서로 연결된 '사물인터넷' 기기를 집에 도입했으니까요. 우리는 진찰을 위해 의료와 주택을 결합하고 집이 수집한 정보를 사용할 수 있습니다. 이는 사업개발보다 사업설계에 가깝습니다. 바깥에서 안을 보는 겁니다. 우리는 사람들이 행동에 따른 전환학습을 한다는 걸 깨달았고 제품을 만들기 위해 3일간의 디자인 스프린트를 시행합니다. 100장짜리 파워포인트를 만드는 것보다 훌륭한 결과를 내죠."

그렇지만 OP의 새로운 서비스 사업이 디자인 기술만으로 규모의 경제에 도달할 수는 없다. 임원들은 여기에 심층 기술지식이 필요하다는 것을 안다. 이에 따라 회사는 인공지능과 데이터 과학에 많이 투자하고 있고 메리 하타야는 20명으로 구성된 AI와 분석 분야 팀을 이끌고 있다.

"나는 조력자를 육성하고 있습니다. 우리는 서비스 디자인으로 제품과 서비스에 금융지능을 심고 있지요. 지금은 AI 개발 능력을 갖추고 있습니다. 내년의 초점은 개인 데이터와 콘텍스트 데이터context data(사용자, 시스템, 기기 간 상호작용에 영향을 미치는 사람·장소·사물·시간 등 상황의 특징을 규정하는 정보 – 옮긴이)를 사용해 어떻게 예측 분석과 추천을 확대하고 대화형 유저 인터페이스를 구축할 것인가에 있습니다. 우리는 그때까지 이 회사의 공정을 대부분 뒤흔들어야 해요."

내가 방문한 날 하나의 사례가 눈에 들어왔다. OP는 트라우마 환자의 재활치료를 돕고자 AI 기반의 깁스인 '스마트 캐스트'를 출시했다. 겨우 6주 전 하타야는 모션센서로 무엇을 할 수 있는지 논의하기 위해

웨어러블 기기 제조업체 순토Suunto를 방문했었다.

"우리는 깁스한 팔이나 다리 움직임의 실시간 데이터를 얻는 데 센서를 사용할 수 있는지 알고 싶어 물리학자들과 얘기를 나눴습니다. 이제 그 실험을 시작했고요. 구글 CEO가 말한 것처럼 AI는 새로운 유저 인터페이스User Interface입니다. 건강 분야는 엄청난 기회죠."

OP에서 17년간 일한 경제학 박사 톰 달스트룀은 OP 본사에서 내게 말했다.

"우리에게 기술은 조력자입니다. 설계 역시 아주 중요하죠. 고객의 통찰력과 인간 상호작용도 그렇고요. 이는 신뢰를 고취하는 것으로 귀결됩니다. 당신이 했던 최고의 고객경험을 떠올려보세요. 대개는 컴퓨터와 상관없는 경험이었을 겁니다. 생각이 진보적인 사람에게 출신은 문제가 되지 않아요."

현재 OP는 자동차 소유자를 기반으로 1년에 1억 유로(약 1,300억 원) 이상 벌어들이고 있다. 그렇지만 그는 잘라 말했다.

"지금 우리는 자동차를 소유하지 않은 사람들을 바탕으로 사업모델을 만들고 있습니다. 우리 스스로 우리를 뒤흔들고 있는 거지요! 어쨌든 이건 벌어질 일이에요."

개인의 자동차 소유권을 줄이는 게 OP의 지속 가능성 목표에 딱 맞아떨어진다는 것도 도움을 준다. 사물리 사르니의 주장대로 OP의 성공과 장기적 생존까지 이끌어가는 궁극의 결정 요인은 특정 사업 분야가 아닌 광범위한 사회적 미션이다.

"나는 기업과 개인의 가치가 잘 맞는 것을 좋아합니다. 우리 앞에 환자가 있을 때 우리는 돈을 생각하지 않아요. 대신 우리를 지원해줄 조직을 원하죠. 직장에서 내면의 가치에 따라 일할 수 있으면 그 일을 진심으로 즐기게 될 겁니다. 이럴 때 실제로 경영이 상당히 쉬워집니다."

그는 질병은 사라지지 않을 것이라고 강조했다.

"우리 병원 직원들은 일자리 걱정을 하지 않습니다. 반면 은행 직원들은 일자리를 걱정하고 위험을 싫어하지요. 아직 은행 변혁은 오지 않았어요. 전통 은행과 보험업은 여전히 잘되고 있고요. 설령 이들 사업이 꽤 수익을 낸다 해도 우리는 변혁보다 앞서고 싶습니다. OP는 변신을 이제 막 시작했으니까요."

전통 금융 기업이
디지털 리포지셔닝에 성공한 비결

▼

OP에는 타고난 이점이 몇 가지 있다. 우선 조합원이 소유한 구조로 상장기업이 직면하는 단기적 압박을 받지 않는다. 그리고 이사회는 변혁을 위한 예산으로 20억 유로를 승인해줄 만큼 변화에 적극적이다. 여기서 나는 OP의 디지털 리포지셔닝에 다른 기업이 배울 만한 몇 가지 교훈이 있음을 보여주려 한다.

1. 현재의 수익모델에서 한 발 물러나 자사의 핵심 목표와 가치를 확인해본다. 미래 목표를 규정해주는 것은 이 고유의 식별자다. 강점은 무엇인가?

2. 고객욕구 변화를 관찰한다. 이것이 회사가 세운 가설과 다를 수도 있다. 고객이 해결하고 싶어 하는 근본적인 문제점은 무엇인가?

3. 현재의 수익 분야를 위협하는 요소를 정의하고 새로운 서비스가 어떻게 이를 대체할 수 있는지 고민해본다. 어떤 서비스에 고객이 기꺼이 돈을 지불할까?

4. 고객의 신뢰를 강화해줄 경험과 서비스, 시스템을 설계한다.

5. AI나 블록체인 같은 최신 기술이 어떻게 새로운 수익모델을 가능하게 만

들어주는지 연구한다.

6. 애자일 방법론과 실험 방법론으로 새로운 제품과 서비스를 프로토타입으로 만들어본다. 애자일 개발 방법을 연구하고 투자를 확장하기 전에 초기 반복시험으로 고객 반응을 측정해본다.

7. 자체 내부 투자를 도입하고 그중 다수가 실패할 것에 대비한다.

8. 스타트업, 학자, 가능성 있는 협력기업 등 외부인과 함께 일함으로써 문화를 다양화한다.

4장

비현실을 현실로 만드는
가장 확실한 방법

ABANDON

유망 프로젝트를 미련 없이
종결하는 '킬 판단법'

———

캐시 해넌에게 바닷물을 탄소중립 액체연료로 바꾸는 기발한 미션을 이끌도록 결정한 것은 위험천만한 일이었다. 우선 2012년 27세였던 해넌은 캘리포니아주 마운틴 뷰에 있는 세르게이 브린의 비밀스러운 혁신 프로젝트 기업, 즉 문샷 팩토리Moonshot Factory(문샷은 '달 탐사선 발사'라는 뜻으로 달을 탐구하기 위해 망원경을 개선하는 대신 아예 달 탐사선을 만든 것처럼 혁신 프로젝트를 의미한다-옮긴이)인 구글X(이후 이름을 바꿨다)에 합류한 나이 어린 직원 가운데 하나였다. 주니어 마케터로 채용된 그녀는 자신이 그 자리에 갈 수 있으리라고는 전혀 기대하지 않았다. 서핑을 즐기러 하와이로 휴가를 떠나 있는 동안 구글 행아웃으로 접수한 면접에 지각하는 바람에 모래투성이 머리로 바닷물을 뚝뚝 흘리며 들어갔기 때문이다. 여기에다 그녀는 말투가 소심한 뉴햄프셔주 시골 출신이었다.

"기술과 상관없이 어른들은 죄다 선생님 아니면 의사였어요. 새로운 과학기술을 발명하는 사람은 본 적이 없었죠. 따라서 내가 이 프로젝트를 이끄는 건 터무니없는 일이었어요."

수학과 과학 분야 재능이 뛰어난 해넌은 스탠퍼드대학교에서 토목

공학과 컴퓨터공학을 전공했고 한동안 재생가능 에너지에 몰두했다. 2013년 6월 그녀는 상사 아스트로 텔러가 주최하는 어느 디너파티에 참석했다. 텔러는 차례대로 질문에 대답했는데 해넌은 얘기가 〈에너지와 환경과학Energy & Environmental Science〉에 실린 어느 흥미로운 논문으로 넘어가자 점차 신이 났다. 제록스의 팰로앨토 연구센터PARC, Palo Alto Research Center가 2012년 발표한 이 논문의 제목은 '바이폴라 멤브레인 전기투석을 이용한 해수 중의 CO_2 추출'이었다. 이 논문은 바닷물 속에 용해된 탄소를 탄산가스 형태로 추출하는 새롭고 고효율적인 방식을 설명하고 있었다. 이 이산화탄소가 수소와 결합하면 배, 자동차, 공장에 동력을 공급하면서도 온실가스를 감축해줄 메탄올 같은 탄소중립 연료를 만들어낼 수 있다.

당시 X의 신속평가부서 프로젝트 매니저로 있던 해넌은 여기에 흥미를 느끼고 부서 담당 임원 리치 드발에게 그 프로젝트를 이끌고 싶다고 말했다. 2018년 10월 X에서의 커리어를 끝낸 드발은 지난 2013년 해넌의 제안에 동의했고 그녀가 조사를 시작하도록 빠듯한 예산을 주었다. 그녀는 "하지 말아야 할 이유가 생길 때까지 그 프로젝트를 계속 진행해야 한다는 게 조건이었다"고 말했다.

이 임무는 X의 스위트 스폿sweet spot(골프채나 라켓, 배트 등 기구로 공을 칠 때 많은 힘을 들이지 않고 원하는 방향으로 멀리 빠르게 날아가도록 만드는 최적 지점 – 옮긴이)에 딱 맞아떨어졌다. X는 과감한 연구 프로젝트를 찾아 또 하나의 구글로 탄생할 잠재력을 갖춘 새로운 사업으로 바꾸어놓으려는 알파벳Alphabet(구글의 모기업 – 옮긴이)의 내부 부서였다. X 프로젝트는 전혀 새로운 기술을 사용하는 급진적인 해결책으로 막대한 문제를 해결한다. X 직원들의 표현에 따라 '10%가 아닌 10배' 향상을 목표로 한 것이다. 그리고 언젠가 세상을 '근본적으로 더 나은 곳'으로 만든다는 목표 아래 고안부터 실제 사업 출시까지 움직이는 문샷이 되고자 한다.

2013년 8월 해넌은 PARC 연구기획자 매튜 아이서먼을 초청해 X에서 연구 발표하게 했다. 그녀는 그를 생각이 깊고 자신에게 주어진 도전과 위험을 어물쩍 넘어가지 않는 사람이라고 평가했다. 그들은 그 방법론에 상업성이 있는지 원가계산을 해보았고 그 예상 결과에 용기를 얻었다. 그녀는 아이서먼과 그의 PARC 동료 3명 그리고 또 다른 X 직원으로 작은 팀을 꾸린 뒤 이 프로젝트에 포그혼Foghorn(항해 중인 배가 안개 등의 이유로 시계가 나쁠 때 다른 배와의 충돌을 방지하기 위해 부는 고동 – 옮긴이)이라는 암호명을 붙였다.

X 프로젝트의 승인을 얻으려면 여러 '킬Kill 판단법'에서 합의가 이뤄져야 한다. 킬 판단법이란 유망해 보이는 프로젝트를 어떤 점에서 종결해야 하는지 결정하는 기준을 의미한다. 이것은 그 팀이 지나치게 감정을 쏟아 붓기 전 프로젝트의 가장 위험한 부분을 애초에 식별해내는 데 도움을 준다. 포그혼팀은 5년 내에 US갤런당 5달러인 연료보다 비싸지 않은 연료를 생산하는 데 전념했다.

이들은 2가지 근본적인 도전에 직면했다. 이 과학은 성과를 낼 것인가? 또 비용 효율성이 있음을 증명할 것인가? 이론 모델은 아이서먼의 아이디어가 실제로 성과를 낼 경우 US갤런(부피를 재는 단위)당 5~10달러에 연료를 생산해낼 수 있음을 제안하고 있었다. 당시 석유가격은 갤런당 4달러에 육박했다. 그런데 이것은 다소 무모한 '가정'이었다. 해넌이 말했다.

"바닷물로 메탄올을 만들어낼 수는 있겠지만 천문학적 비용이 들 것이 뻔했어요. 우리는 계속 기술 향상을 이뤄야 했지요. 상업화할 수 있다는 희망이 생길 만큼 가격을 낮춰야 했으니까요. 처음에는 갤런당 1,000달러였던 것이 나중에는 70달러 그 뒤에는 30달러가 됐어요. 물론 더 어려운 문제에 직면하면서 진전 속도가 늦춰지기도 했죠."

그럼에도 불구하고 진척이 있다는 것은 신나는 일이었다. 팀은 해수에서 이산화탄소를 추출해내는 작동용 프로토타입을 만들고 재생에너지로 수소를 만드는 방법을 조사했으며 이를 결합해 액체연료로 만들 수 있음을 보여줬다. 해넌은 팀장으로서 신임을 얻었고 그 팀은 거듭해서 의미 있는 승리를 거두었다. 2015년 6월 이들은 염분을 제거하거나 정제한 물에서 수소를 대규모로 생산하는 데 전기를 사용하는 방법을 발견했다(이는 고체산화물 전해조Solid Oxide Electrolyser Cell 기술로 알려져 있다). 이 방법은 이산화탄소를 얻는 아이서먼의 전기투석electrodialysis 접근법과 함께 쓰일 것이었다. 팀은 해수 담수화 시설을 방문해 이 추출 기술을 함께 배치했을 때 비용을 절감할 수 있는지 살펴보았다. 또 효율성을 최적화하는 방법을 배우고자 코펜하겐에 있는 전기분해 학자들을 만나기도 했다. 그러는 동안 이들은 갤런당 예상

가격을 계속 낮췄고 5개년 목표가 눈앞에 있었다.

하지만 2016년 2월 캐시 해넌은 갑자기 이 프로젝트를 접어버렸고 그 결정은 팀 전체에 현금보너스를 안겨주었다. 그녀는 설명했다.

"5달러 비용이 비현실적으로 보이는 지경까지 프로젝트가 빠르게 복잡해지는 것이 점차 또렷해졌어요. 이미 많은 것을 쏟아 부어 쉽지 않았지만 결실을 맺지 못할 일에 사람들이 시간을 낭비하지 않길 바랐어요."

해넌의 킬 판단법은 원유가격이 대략 배럴당 100달러였던 상승기 이후 이뤄졌다. 2016년 초 가격은 30.12달러까지 내려갔고 주유소의 휘발유 가격은 포그혼이 예상한 것보다 훨씬 더 싸졌다. 그렇지만 이 혁신적인 문샷 프로젝트의 종결 이유가 단순히 원유가 변동성에만 있었던 것은 아니다. 해넌이 털어놓았다.

"진짜 문제는 원유가가 아니었어요. 남아 있는 문제를 해결하려면 재생가능 수소 문제를 해결해야 했지요. 어떻게 해야 전기분해로 가격 면에서 가장 효율적인 방식의 수소를 만들어낼 수 있는가의 문제였죠. 그 기술에 상당히 많은 투자를 해야 했어요."

10억 달러 예산과 연구기간 추가를 예상하는 상황에서 성공은 전혀 확신할 수 없었다.

"사실이 하나하나 밝혀지면서 꿈이 천천히 사그라졌어요. 우리는 X의 경영진과 분기 검토에 들어갔고 포그혼을 계속하는 대신 우리가 발견한 바를 과학학술지에 싣자고 제안했어요. 나는 아스트로가 실망할 거라 예상했지만 그는 오히려 우리의 지적인 정직함에 기뻐했지요."

문샷의 기본정신은 광기와 낙천주의의 결합

내가 아스트로 텔러를 만났을 때 그는 '혁신' 이야기를 전혀 하고 싶지 않다는 점을 분명히 밝혔다. 내가 이 책을 쓰면서 만난 대담한 혁신가들도 마찬가지였다. X에서 근무시간 동안 대부분 인라인스케이트를 타는 것으로 유명한 텔러가 인라인스케이트를 신은 채 말했다.

"그 단어는 지나치게 남용되고 있어요. 그래서 그걸 말하자면 의미 있는 대화를 할 수 있을지 모르겠어요. 하지만 조직에서 변화를 일으키려면 무엇이 필요한지 이야기하는 건 좋습니다. 그건 우리가 키워야 할 다른 종류의 근육이죠."

명함에 '문샷 캡틴'이라는 직함이 새겨진 그의 본명은 에릭으로 아스트로는 학교에 다닐 때 아스트로터프 인조잔디처럼 보이는 머리 때문에 붙은 별명이다. 2013년 구글 자이트가이스트 행사에서 그를 처음 만났을 때 그는 내게 대담한 스타트업 기업가정신이란 '진정한 광기'라는 설득력 있는 진단을 내렸다. 이후 나는 늘 그의 말을 참고한다. 당시 그는 이렇게 말했다.

"진정 위대한 기업가정신은 막을 수 없는 낙천주의와 통렬한 편집증이 특별히 뒤섞여 있어요. 엄청난 낙천주의가 없으면 해낼 수 없습니다. 제정신을 유지하지도, 다른 이에게 전도하지도 못하죠. 그리고 무엇이 잘못될 수 있는지에 끊임없이 몰두하고 계획을 마련해두지 않으면 내내 발목을 잡힐 겁니다."

현실을 왜곡하는 인식과 임상적 편집증이 합쳐진 기업가정신은 정신병이라는 얘기다. 이는 잔인하리만치 통찰력 있는 정의다. 텔러를 구글에 데려온 사람은 초특급 두뇌로 스탠퍼드대학교의 AI와 로봇공학 교수 출신인 세바스찬 스런이다. 무인자동차 연구를 위해 구글이 영입한 텔러는 자신의 역할을 다음과 같이 밝혔다.

"새롭고, 구글의 규모에 맞는 사업을 알파벳에 안겨주는 겁니다. 우리가 항상 성공하지 못해도 상관없어요. 우리가 만들어내는 한아름의 가치가 지금껏 쓴 돈보다 훨씬 큰 경우가 자주 있기만 하면 됩니다."

X는 그 예산과 인원을 밝히지 않겠지만 지금껏 성공한 '졸업' 프로젝트는 그 한아름의 가치를 상당히 끌어올린 것으로 보인다. 구글의 자율주행차 회사 웨이모Waymo는 수천억 달러의 잠재가치가 있는 것으로 추정하는 지적재산권을 등록했다. 기계학습 툴을 개발하는 구글 브레인Google Brain은 다시 구글에 합류했고 그 연구는 검색, 광고, 유튜브의 매출을 끌어올렸다. X는 인터넷 연결성을 확장하기 위해 성층권에 풍선을 띄워 네트워크를 구성했는데 이는 기업 룬Loon으로 분사했다. 크로니클Chronicle은 사이버안보 회사이며 생체과학에서는 베릴리Verily가 스핀오프Spin-off(다각화한 기업이 경쟁력 강화를 위해 회사 분할로 한 사업을 독립적인 주체로 만드는 것 – 옮긴이)로 분사했다. 또한 드론배달 프로젝트인 윙Wing은 현재 호주까지 시속 120km 속도로 배달하는 실험을 하고 있다. 그 밖에도 구글은 우주엘리베이터, 1인용 비행장치 제

트팩Jetpack, 저온핵융합, 자기부상 호버보드, 수상태양광발전소 등에 조용히 투자하고 있다. 이는 전형적인 기업 R&D부서와는 다르다.

내가 텔러에게 구글의 공동창업자 세르게이 브린과 래리 페이지가 그에게 어느 정도 자율성을 보장해주는지 묻자 그는 웃음을 터뜨렸다.

"둘은 회사에서 많은 시간을 보내고 내게 조언도 합니다. 가끔 거기에 귀를 기울이기도 하지만 X에서는 둘의 생각을 무조건 주워 담아 그들 방식대로 행동할 필요가 없어요. 래리와 세르게이는 우리 고객이자 자금제공자입니다. 그러나 우리 일을 지나치게 통제하지는 않아요."

텔러의 역할은 누구나 아무리 엉뚱한 프로젝트라도 제안할 수 있는 문화와 그것을 효율적·상업적으로 적용하도록 편견 없이 아이디어를 평가하는 문화를 조성하는 것이다. 그는 여과기가 되고 싶어 하지 않는다. 물론 제안서는 냉정한 방법론으로 평가하는 것이 훨씬 더 과학적이다.

"타당한 이유를 들어 제안을 쓰레기통에 던져버리는 것도 그렇지요. 날아다니는 자동차를 만들고 싶다면 못할 것 없어요. 고정관념이 강한 사람은 결국 울면서 이곳을 떠납니다."

이 말은 대담한 미션을 제안하는 직원을 격려하고 한 발 뒤에 서서 열정적으로 응원하면서도 언제 그만둬야 할지 알 만큼 냉정해야 한다는 의미다. 텔러는 열정적으로 냉정해지는 것이 자신들의 모순된 목표 가운데 하나라고 지적했다.

"책임감 있게 무책임해야 한다는 목표도 있습니다. 우리는 어떠한 규범에도 얽매이지 않고 빨리 앞으로 나아가고 싶어 하지요. 그와 동시에 법을 따르고 안전한 문화를 만들 필요가 있어요. 그리고 우리에게 확률적으로 유리한 방법을 찾는 과정에서 모든 갈등에 솔직해질 필요가 있습니다."

멍키 퍼스트, 원숭이 훈련부터 시작하라

X에서 혁신을 제도화하는 핵심은 팀의 심리 작용을 관리하고 인간의 편견을 불식하는 것이다. 텔러는 2010년 X가 출범한 이후 배운 몇 가지 교훈을 들려주었다.

첫째, 팀원들이 색다른 아이디어를 향한 동료들의 비판을 피하기 위해 자기검열을 하지 않도록 지켜주는 일이다. 텔러는 결국 팀 분위기는 '심리적 안정'으로 귀결된다고 말했다. 그는 몇 달 전 에밀리 마라는 팀원이 찾아와 최근 자기 아이디어가 3번이나 거부당해 좌절감을 느낀다고 털어놓은 경험을 들려줬다.

"나는 그녀를 다독거리고 물었습니다. 어떻게 괴로운 건가요? 매니저가 당신에게 소리라도 쳤나요? 그녀는 아니라고 하더군요. 팀원들이 당신에게 우호적인가요? 그녀는 그렇다고 했습니다. 승진할 확률이 낮다고 생각하나요? 그것도 아니었어요."

그는 그녀에게 스키를 배우는 가장 좋은 방법은 몇 번 넘어지는 한이 있더라도 빠르게 타보는 것이라고 조언했다.

"그녀는 맞는 말이라고 답했습니다. 그게 바로 심리적 안정입니다. 누군가가 용감하고 사려 깊은 방식으로 프로젝트를 종결하면 승진에 더 유리해지죠. 해년의 경우로 보자면 현금보너스를 받아요. 그렇게 하지 않으면 누구도 영원히 자기 프로젝트를 끝내려 하지 않을 테니까요."

그의 팀들은 우선 문제의 가장 어려운 부분과 마주하는 것의 중요성을 배웠다. 텔러는 이를 '멍키-퍼스트monkey-first' 방법론이라고 말했다. 우리가 기둥 위에 앉아 있는 원숭이에게 셰익스피어를 암송하라고 가르치는 상상을 해보자. 돈과 시간을 어떻게 할애해야 할까? 주주나 상사들이 진척 증거를 초기에 내놓으라고 요구하는 조직은 대부분 기둥을 만드는 것부터 시작하고 싶은 유혹을 느낀다. 이는 진척이 있다는 잘못된 인식을 만들어내는 그릇된 선택이다. 올바른 선택은 가장 어려운 부분, 즉 원숭이 훈련부터 시작하는 것이다.

"나는 사람들에게 묻습니다. '프로젝트에 아킬레스건이 있든 없든 그 부분을 지금 알아내고 싶나요? 아니면 3년 후에 알아내고 지금은 먼저 2,000만 달러를 받고 싶나요?' 문제의 가장 어려운 부분부터 작업하는 게 더 급하다고 짚어주고 싶기 때문이죠."

'멍키-퍼스트' 개념은 X 내에서 신앙처럼 받들어지며 직원들은 가끔 동료들에게 프로젝트에서 가장 어려운 도전이 무엇인지 신호를 보내기 위해 발표 슬라이드 안에 원숭이 아이콘을 삽입한다.

둘째, 문샷 팩토리는 걸러낼 프로젝트와 관련해 체계적일 필요가 있다는 점이다. 텔러는 자신들이 온갖 이유로 프로젝트를 그만두는 결정을 내린다고 말했다.

"물리 법칙에 어긋나는 아이디어로 밝혀지는 경우가 자주 있습니다. 아니면 제로섬 게임이 될 아이디어도 있어요. 또 기술경제학상의 문제도 있지요. 5% 수익을 올리는 것과 5%를 잃는 것에는 엄청난 차이가 있습니다. 돈을 잃는 일을 하면서 세상을 바꿀 수는 없어요. 돈이 줄어들면 성장할 수 없으니까요. 가끔은 포트폴리오 문제이기도 합니다. 어떤 경우엔 우리가 한 영역 안에서 여러 가지를 베팅할 때도 있어요. 적절한 아이디어라면 또 다른 것을 더하는 것도 고려할 수 있지만 새로운 영역으로 진출하는 것보단 덜 재미있겠죠. 이 세계에서 중대한 문제에 급진적인 해결책을 제안하고 그것이 그 중대한 문제를 해결할 공상과학 제품이나 서비스여야 한다는 3가지 영역을 모두 충족하는 건 충격적일 만큼 어려운 일입니다. 우리는 아주 조금씩 앞으로 나아가는 데도 매년 수백 건을 살펴봐야 합니다."

셋째, 실패에서 배우는 것의 가치와 그 경험을 제도적인 기억으로 만들어놓는 것의 중요성이다.

"우리는 사후조사를 많이 하고 또 많이 기록합니다. 나는 우리가 3년 전 공기보다 가벼운 가변부력 화물선을 만들다가 왜 그만두었는지 알고 있어요. 하지만 이곳의 많은 사람이 그것을 모릅니다. 만약 우리가 어떤 프로젝트를 2년 동안 진행하다 기술경제학 단계에서 실패하면 사람들은 우리가 18개월째에 그만뒀어야 했다고 말할 겁니다. 그러한 교훈이 공정 안에 단단히 자리합니다."

대중에게 알려진 X의 가장 큰 실패는 구글 글라스Google Glass다. 구글 글라스는 헤드업 컴퓨터 디스플레이를 결합한 스마트 안경으로 2012년과 2013년에 걸쳐 그 정체를 드러냈다. 구글은 유명 잡지에 화보를 싣고 여러 행사에서 깜짝 쇼를 벌이는 한편 유명인사까지 동원해 연일 미디어를 장식했지만, 그것은 유용성을 입증하지 않은 소비재에 퍼부은 경솔한 광고였다. 이 프로젝트는 부정적인 언론보도 속에서 2015년 끝나버렸다. 〈뉴욕타임스〉는 구글 글라스를 '실리콘 밸리의 에드셀Edsel'(1958년 포드자동차가 야심작으로 내놓은 준중형 세단으로 1년 만에 손익분기점의 절반에도 미치지 못하고 참패한 자동차 브랜드 – 옮긴이)로 불렀다. 텔러가 말했다.

"우리는 하나는 잘하고 하나는 못했어요. 우리가 초기에 학습 플랫폼에 공개한 건 잘한 일입니다. 탐험가들과 이런 식으로 이야기했지요. '우리는 이걸 만들었고 이것은 사람들이 미래에 디지털세계와 어떻게 상호작용할 것인지 보여줍니다. 무엇을 위해 쓰일지 알아내도록 도와주세요.' 그 부분은 완전히 옳았습니다. 반면 사람들에게 아직 제품이 아닌 걸 제품이라고 말한 부분은 엄청난 실수였어요."

비현실적인 기대가 커지면서 X 내에서는 구글 글라스를 소비재로 제안했어야 하는지와 관련해 갈등이 일어났다. 현재 구글 글라스는 근로자들이 기계를 조립하거나 광범위한 범위의 서비스를 제공할 때 도움을 주는 핸즈프리 기기로 부활했다.

인간의 약점 중 하나는 스스로를 신나게 만드는 일에서 잘못될 수도 있는 부분을 상상하지 못하는 편향성이다. X에서는 이를 '출시열launch fever'이라고 부른다. 최악의 시나리오는 팀 전체가 그 프로젝트의 잠재적 결점에 맹점을 보이는 일이다.

"그 사람들을 방으로 불러들여 그걸 출시했을 때를 상상해보라고 말합니다. 그러면 참담한 실패임이 드러나죠. 그들은 기분이 너무 나빠 토하고 싶은 심정으로 복도를 걸어 나오며 서로를 바라보지도 않아요. '자, 2분을 줄 테니 여기 종이에 이것이 왜 그리 끔찍한 실패인지 쓰세요. 시작.' 그러면 사람들은 곧 고등학생처럼 선생님을 기쁘게 해드리려고 글을 끼적입니다. 그들은 이제 다른 차원으로 넘어갑니다. 처음 몇백 번은 좀 어색할 수 있어요. 그렇지만 이것은 결국 사람들에게 힘겨울 때 냉정을 유지하는 요령을 알려주지요."

또 다른 휴리스틱Heuristic(제한된 정보를 바탕으로 즉흥적·직관적으로 판단해 선택하는 의사결정 방식 - 옮긴이)의 예는 다음과 같다. 텔러는 프로젝트 성공에 필요한 20가지를 목록으로 만들라고 팀에게 요청한다.

"목록 순서를 어떻게 정했느냐고 물으면 십중팔구 직원들은 나를 어이없다는 듯 쳐다보다가 맨 위에 있는 게 가장 중요하다고 대답합니다. 그러면 이렇게 말해요. '아, 내가 좀 제정신이 아닌가요? 하지만 다시 한 번 목록을 정리하면서 우리에게 가장 많은 가르침을 줄 만한 것을 맨 위로 올리는 건 어떨까요?' 이때 사실상 앞의 목록과 겹치는 순서는 하나도 없습니다. 우리는 중요한 순서가 아니라 배울 게 많은 순서로 일합니다."

건물 입구에는 초기 제품 프로토타입을 진열한 전시공간이 있다. 테이프로 감은 구글 글라스의 플라스틱 프레임, 부서진 룬 풍선의 일부, 움푹 팬 드론 몸체 등이다. 보석 상자에 들어 있는 전시품은 특히나 더럽고 부서져 있다. 혁신이 반짝이고 깔끔한 서사가 아니라는 또 다른 의도적인 신호다. 텔러가 설명했다.

"다른 기업은 성과물을 기념할지 몰라도 우리는 배우는 과정을 기념합니다. 그래서 우리는 못쓰게 되거나 더럽고 망가진 것을 전시합니다. 우리가 교훈을 얻은 부분이지요. 나는 '빠르게 실패하고 어쩌고 저쩌고' 얘기하거나 영원한 '문샷'이라느니 '혁신'이라느니 하고 늘어 놓을 수도 있어요. 그렇지만 그런 걸로는 변화를 일으킬 수 없어요. 반면 사람들은 이런 작고 적나라한 것이나 징표에 반응합니다."

그가 저항이 가장 적은 감정적인 방식을 미션과 병행하게 하는 이유가 여기에 있다. 텔러는 사람들의 잘못된 아이디어를 포옹과 하이 파이브로 끝맺음하는 이유도 마찬가지라고 설명했다.

"뭔가 독특하고 반직관적인 일을 하려고 노력한다면 그건 100% 완전히 감정적인 일이니까요."

나는 텔러가 공학보다 심리학을 활용하는 것처럼 보였다.

아이디어와 진짜 세상을 만나게 해주는 팀 구성

내가 메이필드가를 건너는 동안 웨이모 자율주행자동차 한 대가 눈에 잘 띄지 않는 문샷 팩토리 입구로 들어가기 위해 얌전히 멈춰 섰다. 공장 안쪽으로는 프로젝트 윙의 드론이 좀 더 다듬어진 반복실험을 하면서 천장에 매달려 있었다. 천장이 높은 아트리움 쪽에서 나는 안전유리문을 통해 위층에 있는 방을 들여다볼 수 있었다. 그곳은 X와 구글 브레인 간의 기계학습 협업이 이뤄지고 있는 '암팜Arm Farm'으로 쿠카 로봇 팔이 물건을 집도록 훈련받고 있었다. 벽에는 '주의: 로봇이 움직이고 있습니다'라는 경고문이 붙어 있었다. 나는 '실패 분석 실험실'과 '디자인 부엌'을 지나쳤다. 디자인 부엌은 프로토타입 제품을 신속히 만들어내기 위해 3D프린터와 레이저 커팅기, 기타 도구로 채워진 제작실험실이었다. 구글플렉스Googleplex 중심에서 3km 떨어진 곳에 있는 X가 문샷의 고향이 된 것은 고작 2015년부터다. 전에 메이필드가 100번지에는 휴렛패커드 서비스센터가 자리하고 있었고 이후 메이필드 몰이 들어섰다. 룬 풍선 프로젝트를 진행하는 엔지니어들은 한때 싱어재봉센터가 있던 곳에 앉아 있었다. 그들은 어느 시대의 최신 기술도 곧 흔적 없이 사라질 수 있음을 슬며시 상기시켜준다.

오늘날 이 건물은 의도적으로 임시건물처럼 재설계했다. 합판으로 만든 벽은 콘크리트 바닥 위 철재에 고정되어 있지만 가장자리 나사만 빼면 벽을 쉽게 떼어내 다른 자리로 옮길 수 있다. 회의실은 프로젝트를 진행하면서 확장하거나 합칠 수 있다. 아무런 위화감 없이 '임시'라는 느낌을 주면서 끊임없이 작업 중인 분위기를 만들어내는 건축물이다. 구글의 마케팅 전문가 오비 펠튼이 말했다.

"이 건물은 의도적으로 설계했습니다. 가령 단 하나뿐인 카페가 건물 중간에 있지요. 사람들은 모두 줄이 길다고 불평하지만 이건 줄을 서 있는 동안 계획에 없던 대화를 나누도록 만들기 위한 겁니다."

2012년 X에 합류한 그녀의 직함은 '문샷이 진짜 세상과 조우하도록 준비하는 책임자'다(사뭇 진지하다). 그녀는 늘 실행 가능한 사업으로 발전해가는 X의 가능성을 최적화하는 훌륭한 방법을 생각한다.

"처음에는 완전히 황량한 서부시대 같았습니다. 공정이라고는 전혀 없었죠. 사람들은 잘못된 문제에 너무 많은 자원을 쏟아 부었고요. 우리에겐 2년 동안 조용히 프로젝트를 연구하는 초특급 인재들이 있었으니 그럴 수밖에요. 이제 그런 일은 덜 생겨요."

또한 그녀는 직원의 다양성 향상에도 초점을 맞추고 있다.

"여성의 수를 더 늘리는 것 외에 인지적 다양성도 추구하고 있습니다. 처음에는 대부분 엔지니어와 과학자였어요. 지금은 온갖 학문이 다 집합해 있지요. 하드웨어, 소프트웨어, 기계학습 그리고 진짜 다양한 배경으로요. 우리 팀에 여성 엔지니어가 1명 있는데 과거에는 피아니스트, 소방관, 국립공원 응급처치 구조사, 인턴 예술가였어요. 어쩌다보니 여성이자 동성연애자이기도 하고요."

펠튼에게는 상충하는 다양한 배경의 인재를 뽑는 인지적 다양성이 핵심이다.

"한 번의 작업으로 논문을 낼 수 있는 과학자와 몇 번이고 되풀이해야 성과를 내는 엔지니어가 있다고 칩시다. 둘이 함께 일하면 마찰이 생길 수 있지만 그 덕에 프로젝트는 앞으로 나아갑니다."

예를 들어 전직 해병대원이 패션디자이너와 함께 일하고 이론물리학자 곁에 오스카상을 수상한 특수효과 전문가가 있는 문화는 프로젝트 윙을 더욱 신뢰하게 만든다. 천장에 매달린 드론의 첫 번째 사용 목적은 세동제거기를 심장마비 환자에게 가져다주는 것이었다. 엔지니어들은 드론과 세동제거기가 작동하도록 만드는 것에 초점을 두었다. 그러나 사용자경험 연구진은 구급차가 도착하는 동안 곁에 있는 사람들이 그 세동제거기 사용법을 알아내는 데 시간이 너무 오래 걸린다는 것을 발견했다. 엔지니어들은 어떻게 해야 기술이 작동할지 생각했고 연구진은 그 이유에 집중했다. 팀들은 의도적으로 소규모로 유지하지만 기계공학, 디자인, 공공정책 같은 분야의 사내 전문가가 있는 더 넓은 풀에 접근할 수 있다.

X가 공정과 관련해 알아낸 것은 대부분 실험 결과에서 나왔다. 여기서 배운 중요한 교훈 중 하나는 어마어마한 자원 할당의 가치다. 신속평가 단계에서는 예산이 적고 심지어 정규직 직원이 프로젝트에 1명도 참여하지 않을 때도 있다. 이 단계에는 대개 문샷이 현실성 있는지 이해하고 초기 단계 프로토타입을 제작하며 주요 위험을 파악한

다. 전망 있는 프로젝트는 '주조' 단계로 발전하며 이때부터 펠튼이 깊숙이 관여한다. 이 단계에서 소규모 팀이 프로토타입을 시험해보고 문샷의 위험성과 예상비용을 측정한다. 그리고 관리자들은 좀 더 자주 점검에 들어간다. 예산과 팀원 수는 중요한 단계에 접어들 때마다 늘어난다. 다음 단계부터 분기별 진행회의와 관리감독 확대가 더해지는 독립적인 X 프로젝트가 된다. 풍력에너지를 동력화하기 위해 연을 이용하는 마카니Makani 같은 프로젝트가 그 예다.

직원들은 어떤 프로젝트에 참여할지 스스로 선택할 수 있다. 펠튼은 의견 충돌을 건설적인 형태로 만들 방법을 많이 고민한다.

"딱히 장벽이 없는 내부 마켓이 있습니다. 여기에 모든 일자리를 게시하지요. 사람들은 좀 더 큰 위험을 감수합니다. X 프로젝트가 망해도 직장을 잃지는 않으니까요."

그녀는 사람들이 인기 없는 관점을 뚜렷이 표현해도 걱정이 없도록 만들고 싶어 한다.

"회의에서는 의견이 다른 사람들도 말할 여지가 있다고 느끼는지 확인합니다. 어떤 회사에는 혁신부장이 있지만 일반사원 입장에서 바뀌는 건 아무것도 없지요. 그래서 다르게 생각하는 사람들은 불리해집니다. 이럴 땐 전혀 성과가 없지요."

승진 역시 단순하게 프로젝트 성공을 보상하는 데 활용하지 않는다.

"구글 글라스 사업이 흔들릴 때 우리는 광학에서 좋은 성과를 낸 엔지니어가 승진했는지 확인하고 싶었어요. 하지만 사업 전략을 담당한 사람이 승진했는지는 확인하고 싶지 않았죠."

왜 홈런을 치지 않고 도루로 이기려 하는가?

래리 페이지는 미시간대학교에서 공학을 공부하는 학부생일 때 '리더셰이프LeaderShape'라는 학생 리더십 훈련 프로그램에 참여했다. 이것은 '불가능함을 건강하게 무시하기'를 내세우는 프로그램이었다. 이 생각은 그와 세르게이 브린이 이후 구글을 운영하는 방식의 틀을 잡는 데 도움을 주었다. 그는 2013년 〈와이어드〉의 기자 스티븐 레비와의 인터뷰에서 이렇게 말했다.

"나는 사람들의 삶이 더 나아지도록 기술을 이용할 수 있는 모든 기회가 세상에 존재한다고 생각합니다. 우리는 아마 구글에서 그 기회의 0.1%에 덤벼들고 있는 걸 겁니다. 나머지 99%는 미지의 영역이죠. 뭔가 미치광이처럼 일하지 않는다면 그건 일을 잘못하고 있는 거죠."

또한 그는 경영에서 드러나는 단기적인 사고에 불만을 털어놓았다.

"회사운영 방식과 관련해 뭔가가 심각하게 잘못 흘러가고 있는 건 아닌지 걱정이 됩니다. 우리 회사, 아니면 일반적으로 기술 산업 기사가 언론에 나올 때면 언제나 경쟁을 중심으로 다루지요. 마치 스포츠 경기를 보도하듯 기사를 씁니다. 그 탓에 시간이 흐르면서 대다수 회사가 서서히 붕괴되는 겁니다. 이전에 했던 것을 몇 가지만 사소하게 변경해서 대충 해버리니까요. 그러나 점진적 개선은 시간이 지나면

쓸모가 없어지기 마련입니다. 내 일 중 커다란 부분을 차지하는 것은 직원들이 단순히 점진적이지 않은 것에 집중하게 만드는 것입니다."

구글의 해결책은 바로 '10×' 접근법이다. 모든 도로경관을 디지털화하고 스스로 운전하는 차를 만들며 범용일반지능artificial general intelligence이 가능해지길 바라면서 연구팀을 꾸리는 것 말이다. 이 중 어느 것도 점진적이지 않으며 모두 실패라는 굴욕을 당할 위험을 지녔지만 또한 모두 잠재적으로 수십억 명에게 혜택을 줄 수 있는 것이다.

2009년 페이지와 브린은 구글의 핵심 사업 외에 신선한 아이디어를 개발하는 관리자 역할을 맡을 '기타책임자Director of the Other'를 만들기로 결정했다. 그다음 해 구글 X가 스런을 중심으로 자율주행차 프로젝트를 시작했다. 이것은 크고 넓게 생각하는 기업의 첫 R&D 실험이 아니었다. 1925년 AT&T와 웨스턴 일렉트릭Western Electric이 소유한 분사기업 벨연구소는 트랜지스터와 레이저, 유닉스Unix 운영체계를 발명해 8개의 노벨상과 3개의 튜링상을 수상했다. 제록스의 PARC 랩은 그래픽으로 된 사용자 인터페이스와 레이저프린터를 만들었다. 스컹크 워크스Skunk Works(비밀실험실 – 옮긴이)로 더 잘 알려진 록히드 마틴의 비밀스러운 심화 개발 프로그램은 1950년대 말 U-2 스파이 비행기와 미국의 첫 전투기 같은 획기적인 발명품을 만들어내기 위해 작고 자율적인 팀들을 활용했다.

클래런스 '켈리' 존슨은 1943년부터 1975년까지 스컹크 워크스를 운영해온 항공학과 시스템 엔지니어로 모든 프로젝트에 지적 제한을 두기 위해 14가지 규칙을 만들었다. 여기에 몇 가지만 소개하겠다.

* 스컹크 워크스의 매니저는 모든 측면에서 자신이 담당한 프로그램을 실질적으로 완전히 통제할 수 있도록 권한을 위임받는다.
* 작지만 튼튼한 프로젝트 사무실을 제공한다.
* 프로젝트와 관련된 구성원은 지독하다 싶을 정도로 인원수를 철저히 제한한다. 소규모의 우수한 인재를 활용하자(일반 체계의 10~25%가 좋다).
* 보고서 작성은 최소화하되 중요한 업무는 철저히 기록한다.
* 월별 경비 보고서는 지금까지의 지출과 할당 내역을 비롯해 프로그램 종료 시 예상하는 비용까지 포함한다.
* 외부인과 인사부가 프로젝트에 접근하는 것은 적절한 보안 방식에 따라 엄격히 제한한다.
* 엔지니어링과 대부분의 다른 영역에서 소수 인원만 활용하므로 성과에 따른 보상은 감독 하에 있는 인원수를 기준으로 계산하지 않는다.

2013년 처음 텔러를 만났을 때 나는 스컹크 워크스의 접근법과, 특히 실패에서 배우려는 의지가 전통 기업에서도 받아들여질 수 있다고 보는지 물었다.

"법인기업 아래 있을 때야말로 그렇게 하지 않을 핑계가 전혀 없는 유일한 때입니다. 그냥 여러 개의 내기를 걸어봐야 합니다. 훌륭한 헤지펀드는 그렇게 일합니다."

대부분의 내기에 실패하더라도 달을 향해 쏠 다른 일이 있는 한 괜찮다. 기업 내에서 안전하게 행동하는 것은 말할 필요도 없이 잘못된 일이다. 그는 더 작고 자원이 충분치 않은 기업일수록 큰 위험을 감수하기가 더 어렵다는 것을 인정했다. 그 점에서 실리콘 밸리의 스타트업은 유럽에 비해 차별화된다.

"실리콘 밸리에는 창조적 파괴 문화와 가장 안전한 내기가 아닌 최상의 내기를 건다는 자부심이 있습니다. 그리고 실패를 부끄러워하지 않지요. 사실 실리콘 밸리에서 지적받아야 할 부끄러움은 홈런 대신 도루로 이기려고 인생을 낭비하는 겁니다."

왜 유럽에는 구글이나 페이스북, 마이크로소프트가 없는 걸까? 텔러는 안전하게 행동하려는 문화적 의지와 실패의 부끄러움을 피하고자 점진적 개선을 선호하는 문화 때문이라고 주장했다. 나는 그에게 문샷을 이야기하는 것은 좋지만 이것은 주주를 행복하게 만들어주어야 하는 자신들의 단기적 필요를 무시하는 실리콘 밸리의 환상일 뿐이라고 말하는 그들의 모습이 떠오른다고 대답했다. 텔러가 말했다.

"바로 그게 문제입니다. 그들은 주주들과 그 기대를 재설정할 필요가 있어요. 래리와 세르게이는 그 부분을 잘 해내고 있습니다. 둘은 첫날부터 주주들에게 주식을 두 유형으로 구분할 거라고 말했지요. '당신들은 투표를 못해요. 우리가 합니다. 그러니까 우리가 회사를 지배할 거예요. 이 점을 긴 안목에서 못 보겠다면 돈을 다른 데 투자하는 게 나을 겁니다.' 그리고 우리 주가는 전혀 문제가 없습니다."

텔러는 가끔 중간관리자들을 대상으로 한 컨퍼런스에서 혁신을 설명하며 2가지 선택권을 준다. 그것은 올해 100만 달러의 보장된 예상 수익을 회사에 안겨주거나 아니면 100분의 1 확률로 10억 달러 가치를 달성할 기회를 얻는 것이다.

"누구도 첫 번째를 선택하겠다고 손을 들지 않습니다. 모두가 두 번째를 선택하죠. 나는 묻습니다. '좋아요, 축하합니다. 모두 시험에 통과했어요. 두 번째 선택은 예상 효용을 바탕으로 했을 때 10배 더 가치가 있으니까요. 그럼 여러분의 매니저, 보스, 이사회가 여러분이 두 번째를 선택하도록 내버려둘 거라고 믿는 사람은 몇 명이나 되죠?' 이때 누구도 손을 들지 않습니다. 그러면 내가 말하죠. '여러분은 혁신을 주제로 한 강의를 들을 필요가 없어요. 직장을 그만두어야 해요'라고요. 오래도록 혁신을 말할 수는 있어요. 그러나 고위 경영진에게 진짜 위험을 무릅쓸 배짱이 없으면 아무 일도 일어나지 않습니다. 구글이 성공한 이유가 여기에 있지요. 래리와 세르게이는 선천적으로 천천히 가는 것에 관심이 없습니다. 이들은 안전하게 움직이는 것에 흥미가 없는데 그 분위기가 조직 전체에 스며듭니다."

나는 2016년 2월 밴쿠버에서 열린 테드TED에 참석해 텔러가 '실패를 축하했을 때 얻는 기대치 못한 이득'을 강연하는 것을 들었다. 그 이전 해에 그는 청중에게 X가 자동 수직농장 프로젝트를 그만뒀다며 그것이 획기적인 기술과 급진적 해결책이라는 X의 기준에 부합해도 그럴 수밖에 없었다고 설명했다. 마운틴 뷰에서 프로젝트를 연구한 팀은 자동수확과 효율적 조명, 기존 농업에 비해 10분의 1로 줄어든 물과 100분의 1 정도의 땅만 있으면 가능한 방법을 개발했다. 그러나 이 방법으로는 곡물이나 쌀 같은 주요 작물을 경작할 수 없어서 프로젝트를 종결했다. 헬륨전지로 작동하는 '공기보다 가벼운 가변부력 화물선' 프로젝트 역시 유망한 기술임에도 종결했다. 첫 제품을 설계하고 만드는 데만 2억 달러가 들기 때문이었다.

주요 결점을 찾아내는 것이 반드시 프로젝트를 망치는 것은 아니다. 가끔은 팀의 관점을 바꿔주어 그 팀이 항로를 올바르게 찾도록 돕는다. 적절한 규모로 풍력에너지를 얻는 방식을 연구하는 한 팀은 풍력발전용 터빈이 조립에 들어가는 강철 무게 때문에 한계에 부딪히는 것을 발견했다. 이에 따라 대신 바닷가에서 날린 연으로 풍력에너지를 생산해 그 연줄로 에너지를 육지로 보내는 실험을 했다. 룬 팀은 인터넷 연결성을 달성하기 위해 성층권에 풍선을 띄우는 연구를 하고 있다. 처음에는 지구 전체에 떠다니는 이동전화 기지국으로 지구를 두르는 풍선 띠를 세우려고 계획했으나 엄청난 비용과 제작 과정상의 어려움 때문에 새로운 접근법을 시도했다. 인터넷 연결이 가장 필요한 지역 위쪽에서 소규모 풍선들이 바람에 따라 움직이게 한 것이다.

X에서 적절한 질문을 하는 것은 답을 찾아내는 것보다 더 중요하다. 직원들은 이를 '해결책이 아니라 문제와 사랑에 빠지기'라고 부른다. 정해진 답이 없다는 것은 축하받을 일이다. 윙 프로젝트의 앙드레 프라거는 X 블로그에 이렇게 썼다.

"무지, 게으름, 조바심은 사실 숨겨진 슈퍼 파워다. 현재의 내 한계를 완전히 받아들일 때 우리는 겁 없고 호기심 넘치며 진정 겸손해질 수 있다. 또한 격차를 판별하고 이를 효과적으로 메울 수 있다."

윙팀은 자신들이 드론 테스트 규모를 확대하려면 운송을 위해 이를 납작하게 포개야 한다는 것을 알았다. 하지만 그 공기역학적 모양을 평판을 떨어뜨리지 않을 만큼 잘 만들어낼 방법을 알지 못했다. 고심 끝에 이들은 결국 독창적인 답을 발견했다. 포장디자이너, 공기역학자, 기계공학자, 재료전문가, 사용자경험 연구자, 마분지 제작업자와 함께 종이접기 전문가들을 데려가 드론 몸체가 납작하게 접힐 수 있는 패턴을 만들어낸 것이다.

구글의 이러한 철학은 채용 역시 도전과제로 만든다. 놀랍도록 재능 있는 엔지니어도 습관적인 업무 방식에 익숙할 경우 X에서 생각만큼 잘 견디지 못한다. 텔러가 말했다.

"당신에게 고정관념이 있으면 내면의 모든 것이 소리칠 겁니다. 우리는 어리석으니까 당신이 우리를 가르쳐 당신만큼 정상적이고 똑똑해질 수 있게 해야 한다고요! 2년이 지나면 당신은 이곳을 떠나거나 아니면 우리와 동화되겠죠."

한편 오비 펠튼은 회사 전체를 진짜 세계의 관심사들과 엮는 것을 목표로 한다.

"내가 처음 아스트로 텔러를 만났을 때 그는 내게 룬을 이야기해줬고 내 반응은 이랬습니다. '와, 그게 합법적이에요? 그 나라 정부에 그걸 말했어요? 개인정보는 어쩔 거예요? 사업계획은 있어요? 이동통신 회사랑 협업하자는 거예요, 아니면 경쟁하자는 거예요?' 그는 내게 말했어요. '음, 우리는 풍선을 날게 만들어 전화기가 풍선에 말할 수 있게 연결하는 작업을 하고 있어요. … 와서 우리를 도와줄래요?'"

그리하여 펠튼의 껄끄럽도록 긴 직함이 탄생했다. 그녀는 안전과 법적 위험성 그리고 파트너십의 가능성과 사업모델에 관해 팀의 도전 의식을 북돋운다.

"의미 있는 사업을 만들어가지 못하면 이들 프로젝트를 확장할 방법은 없어요. 인터넷 연결성이 그 예입니다. 우리가 통신 회사를 위해 이걸 수익성 있는 사업으로 만들면 룬은 크게 성공할 거예요. 우리가 자율주행을 해결하면 많은 사람이 돈을 벌고 우리도 그만큼 벌겠죠. 실제적인 영향력을 원한다면 자립해야 합니다."

2015년 루스 포랏이 알파벳의 CFO로 부임했을 때 그녀가 X에 영리적으로 단호한 기준을 적용할 거라는 보도가 나왔다. 나는 텔러에게 그 단호한 기준이 그의 '덜 시장중심적인' 프로젝트를 감축하는 데 영향을 주었는지 물었다. 그는 나를 뚫어져라 쳐다봤다.

"나는 당신에게 말하는 것과 완전히 똑같은 방식으로 래리와 세르게이 그리고 루스에게 말합니다. … '내게는 검은색 상자가 있어요. 당신은 그 안에 얼마를 넣었는지 알고 또 다른 한쪽으로 나온 적어도 6가지 결과물을 알아요. 그게 어떤 가치가 있는지 추정합니다. 우리가 만들어낸 한 무더기가 돈과 허들 레이트 hurdle rate(기준수익률 – 옮긴이)보다 큰가요? 그렇다면 내게 돈을 더 주세요. 그렇지 않다면 돈을 덜 주세요'라고요."

나는 마지막으로 이 책을 읽는 의사결정권자가 텔러의 문샷 팩토리에서 배울 수 있는 가장 중요한 교훈이 무엇인지 물었다. 그는 잠시 말을 멈췄다가 효율적인 '미래'팀을 구성하려는 어떠한 기업도 핵심 사업으로부터 진정한 독립성을 보장받아야 한다고 말했다. 그렇지 않을 경우 도전이 거세질 때마다 편안한 길을 택할 것이라고 했다.

"온전한 자율성을 보장받지 못하면 각 회사는 X의 아류작을 시도해도 불안함을 느끼거나, 분기 성과가 좋지 않게 나오자마자 이걸 무력화할 겁니다."

그는 구글 외에 그런 대담함을 실현하는 유일한 기업은 스페인의 통신 회사 텔레포니카Telefónica라고 했다. 텔레포니카는 바르셀로나에 의료와 에너지 분야에 도전하는 알파Alpha부서가 있다. 그 프로젝트들이 텔레포니카의 경영진을 불편하게 만들어도 그들은 개입할 수 없다. 텔러는 그것이 성공의 필요조건이라고 말했다.

"누구나 스티브 잡스가 되어 옆 빌딩으로 가서 해적 깃발을 꽂을 수는 있습니다. 그러나 스티브 잡스가 될 수 있는 사람은 거의 없죠. 사람들은 대부분 어느 정도 합법적이고 실질적인 해적 깃발을 건네받을 필요가 있어요. 단, 그 조직의 리더는 평범하지 않아야 합니다. 만약 회사를 엔지니어링이 주도하길 바란다면 엔지니어를 고용하세요. 문화 엔지니어를 원한다면 아스트로 같은 사람을 고용하세요. 우리는 공장을 운영하면서 끊임없이 다른 모습으로 만들려고 노력합니다. 그래서 더 힘들어지죠."

그는 이런 결론을 내렸다.

"X는 최악의 문샷 팩토리예요. 다른 모든 것과 동떨어져 있거든요."

'확고한 믿음'이라는 '마법의 가루'를 버려라

도중에 포그혼을 그만둔 캐시 해넌은 그것 때문에 기죽지 않았다. 팀을 해체한 뒤 그녀는 해수를 연료로 바꾸는 동안 배운 몇 가지 교훈을 X의 웹사이트에 게시했다.

우선, 처음부터 킬 판단법을 설정한 덕분에 그녀의 팀은 훗날의 성공 가망성을 두고 편견 없는 결정을 내릴 수 있었다.

"어마어마한 돈을 투자하지 않아도 되고 판단을 흐리게 만들 커다란 감정 투자도 없습니다. 이 기준은 본질적으로 우리가 인간의 본성과 싸울 수 있게 도와줍니다."

그다음으로 포그혼은 공정상 정식으로 비용을 추정하기 위해 처음부터 전문가의 상담을 받았다.

"사람들은 X 같은 회사에 소속된 팀은 대개 기술에 노력을 쏟을 거라 여기지만 우리 일의 절반은 비용 견적서를 작성하는 겁니다. 초기에 현실을 파악하는 이런 일은 시간과 돈을 크게 절약해줍니다."

마지막으로 이상적인 문샷 팩토리에도 가차 없는 회의론이라는 건강한 문화가 필요하다.

"가끔 실리콘 밸리는 확고한 믿음을 일종의 '혁신을 불러오는 마법의 가루'처럼 생각하는 듯 보입니다. 우리가 행복한 생각을 떠올리고 절대 포기하지 않으면 놀라운 일이 벌어지기라도 할 것처럼요. 물론 영감을 주는 비전이 무언가 대단한 일을 성취하는 데 필수적이라는 것은 부인할 수 없습니다. 가장 재능 있는 사람들을 소환해 공통 목적을 향해 단결하도록 만드니까요. 하지만 돌이켜볼 때 옳았다고 밝혀진 경우에만 '통찰력이 있다'고 규정할 수 있는 겁니다."

그녀는 해수 추출 연료와 함께 지열에너지로 주택에 재생열, 냉각, 온수를 대규모로 공급하는 방법을 연구하고 있다. 단델리온Dandelion이라는 이름의 이 프로젝트는 최근 X에서 졸업했다. 그리고 CEO 해넌과 함께 브루클린을 본거지로 삼아 미국 북동부를 대상으로 하는 기업 단델리온 에너지로 분사했다. 2018년 3월 해넌은 뉴 엔터프라이즈 어소시에이츠New Enterprise Associates가 이끄는 벤처캐피털 투자에서 450만 달러를 유치했고, 거래를 마무리한 다음 날 출산했다.

"포그혼이 서서히 끝나가면서 단델리온에 더 많은 시간을 쓸 수 있었습니다. 포그혼과 달리 우리가 단델리온에 더 깊이 개입할수록 그 아이디어가 더욱 훌륭해 보였어요. 이것은 우리가 기회를 심도 있게 연구할 때 무슨 일이 벌어지는지 보여주는 훌륭한 방증입니다."

나는 그녀가 문샷 팩토리에서 시간을 보내는 동안 얻은 넓은 의미의 교훈이 무엇인지 물었다.

"X는 언제나 현실 세계에서 여러 가지를 시도해보라고 강조합니다. 단델리온은 그걸 더 강조해요. 우리가 존재하려면 물건을 팔아야 하니까요. 또한 우리는 '어려운 문제부터 해결하라'는 X의 정신도 따르고 있습니다. 우리는 드릴을 개발하는 초기 연구에 엄청나게 집중했어요. 아무리 비싸도 수백 m를 파고 들어갈 수 있도록 말이죠."

롱아일랜드처럼 인구밀도가 **빡빡한** 교외시장을 공략한 단델리온은 더 작고 빠른 드릴이 필요하다는 것을 깨달았다. 그녀는 훗날 그들이 단델리온의 노력에 고마워하길 바란다고 말했다. 과연 해넌은 다른 기업 경영진에게 어떤 조언을 줄 수 있을까? 그녀가 말했다.

"어려운 질문이네요. 구글은 굉장히 혁신적인 기업인 동시에 공개 상장한 대기업입니다. 인센티브 구조와 권한 문화는 직원들이 일을 더 좋은 방식으로 하도록 자율권을 주거나 동기를 부여하는 데 크게 영향을 미치지요. 대기업에서는 위험을 감수하지 않는 것, 눈에 띄지 않는 것, 정치적으로 힘을 키우되 회사의 실적과 직접 연관되지 않는 것 등이 일의 동기가 되기도 합니다. 변화하고 혁신적이기 위해 필요한 것과 정반대지요. 그리고 많은 사람이 회사를 위해 새로운 기회를 생각해내는 것을 자신의 임무로 여기지 않아요."

해넌은 자신의 터닝 포인트는 리치 드발과 다른 사람들이 자신에게 권한과 자율성을 주었을 때라고 말했다.

"아주 명쾌했어요. 직원들이 무언가에 전념할 수 있도록 해주는 건 정말 중요합니다."

신사업과 고위험 프로젝트를
기존 사업과 병행하는 법

▼

구글의 문샷 팩토리는 우리에게 기업의 보편적인 문제 2가지를 해결하는데 널리 적용할 수 있는 교훈을 제시한다. 첫째, 신선한 사고가 가능한 방식으로 기존 기업의 사고방식과 공정에 도전해야 한다. 둘째, 현재의 주력 사업과 관련 없는 고위험 장기 프로젝트를 개발할 여유가 있어야 한다. X는 실수를 겪으며 다음 교훈을 얻었다.

1. 예상 답안에 집중하기보다 질문을 개선하는 것이 더 중요하다. 질문에 끈질기게 집중할 때 기대하지 않던 대답이 튀어나올 수 있다.
2. 인재와 금융 자원 배분에서 우선순위를 정하는 데 도움을 주는 과정이 필요하다. X의 경우 '킬 판단법'이 훗날 팀의 감정적 애착이 그 프로젝트의 성공 여부를 이성적으로 판단하는 데 방해가 되지 않도록 보장해준다.
3. 본사가 자율성을 보장하고 별도의 건물과 차별화한 문화를 갖춰야 한다. 만약 모회사의 상사 중 하나가 연구실의 일상 활동에 관여하는 경우 그는 모기업의 압박을 무시할 수 있을 만큼 특이한 사람이어야 한다.
4. 심리적 안정은 중요하다. 직원들이 실패할 수 있는 뚜렷한 위험을 감수

하자고 제안해도 문제가 없도록 해야 한다. 이는 지적으로 정직한 방식으로 실패한 경우 보너스를 줄 수도 있다는 의미다.

5. 다양한 배경과 관점, 능력, 인지적 유형의 사람들로 이뤄진 팀을 꾸린다. 사고방식이 동일한 사람들로 구성한 무리와는 목표를 달성할 수 없다. X는 사고방식이 도전적인 사람을 적극 찾고 있다.

6. 얼마나 어려운지와 상관없이 가장 험난한 문제(멍키-퍼스트)부터 해결하도록 팀에 동기를 부여한다.

7. 실패에서 얻은 교훈(실패 자체가 아니라)을 기념한다. X는 해마다 '죽은 자들의 날Day of the Dead'을 열어 직원들이 개인적·업무적으로 실망한 일의 느낌을 공유하게 격려한다.

8. 프로젝트가 실패했을 때 X는 직원들에게 사후분석 보고서를 쓰고 이를 전체회의에서 발표하게 한다. 또한 이 실패한 프로젝트에서 실질적으로 일한 팀원들을 포상한다. 이것은 다른 직원들에게 명백한 위험 앞에서 움츠러들면 안 된다는 암시를 준다.

9. 파트너십은 의미 있는 새로운 사업 분야를 개척하는 데 중요하다. X는 스마트 콘택트렌즈를 위해 노바티스Novartis와 함께 일하며 룬은 텔레포니카, 웨이모는 자동차 회사들과 협업하고 있다.

10. 문샷 팩토리는 매뉴얼에 의지하지 않으며 공정을 계속 조정한다. 새로운 제품 단위와 관련해 기업이 마주하는 가장 큰 도전은 최고 효과를 내도록 내부 과정을 계속 개선해가는 일이다.

5장

세상의 모든 '진입 장벽'은 사라졌다

TRUST

파괴적 혁신의 교과서가 된 틴더

휘트니 울프가 모교 캠퍼스에서 가장 섹시한 친구들에게 노골적으로 매치박스Matchbox 앱을 홍보하겠다고 제안할 때만 해도 그녀는 이 앱과 관련된 일을 하려던 것이 아니었다. 본래 그녀는 평범한 단골고객 관리 앱 카디파이Cardify의 파트너십 구축 업무를 위해 채용된 것이지만 솔직히 그녀는 LA에 있는 카페와 네일숍에 가입을 권유하는 일이 지겨웠다. 그보다는 지역 기반 '소개팅 앱' 매치박스의 잠재력이 훨씬 더 커보였다. 그녀는 이렇게 회상했다.

"매치박스 프로젝트를 대학교에서 홍보하면 상당한 영향력이 있을 것이라고 팀에 얘기했어요."

반대하는 사람은 아무도 없었고 그녀는 몇몇 여자친구와 함께 모교인 댈러스의 서던메소디스트대학교를 찾아가 여학생클럽이 월요일 밤마다 여는 저녁식사 자리에서 입담을 펼쳤다. 당시 22세였던 울프는 자칭 모교에서 '똑똑하고 인기 많고 예쁜' 여학생 모임의 일원이었고 그녀의 입담은 에스키모에게 얼음을 팔 정도였다. 그녀는 활짝 웃으며 말했다.

"여학생들에게 잘생긴 남자들이 우리 앱에서 그녀들을 기다리고 있다고 말했어요. 다운로드 수가 가장 많은 여학생클럽 기숙사는 1만 달러 상금을 받는다는 얘기도요. 그다음에는 남학생클럽 기숙사로 달려가 이 캠퍼스에서 예쁜 여학생은 모두 우리 앱을 다운로드했다고 말했지요. 그뿐 아니라 우리 앱 로고를 새긴 티셔츠를 입고 술집에 가서 똑같은 일을 했어요."

다음 날 캠퍼스에서 굉장히 사교적이고 영향력 있으며 매력적인 학생 400여 명이 새로운 앱을 검색하고 채팅하고 추파를 던지며 짝을 찾았다. 며칠 내에 이 앱의 다운로드 수는 몇백 건을 넘어섰다. 솔트레이크시티에 사는 어느 부동산중개업자의 야심 넘치는 이 딸은 전통 마케팅이 마음을 사로잡는 데 실패한 인구집단 사이에서 바이럴리티Virality(이미지나 영상 등이 급속히 유포되는 상황 – 옮긴이)를 형성하는 완벽한 방법을 생각해낸 것이다(예전에 매치박스가 500달러를 투자해 모바일 광고를 시범운영했을 때 다운로드한 층은 대개 중년 남성이었다. 최악의 상황이다!). 그러나 울프조차 당시에는 해치 랩스Hatch Labs라는 스타트업 – 빌딩startup-building 회사 주최의 해커톤에서 탄생한 매치박스가 가장 성공한 데이팅 앱이 될 거라고 예상하지 못했다. 매치박스 덕에 전 세계 190개국에서 한 주에 100만 건의 실제 만남이 이뤄졌고 이 앱은 수십억 달러의 가치를 인정받았다. 어쩌면 해치 랩스 팀이 매치박스를 중독성 있는 게임처럼 설계한 것이 적중한 것인지도 모른다. 매치박스에서 프로필 사진을 오른쪽으로 스와이프swipe(옆으로 밀기)하면 매력을 느낀다는 의미, 왼쪽으로 밀면 말 없는 거부를 의미한다. 2012년 8월 앱을 출시할 때 이들은 좀 더 의도적이면서 짓궂은 이름을 붙였다. 바로 틴더Tinder('불쏘시개'라는 뜻 – 옮긴이)다.

20대 청년들로 구성된 해치 랩스는 여러 모바일 앱의 프로토타입을 시험하고 또 시험하면서 분명 쓸모없는 것을 꽤나 만들었을 것이다. 세상은 브로다운Brodown("전 세계 사람들을 대상으로 누가 팔굽혀펴기를 연속으로 가장 많이 하는지 도전해보세요.")이나 실수하는 영상을 모아놓은 앱 크라우드페일Crowdfail("우리 영상을 보고 오줌을 쌀 만큼 웃어보세요. 그러다가 진짜 오줌을 싸면 그 사진을 찍어 보내주세요.") 같은 것에 열광하지 않는 것으로 드러났다. 물론 맨땅에 헤딩하듯 무작정 만들어낸 제품 가운데 일부는 한동안 인기를 얻기도 했다. 블루 트럼펫Blu Trumpet은 앱 출시자가 신규 고객을 찾는 일을 도왔는데 이후 어느 게임 회사가 인수했다. 와인 검색 앱 블러시Blush는 외부 투자자에게 자금을 투자받았고 카디파이는 애플이 이 앱의 신용카드번호 저장 방식을 우려해 앱스토어 승인을 미뤘음에도 유망해 보였다.

어쨌든 재빨리 규모를 키워간 것은 틴더였다. 하루에 16억 번의 스와이프에다 200억 회의 만남이 이뤄지면서 틴더는 더 넓은 문화까지 뻗어갔고 기존의 수많은 데이팅 웹사이트 사업모델에 치명타를 안겨주었다. 해치 랩스는 틴더 하나만으로 2013년 해체 당시 기업이 자금을 댄 디지털 비즈니스 인큐베이터 가운데 상업적으로 가장 성공한 사례가 됐다. 사실 틴더는 그 마케팅팀이 가끔 묘사하듯 그다지 허접하고 배고픈 기술 스타트업이 아니었다. 틴더는 온라인 데이팅 업계를 몇 년 동안 장악해온 수십억 달러 규모의 기업이 주식의 절반을 보유하고 있다. 배리 딜러의 IAC/인터액티브코프IAC/InterActiveCorp는 매치Match, 오케이큐피드OkCupid, 플렌티오브피시PlentyOfFish 그리고 미틱Meetic 등을 포함한 데이팅 앱 브랜드를 소유한 기업으로 틴더팀이 즐겁게 점심을 먹도록 사무실 공간까지 제공했다. 울프가 그때를 떠올렸다.

"우리는 IAC의 사무실에서 무럭무럭 자랐어요. 회사가 사준 컴퓨터를 사용하고 심지어 매치닷컴팀 가까이에 앉았지요. 스타트업에서 일하면서도 대기업의 안전망 안에 있다는 느낌을 받았어요. 누군가에게 이메일로 무언가 요청을 하면 그것을 확실히 반영해주었지요. 거의 부모 같은 안전망이 있어서 하루에 몇 시간 동안 마당에서 놀 수 있었던 거예요."

이 모든 것은 몇 가지 복잡한 질문을 던지게 한다. IAC처럼 공격적인 공개 상장기업이 왜 이 기민한 모바일 경쟁자를 지원해 자사가 주도하던 데이팅 사업의 수익성이 위험해지게 했을까? 비슷한 시도가 무수히 실패하던 중에 딜러의 기업 인큐베이터는 왜 해치 랩스로 미래지향적 가치를 세우게 됐을까? 틴더는 팀 문화가 어떠하기에 이 앱이 파괴적 혁신의 교과서 같은 모델로 미래를 향해 나아간 걸까?

대기업 속 스타트업, 해치 랩스를 시작하다

이 이야기는 뭄바이에서 태어나 4세 때 가족과 함께 미국으로 이민을 간 어느 기업가가 그 시작점이다. 그 주인공 디네시 무르자니는 노스웨스턴대학교에서 화학공학을 전공하고 하버드경영대학원에서 MBA를 마쳤다. 언제나 '성취감'에 갈증을 느낀 그는 골드만삭스에서 투자관리를 배웠고 삼성전자 북미법인에서 디지털 미디어와 하드웨어 사업을 키웠으며 삼성 회장실 직속 부서에서 국제전략팀을 관리하기도 했다. 또한 인도에서 미술시장을 열고 온라인 여행 스타트업을 설립하기도 했다. 그 후 좀 더 야심찬 스타트업 아이디어를 떠올린 그는 자신에게 이직을 제의한 IAC의 브랜드 시티서치Citysearch팀에 온라인 지역 디렉터리 이야기를 꺼냈다. 이제 전략과 M&A 부회장 대신 그 팀에서 일하는 건 어떨까?

때는 바야흐로 2007년 초였고 애플은 맥월드Macworld 행사에서 아이폰이라는 새로운 기기를 공개했다. 무르자니는 그것이 커다란 기회임을 알아봤고 아이폰 시판 직전 IAC의 모바일 그룹을 출범하기 위해 업무를 변경했다. IAC는 데이팅 웹사이트뿐 아니라 티켓마스터Ticketmaster, 익스피디아Expedia, 트립어드바이저Tripadvisor, 비메오Vimeo

그리고 애스크지브스Askjeeves 같은 브랜드를 소유하거나 분사해왔다. 무르자니는 곧 이들 브랜드를 모바일로 이전하는 일을 도왔고 IAC에 따르면 그의 팀은 매년 4,000만 회 이상의 앱 다운로드와 모바일 매출의 배가 성장을 감독했다. 그는 초기 제품 개발과 관념화부터 마케팅, 사업 개발까지 모든 영역에 관여했다. 배리 딜러는 이러한 숫자를 중요시하는 사람이었다.

언론은 종종 IAC를 키워온 딜러를 '미디어 거물' 혹은 '전자상거래계의 차르'로 묘사하는데 그는 이 상투적 표현이 희한할 정도로 잘 어울린다. 자기주장이 강하고 가끔 불같이 성질을 내기도 하는 딜러는 파라마운트 픽처스의 전성기를 이끌었고 20세기 폭스를 경영했으며 폭스채널을 공동 창업했다. 이어 USA 방송 네트워크를 세우고 IAC 산하에 여행과 데이팅, 인터넷을 합치는 과정을 거치면서 억만장자가 됐다. 말을 거침없이 노골적으로 내뱉는 것으로 유명한 딜러는 거래하는 것을 좋아했다. 2010년 봄 무르자니가 그에게 회사를 떠나 혼자 힘으로 스타트업 스튜디오를 세우겠다는 계획을 말했을 때 그는 기회를 보았다. 무르자니가 말했다.

"배리에게 지금 하는 일을 정리하고 새로운 기술연구실을 시작하겠다고 말했습니다. 새로운 무선 세대에 대비해 스타트업을 세우고 싶었거든요. 이미 시드 투자자들을 끌어들인 상태였고 첫 신입사원도 물색해뒀죠. 영광스럽게도 배리는 내게 IAC와 함께 일할 수 있는 부분이 있느냐고 묻더군요. 나는 아주 상냥하게 그건 끔찍한 생각이라고 말했습니다. 우리는 운영모델과 관리, 인센티브 모두 잘못될 위험을 무릅쓰고 하는 것이라는 말도 했죠. '난 사업가고 회사를 세우고 싶다'는 생각을 했던 기억이 나네요."

다음 날 아침 무르자니는 IAC 분기 임원회의에 참석했는데 그때 GE의 전임회장이자 IAC의 고문인 잭 웰치가 그를 난처하게 만들었다. "회의 탁자에 25명쯤 앉아 있었는데 잭은 내가 무슨 인큐베이터 일을 시작할 거라는 말을 들었다고 했어요. 배리가 그에게 얘기한 모양입니다. 나는 그냥 생각 중이라고 대답했고 잭은 아이디어가 훌륭하다며 반드시 실행에 옮기라고 말했습니다."

무르자니는 상장한 대기업 안에서 스타트업을 시작하는 데 의문을 가졌다. 그가 관찰한 바에 따르면 대기업은 혁신을 억누르는 경향이 있었고 또 의사결정 과정이 너무 느렸다. 문화 충돌도 걱정스러웠다. 그러나 IAC 중역과 변호사가 5개월 동안 협상에 나서면서 무르자니는 IAC의 스케일과 마케팅 역량, 유통경로가 있으면 그의 스튜디오가 유리한 고지를 점할 거라는 데 설득당했다. 이들은 독립적·영리적인 델라웨어법인 설립에 동의했으나 IAC가 주식의 70%를 소유하는 것을 전제로 600만 달러를 투자하고 이사회 의석 5석 중 3석을 차지하며 분사하는 회사가 무엇이든 첫 투자자가 되겠다는 조건을 달았다. 무르자니 역시 토론토 기반의 모바일 개발 기업 익스트림 랩스Extreme Labs의 식견과 자원을 끌어오는 대신 주식 13%와 이사회 의석 하나를 차지하는 소수주주가 됐다. 2010년 10월 21일 그는 마침내 프랭크 게리가 설계한 뉴욕의 IAC 건물 15층에 사무실 공간을 빌려 해치 랩스를 열었다.

CEO 무르자니는 자칭 '기술혁신 샌드박스'를 위해 타고난 사업가들을 채용하기 시작했다. 엔지니어와 디자이너, 프로덕트 매니저 들은 해치 랩스에서 꽤 높은 연봉(프로덕트 매니저는 보통 16만 달러를 받았다)은 물론 자신의 프로젝트와 보통주도 받았다. 위험을 다각화하고 특정 사업의 지분을 배당하는 이 방식은 직원들이 전체적으로 연구실을 돕도록 동기를 부여했다. 삼성의 위계적이고 거의 군대에 가까운 문화에 좌절한 그는 해치 랩스에서 협업하는 문제해결 기풍을 조성해야겠다고 다짐했다. 우선 그는 가족 같은 분위기를 조성하려 애쓰면서 입사 지원자들을 사교행사와 해커톤에 초대해 가능성을 확인했고, 팀원들이 다른 팀의 제품 개선과 시험을 도와줄 것이란 기대를 품었다.

2012년 2월 무르자니는 48시간 동안 사내 해커톤을 열었는데 그의 첫 직원이자 재능 있는 엔지니어 조 무뇨스와 서부에서 온 신입사원 션 라드는 짝을 지어 카디파이 개발에 참여했다. 연구실에서 무뇨스는 모든 프로젝트의 문제를 해결해주는 '해커 주재원'으로 알려져 있었다. 그는 이미 페이스북 사용자들의 관심사를 디지털로 보여주는 관심사 그래프를 만드는 중이었고 이는 사람들과 지역 서비스를 연결하는 데 사용할 계획이었다. 무르자니는 그에게 좀 더 기회를 확장하도록 소셜 디스커버리social discovery(사용자가 다른 사용자를 지리적 위치, 나이, 성별, 관심사 등에 따라 검색하는 행위 – 옮긴이)를 연구해보라고 격려했다.

해커톤에서 일등을 한 것은 매치박스였으나 더 우선순위에 놓인 것은 라드와 무뇨스가 개선하고 있던 카디파이였다. 이들은 프런트엔드

front-end 엔지니어 조너선 바딘과 디자이너 크리스 굴친스키를 고용해 팀을 키웠다. 해치 랩스는 이제 선셋Sunset 대로에 있는 IAC의 웨스트 할리우드 건물로 사무실을 옮겼지만 카디파이팀은 가끔 라드의 절친 저스틴 마틴의 개인사무실에서 일하기도 했다. 마틴은 라드와 함께 서던캘리포니아대학교를 함께 다닌 파티기획자였다. 훗날 라드는 〈롤링스톤Rolling Stone〉과의 인터뷰에서 이렇게 말했다.

"마틴은 내 쌍둥이 같아요. 나보다 한 달 빨리 태어난 그는 페르시아계 유대인으로 부모님들이 서로 친구고 같은 지역에 삽니다. 우리는 같은 학교에 다녔는데 사람들은 우리가 많이 닮았다고 말 합니다."

2012년 봄 마틴은 라드를 자기 여동생 친구인 울프에게 소개했고 그녀는 판촉 계약업자로 입사했다. 2012년 5월 카디파이가 출시를 앞두자 라드는 테크크런치 디스럽트 NYCTechCrunch Disrupt NYC 스타트업 경진대회에서 이를 설득력 있게 홍보했다. 그때 앱스토어 승인이 지연되면서 팀이 모호한 처지에 놓이자 무르자니는 이 팀을 매치박스에 투입했다. 이들은 23일 만에 스와이프 기능을 장착하지 않은 내부 시험 버전용 앱을 만들었다. 유일한 걱정거리는 이름이었다. 어딘지 모르게 남성스럽게 들렸기 때문이다. 더구나 투자자들은 이미 발음이 비슷한 매치닷컴을 보유하고 있었고 어쩌면 잠재된 문제가 있을지도 몰랐다. 조너선 바딘에 따르면 어느 날 이들은 선셋대로를 건너며 관련 단어를 찾던 중 '틴더'에 꽂혔다고 한다.

"사람들이 '텐더'와 헷갈릴 수 있다고 생각했지만 그래도 괜찮다고 보았죠. 우리는 가끔 '러브 미 텐더love me tender'를 떠올리니까요."

"나는 내 시간의 40%를 채용에 씁니다."

그렇다고 브랜드가 겹치는 문제를 아직 완전히 해결한 것은 아니었다. 일단 두 사용자가 모두 오른쪽으로 스와이프하면 그 둘은 앱 내에서 '매치됐습니다!'라는 축하메시지와 함께 연결되었기 때문이다.

8월 2일 앱스토어에서 조용히 출시된 틴더는 후크업hookup(정서적 유대감이나 헌신 없이 가볍게 만나 성관계를 하는 것 – 옮긴이)을 주류 문화로 끌어들였다. 무르자니는 가족과 함께 LA로 이사했고 라드는 친구 마틴을 틴더의 CMO로 임명했다. 이때 울프가 공식 마케팅 담당 부사장이 되면서 마틴이 울프의 직속상사가 되었는데 몇 달 후 둘은 열정적인 연애를 시작했다. 당시 다운로드 수가 급증하면서 틴더는 IAC의 대성공작으로 떠올랐으나 곤란하게도 IAC는 틴더를 제대로 알지 못했다.

2012년 3월 텍사스주 호스틴에서 열린 SXSW 컨퍼런스에서 배리 딜러는 해치 랩스를 '땀이 뚝뚝 흐르게 만드는 우리 회사의 찜통'이라고 소개했다. 사실 이들은 아주 가까운 관계였다. 틴더가 선셋대로에 있는 IAC의 사무실로 옮겨갔을 때 그곳에는 이미 매치팀이 있었고 무르자니에 따르면 첫 6개월간 두 부문 사이에 거의 아무런 커뮤니케이션도 없었다고 한다. 심지어 둘은 결국 같은 층에 머물게 됐다. 그는 이렇게 회상했다.

"우리는 IAC 건물의 공간을 빌렸을 뿐 별개의 독립체였습니다. 커피머신과 관리지원부서를 공유하는 것 외에는 자율적으로 운영했죠. 우리가 인기를 얻자 매치팀 사람들이 '여기에서 무슨 일이 일어나고 있는 거예요?' 하고 물었지요. 매치팀은 IAC 네트워크로 우리에게 연락을 해왔습니다. 물론 우리는 열려 있었지만 당시 매치팀이 전혀 필요하지 않았어요."

무르자니는 IAC에 처음 틴더 이야기를 했을 때 데이팅 분야의 신제품을 두고 그들이 살짝 낙담했다고 말했다.

"초기에 그들의 표정에는 '왜 이걸 하는 거야?'라고 쓰여 있더군요. 하지만 그들의 명예를 위해 밝히자면 그들은 절대 투자자의 지위를 이용해 개입하지 않았습니다. 위험할 수도 있는 우리 일에 그들이 흥미를 보였는지는 잘 모르겠어요. 그들이 우리가 성공할 수 있다고 생각하는지 분명치 않았으니 그건 문제가 되지 않았을 겁니다."

IAC의 이 자유방임주의 정책은 실제로 틴더를 성공적으로 배양해낸 비결이었다. 기존 회사는 신기술 스마트폰으로 인해 웹 기반 데이팅 브랜드 수입이 대폭 감소하면서 고전적인 혁신자의 딜레마에 놓였다. IAC는 해치 랩스를 기반으로 내부에서 획기적인 모바일 비즈니스를 만들었고 이는 본래 있던 매치닷컴 사업 매출을 능가했다. 회사는 경쟁자 틴더를 꺾어버리고 싶은 유혹을 참아내고 그저 해치 랩스 창업자들을 그대로 내버려둠으로써 성공했다. 이 개입 부재不在는 전략이라기보다 우연에 가까웠지만 말이다. 딜러는 2014년 12월 비즈니스 인사이더Business Insider가 개최한 이그니션 컨퍼런스Ignition Conference에서 이렇게 말했다.

"우린 운이 좋았습니다. 회사를 창업자들에게 맡겨두었지요. 모기업의 이 무심함 덕에 팀은 놀라운 바이럴리티를 만들어냈고 이후로 승승장구하고 있습니다."

그 뒤 틴더는 다운로드 수가 4,000만 회를 넘어섰고 하루에 10억 번 이상 스와이프가 이뤄졌다.

나는 무르자니에게 유니콘 기업을 탄생시킨 인큐베이터를 운영한 경험에서 어떤 교훈을 얻었는지 물었다. 그는 가장 큰 성공 비결은 인재를 끌어 모을 수 있는 능수능란한 기업 리더를 찾는 데 있다고 설명하면서 몇 가지 교훈을 들려주었다.

"우선, 회사를 창업할 누군가가 필요합니다. 성공하지 못하는 사업은 바로 접을 정도로 잘 단련된 동시에 상장 대기업 안에서 일하는 것에도 똑같이 단련된 그런 사람이어야 하죠. 두 번째로 모기업이 운영에 개입해서는 안 됩니다. 이사회의 관리도 제한해야 하지요. 세 번째로 인센티브 구조가 상업적으로 성공을 일군 직원들에게 시장에 따른 보상을 해줄 만큼 유연해야 합니다. 해치 랩스 사람들은 퇴직을 앞둔 회사의 리더들보다 더 많은 돈을 벌 겁니다. 네 번째로 운영모델은 실패로 접어드는 프로젝트는 빨리 종결하고 성공적인 프로젝트에는 더 끈질기게 파고드는 고도로 단련된 리더십을 필요로 합니다. 마지막으로 팀 사이에 특별한 스파크가 튀게 해야 합니다. 나는 내 시간의 40%

를 채용에 씁니다. 특별한 스타트업 팀의 DNA를 만드는 것은 아주 어려워요. 만약 서로 상호작용하는 방식으로 가치를 발굴해낼 수 있는 사람을 채용하는 방법을 모른다면 그냥 그만두세요. 아무리 뛰어난 인재라도 서로 어울리지 않고 함께 일하는 것을 즐기지 않으면 회사를 망치고 맙니다."

나는 그에게 다른 기업에 기업 인큐베이터가 되거나 액셀러레이터가 되라고 권하겠는지 물었다. 그는 회사의 역사와 전통, 문화 그리고 자신이 조언한 것을 받아들일 의지가 있는지에 달려 있다고 말하며 이렇게 덧붙였다.

"보통 혁신 전략의 출발점으로 액셀러레이터를 활용하는 건 최악의 방식입니다."

해치 랩스는 2013년 초 문을 닫았다. 그때까지 그들은 사업을 10개 이상 키워낸다는 목표를 달성했고 초기 자본을 18개월 치 자금 지원에서 2년까지 연장했으며 미래의 캐시카우Cash Cow(제품 성장성은 낮아졌어도 수익성은 높은 산업 - 옮긴이)를 만들어냈다. 틴더의 유료서비스는 2018년 IAC에 매출 약 8억 달러를 안겨주었고 이는 매치 그룹 시가총액의 절반에 기여했다. 무르자니는 IAC 내에서 후계기업을 키우지 않기로 결심했다. 보다 광범위한 투자자 기반을 세우고 미래의 창업 프로젝트를 위해 더 많은 독립성을 확보하고 싶었기 때문이다. 2016년 그는 스카이Sky와 X피니티Xfinity 등을 소유한 대기업에서 독립적으로 운영 중인 벤처캐피털 컴캐스트 벤처스Comcast Ventures의 상무이사로 부임했다.

기업이 스타트업을 양성하는 기업 인큐베이터의 짧은 역사에서 해치 랩스가 차지하는 장章은 이렇게 끝났어야 했다. 그러나 여기서 비롯된 성추문과 배신, 권력다툼, 소송, 금전다툼은 이제 겨우 시작일 뿐이었다.

경계도, 한계도 사라진 세상

런던 북부 할로웨이에 있는 에미레이츠 스타디움에서는 500파운드(약 75만 원)를 내면 1군 선수의 사인이 들어간 셔츠를, 120파운드(약 18만 원)를 내면 사인은 없지만 자기 이름을 새긴 셔츠를 살 수 있다. 하이웰 슬로먼은 자기 사무실 벽에 걸린 전설의 중앙수비수 토니 애덤스가 직접 사인한 셔츠 액자를 가장 자랑스러워했다. 토니 애덤스는 아스널 FC에서 22년간 뛰며 네 차례 프리미어리그 우승을 이끌었고 FA컵 3번, 풋볼리그컵 2번, UEFA컵 위너스컵 1번 그리고 FA 커뮤니티 실드에서 2번 우승을 차지했다.

아스널의 운영국장으로 팀 충성도가 높고 열정적이면서 수다스러운 슬로먼은 IT 디렉터로 시작해 자신이 간절히 바라던 자리에 올랐다. 그것은 경기장에서 최고 경기를 선보이도록 기업의 모든 분야가 자금 제공에 최적화되어 있는지 확인하는 역할이다. 그런데 디지털 변혁 세계관이 항공 회사부터 폐기물 관리 회사까지 모든 기업이 더욱 스타트업처럼 생각해야 한다고 설득하면서 그의 책무는 132년 된 축구팀과 상관없는 일까지 확장됐다. 즉, 아스널 이노베이션 랩Arsenal Innovation Lab이 출범한 것이다. 2018년 1월부터 10주간 기술 스타트업 250개 가운데 선발된 6개 회사가 아스널 임원진에게 멘토십을 받고 사진기자실과 작업실을 제공받았으며 팬 2억 명에게 접근할 권한도 얻었다. 그렇지만 이것은 기성기업이 혁신으로 알려진 마법의 묘약을 내놓을 만한 걸음마 단계의 기술 기업과 손잡기 위해 고려해보는 방법 가운데 하나일 뿐이다.

슬로먼에게 이는 손쉬운 결정이었다. 4억 2,400파운드(약 6,002억 원)에 달하는 아스널의 매출은 대충 비슷한 비율로 시합일 수입과 중계권, 상업상의 순익으로 나뉘었다. 이사회는 입장권 가격 인상을 제한했고 중계권 수입은 다른 프리미어리그 축구팀에 비해 경쟁우위에 있지 못했다. 따라서 선수 영입이나 연봉, 이적비, 훈련과 스카우트에 필요한 자금을 확보하려면 상업적 성장이 필요했다. 선수 관련 비용이 상승하면서 아스널보다 연수입이 1억 5,700파운드(약 1,500억 원) 더 많은 맨체스터 유나이티드가 더 유리한 상황이었다. 슬로먼은 축구팀이 제품 판매, 스타디움 투어, 시합일 음식 공급 등으로 수익을 최대화하려면 스타트업에서 새로운 방식을 배워야 한다고 생각했다.

"이 사업의 근본은 11명의 남자가 대략 2주에 한 번씩 축구공을 차는 겁니다. 그런데 이 조직이 실질적으로 수익을 올려야 11명의 사나

이에게 우리가 가능한 한 많은 돈을 쓸 수 있습니다. 어떻게 해야 새로운 아이디어를 이 사업에 적용할 수 있을까요? 어떻게 기업 문화를 바꿀 수 있을까요? 어떤 생각에 아니라고 말하기는 참 쉽습니다. 그런 생각은 어딘가 다른 곳에서 온 거니까요."

여전히 아스널은 분명 유리한 고지에 있다. 슬로먼은 마이크로소프트가 개최한 행사에서 한 번 강연한 적이 있다. 당시 마이크로소프트에서는 직원 11만 8,000명이 일했고 매출액이 610억 달러였으며 페이스북과 트위터 팔로워 수는 1,400만 명이었다. 반면 아스널은 직원 600명과 매출액 4억 파운드 그리고 5,000만 명의 SNS 팔로워를 보유하고 있었다. 그는 말했다.

"아마 실리콘 밸리 대기업 정도가 되어야 우리보다 큰 브랜드일 겁니다. 우리는 영국 의류 브랜드 테드 베이커Ted Baker와 비슷한 규모로 판매업을 하고 있어요. 테드 베이커는 매장이 370개고 우리는 2개죠. 하지만 1년에 26번, 딱 2시간 동안 우리 매장에는 테드 베이커가 그저 꿈이나 꿔볼 만한 규모의 고객이 몰려옵니다."

아스널에는 역사적으로 축구계에 혁신을 불러왔다는 명성이 따라다닌다. 1925년부터 1934년까지 매니저를 맡은 허버트 채프먼은 저녁 경기가 가능하도록 투광조명등을 설치했고 그 지역 지하철역 이름을 아스널로 바꾸도록 로비해 초기 스포츠 브랜드 구축의 모범사례로 남았다. 그러나 그 모든 것은 과거의 영광일 뿐이고 이제 슬로먼은 새로운 성과를 원했다. 그의 과제는 엘 마크스L Marks라는 컨설팅 회사와 협력해 경기 관람 경험을 개선하거나 판매율을 높이는 문제를 해결할 스타트업을 찾아내는 것이었다. 최종 후보에 오른 22개 스타트업이 스타디움에 모여 아스널 CEO를 비롯한 임원들 앞에서 자사를 홍보했다. 여기서 선정된 6개 기업 중에는 AI 챗봇과 모바일 결제 회사, 증강현실 기업도 있었다.

나는 제3의 웹사이트에서 클릭만으로 구매가 가능하도록 만드는 아이라이크댄I Like Than이나 스타디움 좌석까지 음식을 배달해주는 워라페이WoraPay 같은 스타트업이 어떻게 이 회사에 의미 있는 방식으로 영향을 미쳤는지 알아볼 수 없었다. 단순히 PR을 하거나 임원진에게 거짓으로 자신들의 계획이 미래를 구축해간다고 안도하게 하는 '혁신 연극'일 수도 있지 않았을까? 슬로먼은 경제적으로는 아스널에 주목할 만한 영향을 끼치지 않았음을 인정했다.

"하지만 사고방식이라면 어떨까요? 당연히 영향이 있었습니다. 스타트업 문화는 우리에게 일을 다르게, 빨리 해낼 수 있다는 생각을 불어넣으면서 사람들의 기운을 북돋우고 협업을 촉진했습니다. 이 프로그램은 런던의 기술 업계에서 가장 똑똑한 사람들과 대화의 물꼬를 트게 해주었죠. 우리는 그 10주간 상상했던 것보다 더 많은 문제를 해결했고 직원들은 이제 새로운 아이디어를 제안합니다."

엘 마크스는 2014년부터 소위 '상품화 프로그램'을 운영하며 스타트업과 기성기업을 이어주고 있다. 엘 마크스의 CEO 대니얼 손더스는 이렇게 설명했다.

"우리는 사업상의 진정한 도전을 해결해줄 초기 단계 기업이 개발한 기술을 통합하는 일을 합니다."

이 회사의 직원 28명은 주로 런던에 머물며 고객의 사업과 제휴를 맺을 수 있는 스타트업을 찾아낸다. 그 후 피치 데이Pitch Day(스타트업의 기술이나 전략 발표회–옮긴이)를 개최한 다음 보통 기업 본사를 근거지로 삼아 10~12주간의 프로그램을 진행한다.

상품화 프로그램을 꼭 초기 단계 기술 기업하고만 진행해야 하는 것은 아니다. 텔아비브를 기반으로 코카콜라와 메르세데스 벤츠, 터너 브로드캐스팅 등을 위해 진행하는 프로그램 더 브리지The Bridge는 일반적으로 200만 달러에서 800만 달러의 투자금을 모으고 적절한 수익을 내는 회사와 기업을 연결해준다. 7개월 동안 스타트업은 스토리텔링과 협상 훈련, 사업 개발, 기타 상업 기술을 배운 뒤 후원기업 내에서 특정 임원과 짝을 맺는다. 한 반에서 10~11개 스타트업이 미국과 독일에 있는 후원기업의 본사로 날아가 3일 동안 상업 관계를 구축한다는 목표 아래 평균 50회 회의를 한다.

텔아비브의 로스차일드 거리 사무실에서 개비 체르톡 사장은 그 예를 보여주고 있다. 이스라엘의 증강현실 스타트업 시매진Cimagine은 아이패드로 방 안에 가구를 배치한 상태를 보여주는 방법을 개발했다. 브라질에서 온 코카콜라 임원은 이것을 보고 탄성을 질렀다. 그는 자판기와 냉장고 2,000만 대를 책임지고 있었는데 지역 영업사원 1명이 관리하는 물량이 올바른 곳에 위치해 있는지 확인하려면 보통 5번 방문해야 했다. 증강현실이 자판기를 올바른 위치에 설치하는 일을 더 쉽게 만들어줄 수 있을까? 체르톡이 말했다.

"우리는 90일 동안 시험했고 영업사원 1명당 1번씩만 방문하는 것으로 줄였습니다. 이것을 전 세계 영업사원 6만 명에게 적용하면 어떨까요? 분명 투자수익을 얻을 것입니다."

코카콜라는 스냅챗이 시매진을 인수하기 전에 이 도구를 30개 나라에 배포했다.

에어버스부터 얀덱스Yandex까지 스타트업이 모기업을 바꿔놓길 바라면서 자금 혹은 일하는 공간을 제공하는 인큐베이터나 액셀러레이터를 개시하는 것이 기업들 사이에 유행하고 있다. 이들의 접근 방식은 다양하다. 파운더스 포럼Founders Forum에서 주최하는 일련의 기업가 행사에서 비롯된 런던의 파운더스 팩토리Founders Factory는 1년에 새로운 스타트업 13개를 탄생시키는 한편, 로레알이나 이지젯 같은 고객을 위해 기존 스타트업 35곳에 투자한다. 테크스타스TechStars, 플러그 앤 플레이Plug and Play, 그 밖에 다른 전문회사들은 기업과 함께 내부 인큐베이터(작업 공간, 멘토링 등 스타트업 서비스 제안)나 액셀러레이터(3~6개월 동안 구체적인 프로그램 제공)를 구축한다. 기업의 목표는 보통 R&D 외부 위탁, 트렌드 학습과 투자, 인재 영입, 나아가 실질적으로는 자신들이 '혁신한다'는 신호를 보내는 데 있다. 다임러, 디즈니, 테크노짐, 타깃 모두 그랬다. 그렇지만 나는 여전히 실질적인 부가가치를 만들어내는 모델을 사용하는 기업, IAC·틴더의 경험과 동등하거나 아니면 자신의 사업모델을 급진적으로 바꾼 사례를 찾고 있다. 기업이 '혁신 연극'을 따라 하는 일은 굉장히 자주 발생한다. 이것은 사실 스테이터스 쿠오Status Quo(현상 유지 – 옮긴이)는 내버려둔 채 미래에 대비하는 것처럼 보이고 싶은 기업의 희망사항을 과시하는 셈이다.

제레미 바셋은 양측에서 모두 도전을 경험했다. 2010년 그는 유니레버 신사업 부서에 합류했는데 그곳 목표는 2015년까지 1억 파운드 사업 5개를 개발해 400개 소비 브랜드를 소유한 이 영국–네덜란드계 회사가 1억 6,000만 달러(약 1,900억 원) 가치의 미래를 기약하도록 돕는 것이었다. 한데 이 부서가 내놓은 수십 개 신제품은 어느 것도 제대로 개발되지 않았고 2014년에는 서서히 마지막을 향해 가고 있었다. 유니레버 최고기술책임자의 설명에 따르면 이 부서는 주력사업과 지나치게 동떨어져 있었으며 기존 브랜드팀들에게 인정받는 데 실패했다. 여기에다 예산이 너무 넉넉해 이 부서의 책임자들이 스스로를 조력자가 아닌 신선한 아이디어로 통하는 관문이라며 자만했다.

이들 교훈을 일에 반영하기로 결심한 바셋은 2014년 대폭 축소한 10만 달러 예산으로 유니레버 파운드리Unilever Foundry를 설립했다. '협업으로 혁신을 추구하는' 파운드리는 신사업 부서와 달리 주력사업에서는 업무만 받았고, 기존 브랜드팀에게는 그들의 수요를 다루는 시범 프로젝트에 자금을 대는 데 필요한 5만 달러를 요청했다. 이는 그들이 프로젝트에 직접 관여하고 있음을 확인해주는 역할을 했다.

파운드리는 협업하는 스타트업의 지분은 매입하지 않았지만 유니레버의 투자 부문인 유니레버 벤처스에 그들을 소개했다. 이때 양측에서 이득을 얻는 상업 관계 구축을 목표로 삼았다. 또 스타트업을 초청해 웹사이트에 올라온 도전과제, 예를 들면 새로운 제품 성분이나 획기적인 사업모델의 해결책을 발표해달라고 했다. 파운드리는 10만 건의 제안서를 받았고 이는 200건의 시범 프로젝트로 이어졌다. 이 중 절반은 규모를 확대했으며 확실하게 성공한 사례도 나타났다. 매 그넘Magnum 아이스크림 브랜드는 유니레버 벤처스가 투자한 인플루언서 마케팅 플랫폼 올라픽Olapic과 파트너십을 맺었다. 그 결정은 2016년 모노타이프Monotype가 올라픽을 1억 3,000만 달러에 인수하면서 보상을 받았다. 브라질에서는 유니레버의 세정제 브랜드 오모Omo가 세탁배달서비스 알라바데리아aLavaderia와 합작해 '당신이 빨래하는 가장 좋은 방법이요? 당신이 하지 않는 거예요'라는 광고 문구를 내세운 오모 익스프레스Omo Express를 탄생시켰다. 이 회사는 본래 2년 동안만 세탁 서비스에 관여하려 했으나 이 시범 사업은 첫날부터 성공작임을 증명했다. 바셋이 말했다.

"협력은 브랜드가 안겨주는 모든 위험을 제거해줍니다."

그는 현재 코:큐베드Co:Cubed를 경영하는데 6명으로 이뤄진 이 부티크 혁신자문 회사는 디아지오Diageo와 버버리를 포함해 FTSE100 기업 가운데 23개 기업과 함께 일하고 있다. 그리고 기업을 위한 프로그램과 파트너십, 해커톤 등을 진행하고자 50만 스타트업의 데이터베이스를 활용한다. 나는 그에게 코:큐베드에서 첫 18개월 동안 무엇을 배웠는지 물었다.

"그들은 여러 업무를 해내는 데는 형편없었지만 협력에는 능했습니다. 우리는 이 세상에 기존 산업을 완전히 바꿔놓으려는 사람들이 존재한다는 것을 깨달아야 합니다. 이를 따라 할 수는 없어요. 뭐든 혼자 하려고 내적 능력을 키우는 대신 협업으로 조직을 재편해야 합니다."

그가 유니레버에서 일을 시작했을 무렵 대규모 공장을 소유한 유니레버는 브랜드 구축에 필요한 대언론 예산을 엄청나게 배정했다. 그러나 이제는 어느 회사든 아마존과 이베이의 유통력을 활용할 수 있고 구글이나 페이스북에서 똑같은 가격으로 광고를 살 수 있다. 그가 말했다.

"더 이상 진입장벽은 존재하지 않습니다. 모든 기업이 그걸 깨달아야 합니다. 지금의 생태계에서 자신들이 맡은 역할이 무엇인지 생각해야 하지요."

범블 vs. 틴더, 진흙탕 싸움의 시작

해치 랩스에서 디네시 무르자니는 자신의 팀이 따라야 할 공식 '해치 가치 체계'와 '운영 원칙'을 만들었다. 여기서 가치는 '모든 것을 공유한다'와 '다른 사람들을 응원한다' 등을 아울렀고 운영 원칙에는 '실수는 모두 공개하고 거기에서 배운다'와 '개인 관계가 시스템을 뛰어넘을 수 있음을 인식한다'가 들어갔다. 그런데 불행히도 해치 랩스에서

는 일부 개인 관계가 무르자니의 예상보다 훨씬 치명적으로 시스템을 넘어섰다.

휘트니 울프와 그녀의 직속상사 저스틴 마틴의 험난했던 연애는 그녀가 2014년 4월 틴더를 떠나면서 씁쓸하게 끝나버렸다. 6월 30일 울프는 '심각한 성희롱과 성차별'을 당했다며 틴더와 매치 그룹 그리고 모기업 IAC를 상대로 캘리포니아 주법원에 소송을 제기했다. 소장에 따르면 마틴과 라드는 울프에게 참혹할 정도로 성차별과 인종차별 성향의 부적절한 발언·이메일·문자메시지를 퍼부었고 그중에는 누군가를 '자유분방하고 거짓말쟁이에 앞뒤 가리지 않는 걸레'로, 또 다른 누군가를 '중년의 무슬림 돼지'로 묘사하는 내용이 포함돼 있다. 또한 마틴은 그녀를 계속 '창녀'나 '걸레'로 부르면서 젊은 여자 공동창업자는 회사를 장난처럼 보이게 하고 평가절하하므로 그녀의 '공동창업자' 직함을 없애겠다는 위협을 가했다고 했다.

소장에는 마틴과 울프의 갈등이 최고조에 달할 때 둘 사이에서 오고간 가슴 아프도록 사적인 문자메시지 스크린샷이 빼곡했다. 울프는 틴더가 기술 스타트업과 지나치게 자주 관련되는 여성혐오와 알파마초의 고정관념을 감추고 있다고 주장하며 상당한 손해배상금을 요구했다. 그리고 울프가 '회사 창업에서 주도적인 역할을 했다'고 강조하며 그녀가 틴더라는 이름을 제안했다는 주장과 함께 '인터뷰와 기사에서 틴더의 공동창업자인 그녀를 제외했다'고 언급했다. 울프는 소장에 자신이 '공동창업자/마케팅 담당 부사장'임을 밝히는 명함을 첨부했다. 소송을 당한 사람들은 당연히 이의를 제기했다.

그렇지만 결국 마틴은 회사를 떠났고 라드는 틴더 직원들에게 이런 메모를 전달했다.

"우리는 휘트니의 나이나 성별 때문에 그녀를 차별하지 않았습니다. 그리고 그녀의 고발은 내 행동과 지금까지 일어난 일에 정확하지 않은 색을 입히고 있습니다. 우리는 성 평등을 매우 진지하게 받아들이고 있습니다."

분쟁은 범죄를 시인하는 일 없이 배상금 10만 달러와 상호 비방방지 조항으로 마무리됐다. 그 후 울프는 또 다른 모바일 데이팅 서비스 범블Bumble을 창업했다. 2014년 12월 출시된 범블은 여성에게 권한을 주는 것을 목표로 삼아 여성이 남성에게 먼저 메시지를 보내도록 했고 첫 달에 10만 건 이상 다운로드가 이뤄졌다고 주장했다. 울프는 초기 다운로드를 장려하기 위해 과거처럼 또 다른 여학생 클럽 기반의 프로모션을 고안했고 이번에는 끈 팬티를 활용했다. 이번에도 그녀는 여학생 클럽 저녁식사 자리에서 의자 위에 올라가 범블을 다운로드하는 여학생에게 쿠키를 주겠다고 제안했다. 이것을 다운로드하라고 10명의 친구에게 문자를 보내면 속옷을 받을 수 있었다.

스와이프가 주도하는 후크업 문화가 육욕적 열망을 만들어냈다는 이유로 사람들은 틴더 프로젝트에 엄청난 반감을 보였다. 어쩌면 이는 해치 랩스가 배양한 문화유산일지도 모른다. 2018년 3월 매치 그룹은 범블을 대상으로 공격적인 소송을 제기했다. '세계를 바꿔놓은 카드 스와이프 방식으로 이뤄진, 상호 선택적인 틴더의 근본을 따라

했다'며 울프(텍사스 석유 후계자 마이클 허드와 결혼해 울프 허드가 된)를 고소한 것이다. 범블은 틴더의 기능을 흉내 내고 틴더의 이름, 브랜드, 일반적인 외형, 느낌을 보완하려 했다. 또한 틴더의 복제품으로 틴더 자체와 그 브랜드가 만들어낸 사용자 기대를 충족해주며 사업을 시작하려 했다고도 했다. 매치는 범블의 초창기 직원 크리스 굴친스키와 새라 믹이 틴더의 기능과 관련된 기밀 정보를 훔쳤다고 주장하기도 했다. 범블은 이 모든 주장을 부인했다.

4일 후 울프는 〈뉴욕타임스〉와 〈댈러스 모닝 뉴스〉에 실린 전면광고에서 이를 간략히 부인했다. 그 광고는 '매치 그룹 귀하'로 시작했다. "우리는 귀하를 왼쪽으로 스와이프합니다. 우리를 사들이고 따라 하고 이제 위협하는 귀하의 여러 시도를 왼쪽으로 스와이프합니다. 우리는 절대 귀하의 것이 되지 않습니다. 얼마가 되었든 우리는 절대 우리의 가치에 타협하지 않습니다. 우리는 귀하가 시도하는 협박 전략과 그 끝없는 계략을 왼쪽으로 스와이프합니다. 우리는 밑도 끝도 없는 소송이 우리를 위협할 거라는 귀하의 추측을 왼쪽으로 스와이프합니다."

그다음 주 범블은 주법원에 매치 그룹을 상대로 소송을 제기했다. 매치 그룹이 2017년 6월 4억 5,000만 달러에 범블을 매수하려다 실패했고, 2018년 초 다시 더 높은 액수를 제안하며 민감한 사업 데이터를 요청해 매치 그룹의 소송에 이용하려 했다는 혐의였다. 소장은 매치 그룹이 범블을 망치고 가치를 낮추려 시도했으며 그 자체로 범블의 핵심 기능을 복제하려 했다고 주장했다. 매치 그룹은 말도 안 된다며 이들 주장에 알맹이가 없다고 일축했다.

　그런데 IAC와 다른 해치 랩스 직원들 간의 관계를 해결해가는 과정은 더욱 악화일로를 걸었다. 션 라드와 틴더의 다른 공동창업자들은 2018년 8월 IAC를 상대로 별도의 소송을 제기해 자신들의 주식을 의도적으로 평가절하했다며 최소 20억 달러를 배상해줄 것을 요구했다. IAC는 2017년 잘못되고 불완전한 재무정보로 틴더의 가치를 실제가치보다 현저히 낮은 30억 달러로 책정하고 틴더를 매치 그룹과 합병하면서 자신들의 스톡옵션을 낮게 평가했다고 주장했다. 고소인들은 보도자료에서 이렇게 밝혔다.

　"속임수와 따돌림, 노골적인 거짓말로 IAC/매치는 틴더 직원들에게서 수십억 달러를 훔쳐갔다."

　소장 발부 당시 매치 그룹 주가는 59달러였으나 2016년 2월에는 10달러에도 미치지 못했다. 사업은 분명 번성하고 있었다. 2018년 8월 매치 그룹의 틴더에는 유료사용자가 370만 명 있었는데 이는 전년 분기 대비 81% 증가한 것이었다. 수익도 2018년 8억 달러를 넘어서면서 사업은 본궤도에 올라섰다.

　뉴욕 대법원에 제출한 55쪽에 달하는 소장에는 일부 놀라운 혐의가 들어 있었다. 하나는 매치 그룹의 CEO 그레그 블랫이 틴더의 커뮤니케이션과 마케팅 담당 부사장 로제트 팜바키안을 2016년 회사 파티에서 성희롱했다는 주장이었다. 매치 그룹 이사회의 부의장이던 블랫은 소송이 제기되자 이사회에서 사임하고 회사를 떠났다. 역시 회사를 그만둔 팜바키안도 떠나기 전 직원들에게 고위 경영진의 성적 직권남용을 감추고 재능 있는 직원들이 힘들게 벌어들인 보상을 앗아가는 등 매치에서 내가 목격한 끔찍한 사례를 낱낱이 밝히기로 결심했다는 내용의 이메일을 보냈다.

이 책을 쓸 당시 이들의 소송전은 여전히 미결 상태였다.

2014년 11월 CEO에서 물러난 라드는 2017년 9월 틴더가 IAC 산하 매치 그룹으로 합병된 지 몇 주 후 해고됐다. 그보다 몇 달 전 미국 증권거래위원회 기록에 따르면 그는 자신의 스톡옵션 일부를 실현했다고 한다. 라드가 받은 9,441만 3,552달러 6센트는 적어도 판사가 데이팅 사업에서 가장 역기능을 드러낸 이 씁쓸한 사건을 조금씩 풀어갈 때까지 그의 일상 욕구에 돈을 대줄 정도는 됐을 것이다.

기존 기업이 스타트업에 접근하는
가장 성공적인 방법

▼

기반을 잡아 다수의 경영진이 포진한 기업은 초기 단계 기술 스타트업처럼 위험 성향을 안고 기민하게 움직이는 것이 언제나 쉽지 않다. 따라서 스타트업과 협력하는 것은 주력사업이 신선한 사고방식과 새로운 사업모델을 수용하는 효과적인 방법일 수 있다. 우리가 살펴보았듯 스타트업에 접근하는 방식에는 자금 지원, 작업 공간 공유, 인수, 합작, 심지어 설립 등이 있다. 어떤 결정을 하든 다음은 실무자들이 추천하는 공통적인 가이드라인이다.

1. 인재들에게 재갈을 물리지 않는다. 이들의 행동이 현재의 사업 수익을 아무리 위협하더라도 마찬가지다. 틴더의 창업 과정에서 발생한 법률, 젠더, 규제를 비롯해 기타 여러 문제에도 불구하고 IAC는 1가지 옳은 일을 했다. 한 무리의 해적을 회사에 받아들이고 이들에게 실험 공간을 내줬으며 이들이 매치닷컴의 캐시카우 사업모델에 도전할 때조차 간섭하지 않았다. 이는 전략이라기보다 해치 랩스 사무실에서 무슨 일이 벌어지고 있는지 회사가 알지 못했기 때문이지만 어쨌든 그 결과를 보라. 그러나 소송을 유발할 만한 행동을 피하려면 관련 인재들을 영입하는 것도

고려해보자.

2. 변화를 지지하는 직원과 그들이 함께 일하는 스타트업 모두를 공중 엄호한다. 이들이 특히 규범에 도전할 경우에 대비해 개비 체르톡은 이렇게 말했다. "회사에서 사람들을 어떻게 보호하는지 생각해보십시오." 이스라엘군의 비밀정보부 8200에서 지냈던 체르톡은 군의 효과적인 혁신에서도 유사점을 발견했다. "이러한 조직 내의 영웅은 가장 높은 계급이 보호해줍니다."

3. 관여하지 않으면 그냥 끝나고 만다. 스타트업 프로그램에는 멘토링을 해줄 시간 여유가 있는 평사원뿐 아니라 모기업 고위 경영진의 지지도 필요하다. IT팀 사무실에만 앉아 있으면 아무 일도 일어나지 않는다. 그래서 아스널이 스타트업이 발표하는 동안 CEO가 같은 공간 내에 반드시 머물게 한 것이다. 또 스타트업을 장기 파트너가 아닌 공급업체로만 보는 것은 대기업이 흔히 저지르는 실수다. 대니얼 손더스는 이런 조언을 했다. "당신 회사의 표준납품 공정을 적용하려 하지 마세요. 몇 달 동안 뭔가를 밀어붙이면 스타트업은 망가질 수도 있습니다."

4. 분명한 목표 아래 시작한다. 개비 체르톡이 설명했다. "무엇을 추구하는지, 어느 부분에서 기술의 도움을 받을 수 있고 없는지 이해할 필요가 있습니다. 만병통치약이나 비밀의 묘약 같은 건 없어요." 정량화할 수 있는 목표와 이를 달성하기 위한 단계를 세세히 정하자.

5. 문서 작업을 없앤다. 의사결정과 신제품 발표에서 관건은 스피드다. 대기업 내의 인큐베이터가 성공하려면 일반적인 기업 규제와 태도에서 자

유로워야 한다. 존 루이스를 위해 엘 마크스가 주도한 첫 제이랩JLab에서 시범 프로젝트를 매장에 출시하기까지는 지독히 오랜 시간이 걸렸다. 일부 의사결정이 지연됐기 때문이다. 두 번째 제이랩이 성공하려면 그런 문제를 해결해야만 했다.

6. 훔치는 것을 두려워하지 않는다. 가끔 주력사업은 전혀 관련 없는 사업에서 효과적으로 사용하는 아이디어를 베끼는 것만으로도 개선된다. 아스널의 판매팀은 팀 셔츠를 사려고 줄을 선 다음 자기 이름을 새겨달라고 신청한 후 완성한 셔츠를 찾느라 2번 더 줄을 서야 하는 팬들을 위해 매장 내 고객경험을 개선할 필요가 있었다. 이들은 샐러드 체인 토스드Tossed에서 해결책을 찾아냈다. 고객이 상점 내에 비치한 태블릿으로 이름을 새겨달라고 주문하고 돈을 지불하게 한 것이다. 하이웰 슬로먼은 말했다. "우리는 괴로운 시간을 즐거운 경험으로 바꿨습니다. 이것은 스포츠가 아니라 샐러드에서 탄생한 아이디어입니다."

6장

정부도 '아마존'이 될 수 있을까?

PROSPECT

세계 최초로 27세에 AI부 장관이 된 남자

2017년 9월 오마르 술탄 알올라마와 신부 아말 빈 샤비브는 기괴할 정도로 초현대적인 결혼식을 올렸다. 에미라티의 전통 예복 디시다샤를 입고 머리에 구트라를 쓴 신랑은 두바이 중앙의 어느 고층빌딩 무대 위에서 검은색 예복을 차려입은 신부 곁에 앉았다. 그리고 그들은 빔Beam의 텔레프레전스 로봇telepresence robot(원거리에 있는 사람이 눈앞에 있는 것처럼 느끼도록 가상현실을 구현해주는 서비스 로봇 - 옮긴이) 앞에서 결혼서약서를 낭독했다. 원거리 비디오 영상회의로 이슬람 율법에 따라 의식을 진행한 사람은 두바이의 어느 법정 변호사였다. 미소 짓는 변호사의 얼굴이 머리 높이의 작은 스크린에 떠 있었다. 신랑은 혼인계약서에 서명했고 이번에는 미국 기업 사비오크Savioke의 배달 로봇이 공증허가서를 곧바로 자동 전달했다. 이로써 마무리된 이 결혼식은 한때 석유에 의존한 사막국가가 스스로 재탄생하기 위해 노력하고 있음을 보여주는 하나의 징표였다.

그 의식에 참석한 아랍에미리트연합의 총리이자 두바이 국왕인 셰이크 모하메드 빈 라시드 알 막툼은 간혹 정부를 '더 스마트하게' 만드는 것의 중요성을 강조했다. 에미리트 타워에 위치한 새로운 서비스원 센터Services 1 Center에서 로봇으로 치른 이 결혼식은 중요한 신호였다. 서비스 원 센터는 시민이 14개 정부기관의 100여 가지 서비스를 원스톱으로 사용하도록 설계했는데 현재 터치스크린·로봇·IBM의 왓슨 인공지능 기술·1명의 직원이 협력해 출생신고, 주택대출신청, 여권 재발급 등을 원활히 돕고 있다. 셰이크 모하메드는 "이곳은 앞으로 생길 여러 센터와 혁신의 첫 번째 사례일 뿐이며 우리의 목표는 2020년까지 정부 서비스 면에서 세계 최고가 되는 것"이라고 말했다.

결혼 전 알올라마는 WGSWorld Government Summit(세계 정부 서밋)를 개최해왔고 빈 샤비브는 서밋의 콘텐츠 책임자로 근무했다. 2013년부터 매년 열리고 있는 WGS는 더 나은 정부로 나아가기 위한 일종의 다보스 포럼 같은 행사다. 2018년 WGS는 크레이그 벤터와 말콤 글래드웰 같은 연사를 초청했으며 'Mars: 혁신을 위한 블록체인 플랫폼', '장수長壽의 재설계', 'AI: 행복의 새로운 척도' 같은 주제를 다뤘다. AI의 윤리적·실용적 고찰에 몰두하는 알올라마는 사람은 의문을 제기하지 말고 복종해야 한다고 배우는 나라에서 국가 지도층과 함께하는 내부회의에 참석해 몇 가지 까다로운 질문을 던지며 솔직하게 의견을 말하기까지 했다. 그는 AI를 과잉 공급할 때 공무원이나 외국인 노동자에게 무슨 일이 벌어질 것인지 물었다. 그때 벌어지는 사회적 동요에 아랍에미리트는 어떻게 대처할 것인가? 혹시 AI는 인간보다 훨씬 더 생산적인 단계에 있는가? 알올라마는 그때를 회상했다.

"솔직히 말해 AI를 둘러싼 전략 사고는 너무 이른 감이 있습니다. 사회에 미치는 영향은 전혀 고려하지 않았죠. 나는 무례하게 굴고 싶진 않았지만 정말 걱정스러웠습니다."

셰이크 모하메드의 보좌관들은 알올라마에게 그가 어떤 일을 차별화할 수 있는지 조용히 물었다.

"나는 권고안을 내놓고 신혼여행을 떠나버렸어요. 한 달 뒤 돌아오니 그새 다른 누군가의 문제가 되어 있더군요."

이들이 신혼여행을 떠난 지 이틀 만에 셰이크 모하메드는 야심차게 국가 차원의 AI 전략을 공표했다. '모든 단계에서 정부 서비스를 더욱 신속하고 효율적으로 처리하기 위한 (목표가 있는) 메가 산업'이라는 내용이었다. 알올라마가 말했다.

"그 기사를 읽고 아내에게 '이건 잘못된 결정이야'라고 말했던 기억이 나네요."

그다음 날 그에게 전화 한 통이 오더니 당장 다음 비행기를 타고 신혼여행에서 돌아오라고 했다. 그렇게 알올라마는 27세의 나이에 뜻하지 않게 세계 최초로 AI부 장관이 되었다.

셰이크 모하메드는 석유시대가 끝난 뒤를 준비해야 하는 국가적 절박함을 이해하는 듯했다. 2010년 열린 내각회의에서 그는 전략 'UAE 비전 2021'을 발표하며 개국 50주년을 맞이할 때까지 다각화한 지식 기반 경제로의 전환을 요구하고 그 발전을 정밀하게 측정할 핵심성과지표를 제시했다. 국가 의제는 새로운 '혁신 문화' 아래 단결해 UAE를 교육, 건강, 경제, 치안, 주거, 인프라, 정부 서비스 분야에서 2021년까지 세계적인 국가 중 하나로 바꿔놓는 것이었다.

4년 후 셰이크 모하메드는 정부 내에서 새로운 사고를 자극하기 위해 자신의 이름을 딴 모하메드 빈 라시드 정부혁신센터를 열었다. 이 곳은 정부혁신연구실과 모든 부처·기관 내의 '혁신 CEO' 직위, '혁신 의 해', 그리고 캠브리지대학교와 연계한 혁신 학위가 존재하는 곳이 다. 심지어 왕은 2016년 행복추구부 장관과 청년부 장관(겨우 22세였 다)을 임명하기까지 했다.

나는 얼마간 흥미를 보였다. 그들은 자신의 이야기를 팔기 위해 아 직 현실화하지 않은 과장 광고에 과할 정도로 의지했다. 가령 "우리는 초고속열차 하이퍼루프Hyperloop로 출퇴근할 거야!", "우리는 자율비 행택시로 날아오를 거야!"라는 식이었다. 그러면서 게놈학부터 3D프 린트까지 급부상하는 기술이 어떻게 새로운 비非석유경제를 구축할 수 있는지 이해하기 위해 막대한 자원을 투자했다. 아부다비의 전시 용 '탄소 제로' 사막도시 마스다르Masdar는 그 오만한 약속을 실현하는 데 실패한 유령도시로 여기저기서 비웃음을 샀다. 그렇지만 이 정권 의 항공우주국은 목표 달성에 필요한 초기 단계 발전을 이루는 듯 보 였다. 2117년까지 화성 착륙을 희망하는 이곳에서는 당연하게도 '모 하메드 빈 라시드 스페이스 센터'라는 이름의 정부부처 지휘 아래 많 은 업무를 다루고 있다.

분명한 것은 이들이 배움에 목말라 있다는 사실이다. 내가 만난 AI 부 장관은 악당 터미네이터로부터 인류를 구해내는 방법을 알아내느 라 하루 종일 시간을 보내고 있지 않았다. 이제는 공식적으로 '각하'라 고 불리는 오마르 술탄 알올라마가 내게 말했다.

"그건 공상과학입니다. 나는 일반적인 의미의 AI를 보고 있지 않습니다. 대신 정부 내에서 과정과 서비스를 강화하도록 중장기적·협의적 관점에서 AI 활용사례를 살펴보고 있어요. 그 기술을 시험해보려고 전 세계에서 최고의 스타트업과 인재를 초빙하고 있지요."

AI부 장관의 첫 번째 업무는 정부 서비스의 효율성을 증폭하는 일이다. 이는 셰이크 모하메드가 표명한 '세계에서 AI시대에 가장 잘 대비하는 국가'가 되겠다는 의지의 일부다. 정량화한 효과에 집중하는 UAE 정부는 블록체인 기술과 함께 AI가 30억 달러를 절약해줄 거라고 계산하고 있다. 그중 1억 달러는 순전히 종이서류를 퇴출해서 거두는 효과다. 스마트 머신도 인간 자문가보다 훨씬 더 효과적으로 정책을 평가해줄 것이다. 새로운 교육 정책을 발표하기 전 정부는 그것이 실제로 학교에 어떤 영향을 미칠지 이해하기 위해 컴퓨터 시뮬레이션을 만들기로 했다. 다양한 정부기관이 시민의 개인정보를 사용할 때 시민에게 그 통제권을 주기 위해 AI를 활용하는 것은 어떨까? 정책을 입안하는 자리에 오기 전에 투자은행가로 일한 AI부 장관이 말했다.

"우리는 서비스를 좀 더 고객맞춤형으로 제공할 거라고 봅니다. 품질보증서를 받으러 일정한 시간과 장소로 오게 만드는 관료제는 모두 사라질 거예요. 대신 서비스가 우리를 찾아오게 될 겁니다. AI는 우리 삶을 최적화해줄 거고요."

그는 계속해서 사례를 들며 AI가 교통을 최대한 원활하게 해주고 교육에도 변화를 일으킬 것이라고 말했다. 그에 따르면 AI는 내가 무엇을 잘하는지 이해하고 공부는 아이폰 속 게임처럼 될 것이었다.

"물류도 있습니다. 우리에겐 지구상에서 가장 바쁜 (국제)공항이 있어요. 일곱 번째로 큰 항구와 2025년까지 자율주행교통을 완비할 도로도 있지요. 그사이에 일어나는 시너지 덕분에 교통과 상품, 사람의 흐름이 원활해질 거예요. 아마 우리가 과거에 그 혼잡한 삶을 어떻게 견뎠는지 의아해질 겁니다."

최종적으로 AI는 시민 건강을 지키기 위해 신체도 모니터링할 전망이다.

"스마트 화장실을 설치하고 호흡을 모니터링하면서 사람들의 건강을 확인할 겁니다. 티슈상자조차 센서를 갖추고요."

시민과의 상호작용에서 마찰을 줄이려고 노력하는 정부는 분명 매력적이다. 의료나 교육, 교통 관리에 개인맞춤형 접근이 가능해진다는 점은 논쟁의 여지가 없을 정도다. 하지만 BBC가 '독재적'이라고 묘사한 정권이 그처럼 미립자 수준의 개인 데이터를 축적하는 것이 건전한 일일까? 나는 개개인을 그토록 정확히 추적하는 정부에 위험성이 존재하지 않는지 슬그머니 물었다. 각하가 참을성 있게 대답했다.

"재미있는 논의네요. 역사적으로 사람들은 언제나 정부의 모든 것을 믿어왔습니다. 우리는 정부가 우리의 정보에 접근하고 우리를 통제한다는 것을 압니다. 당신은 정부를 만드는 건 바로 '사람들'이라는 걸 알고 있죠? 사람들은 언제든 '아랍의 봄' 같은 시민운동으로 정부의 의제를 바꿀 수 있습니다. 정부가 개인 데이터를 보유할 때의 위험성은 이를 민간 부문이 보유할 때보다 훨씬 낮습니다. 사람들은 우버나 구글, 테슬라에는 아무런 영향력도 미칠 수 없지만 정부에는 그게 가능하지요."

나는 예의상 더는 논의를 밀어붙이지 않았다. 그러나 국제인권감시단Human Rights Watch에 따르면 이 정부에서 당국을 비판한 개인은 독단적으로 감금당하거나 강제 실종된다고 한다. '국가통합을 해치고 국가의 상징을 모욕한다'는 모호한 정의로 장기간 투옥할 수 있기 때문이다. 여하튼 나는 그 정부의 AI 투자를 알아보고자 그를 만난 것이므로 잠자코 귀를 기울였다. 장관은 말을 이었다.

"정부와 관련해 투명성을 더욱 강화해야 합니다. 우리는 인구조사에서 어떤 데이터를 수집할지 선택하는 과정에 시민을 참여시키려 노력하고 있습니다."

한편 그는 거대한 '대조실험'의 일환으로 해외의 AI 인재를 국내로 끌어들이기 위해 애쓰며 다른 부처가 그 배턴을 넘겨받도록 하고 있다. 예를 들어 인프라개발부 장관은 새로운 고속도로 칼바 링 로드Kalba Ring Road 건설 프로젝트에서 AI를 사용할 경우 프로젝트 기간 54%, 연료 소비량 73%, 인력 의존성 80% 그리고 장비와 인력을 40% 감축할 수 있을 것으로 계산했다. 다시 한 번 정밀한 측정이 등장한 셈이다.

AI가 미래 국가 운영에서 그토록 중요해진다면 결국 AI부 장관직 자체도 대신하게 되는 것은 아닐까? 장관은 웃으며 대답했다.

"그래야만 합니다. 그럼 내가 성공한 셈이겠죠. AI는 자문관 역할을 하면서 장관에게 결정이 필요한 일을 가져올 겁니다. AI가 사람들의 요구사항을 훑어보고 정책을 추천하면 장관이 보고 결정하는 거지요. 분명 우리에겐 훨씬 더 효율적으로 일하는 장관이 필요하니까요."

———

비행기를 탈 때 꼭 공항에서만 체크인을 해야 할까?

———

모하메드 빈 라시드 정부혁신센터 입구에 있는 커다란 디지털 스크린은 다음과 같이 변혁을 위한 과학 공식을 보여주고 있다.

$$V \times D \times C \times S > R = Change$$

더 작은 글씨로 '변화 공식'의 핵심인 V는 미래 비전Vision, D는 현 상황에 보이는 불만족Dissatisfaction, C는 변화할 수 있는 능력Capacity, S는 내딛어야 할 첫 걸음Step 이해 그리고 R은 인지한 변화의 비용 또는 변화에 따른 저항Resistance이라고 설명하고 있다.

페퍼 로봇이 옆 건물에 있는 '미래 은행' 에미리트 NBD에 온 방문객을 반겼다. 근처에서는 젊은 에미리트 청년들이 정부가 제공하는 코워킹 스페이스 유스 허브Youth Hub에 앉아 노트북 컴퓨터로 일하고 있었다. 복도 바닥의 육상트랙 그림은 두바이 퓨처 액셀러레이터Dubai Future Accelerator 입구까지 죽 이어져 있었다. 두바이 퓨처 액셀러레이터는 전 세계 기술 스타트업과 정부기관을 연결해 관계를 구축하고 나아가 제품을 함께 개발하도록 해주는 9주간의 정부 지원 프로그램이다. 그 후원기관에는 두바이 경찰, 보건청, 에미레이트 항공 등이 있다. 별도 공간을 차지한 에미레이트 항공은 방문객을 반기는 패널에 가망성 없어 보이는 약속을 내걸고 있었다.

'내일 교량들이 지상 12km까지 날아오릅니다.'

정부 개선 작업에 몰두하는 근처의 또 다른 액셀러레이터는 좀 더 현실적인 도전을 설정해놓았다. 예를 들어 세계 최초라고 공표한 이 액셀러레이터 무리는 법무부가 소액재판을 3개월이 아닌 하루 안에 해결하도록 돕고 내각이 조례를 좀 더 신속히 입안하게 하고 있다.

총리 사무실에서 나온 왈리드 타라비는 나를 정부 액셀러레이터로 안내하며 서비스를 강화하고 집중 프로그램을 사용해 스타트업식 접근법으로 기업가와 정부를 이어주는 것이 자기 역할이라고 설명했다.

"우리는 문제 영역을 식별할 경우 액셀러레이터 내에서 100일간 도전을 시작합니다. 가령 주민들 사이에 실업 문제가 발생하면 적절한 사람을 적절한 곳에 배치하는 지도를 만들어 일자리를 찾아줍니다. 실제로 관련 팀이 1,000명에게 일자리를 찾아줬어요."

그는 내게 실행 속도가 핵심이라고 말했다.

"셰이크 모하메드께 우리에게 부족한 자원은 딱 하나, 시간이라는 것을 배웠어요. 그는 모든 것을 미룰 수 있지만 행복은 그렇지 않다고 했습니다. 정부의 역할은 시민을 행복하게 해주는 것이라고도 했죠."

'정부의 유효성Edge of Government'이라는 단기 전시회가 팀에 영감을 준 전 세계 프로젝트를 보여주고 있었다. 벽에 붙은 안내판에는 영국에서 고객의 자살 징조를 알아차리도록 이발사들을 훈련시킨 프로젝트를 묘사하며 이렇게 쓰여 있었다.

'과연 무엇이 이발사처럼 정부 서비스를 다시 생각해보게 만드는 인간 감지기 역할을 할까?'

당연히 이곳에도 그 이점을 수치화한 데이터가 들어갔다.

'53%의 남성이 자기 이발사에게 우울증이나 다른 정신병 같은 개인적인 문제를 털어놓는다.'

또 다른 전시물은 '요양 시설에 추억으로 가득한 현관을 재현할 수 있을까?'라고 묻고 있었다. 이 사례 연구는 미국의 어느 요양 시설을 계획할 때 환자들이 자라난 동네를 떠올리게 만드는 냄새와 소리를 설정해 환자들의 기억을 강화했다는 내용을 담고 있었다.

바깥으로 나간 타라비와 나는 커다랗고 하얀 구조물 안으로 들어갔는데 그곳은 세계 최초의 3D프린팅 건물이라고 했다(논란의 여지가 큰 주장이다). 현재는 수상쩍은 보안요원이 지키는 회의 장소로 쓰이지만 이곳은 미래 유형의 프로토타입이라 할 수 있다. 정부 조례에 따라 2030년까지 모든 새로운 건물의 4분의 1은 3D프린팅으로 만들어야 하기 때문이다. 2016년 셰이크 모하메드가 준공한 이 하얀색 구조물은 '미래형 사무실'이었다. 그곳에서 멀리 떨어지지 않은 미래 박물관의 일부도 3D프린팅으로 만든 특이한 타원형 구조물이다. 현재 공사 중인 미래 박물관도 부르즈 칼리파 호텔, 아틀란티스 호텔과 함께 두바이의 시각 아이콘으로 부상할 것으로 보이며 '혁신비'라는 이름의 새로운 국세로 자금을 대고 있다.

'미래'는 정부 대표들 사이에서 혁신만큼이나 인기 있는 단어다. 내가 볼 때 직원이 45명인 두바이 퓨처 파운데이션DFF, Dubai Future Founda-tion은 총리의 위대한 비전을 뚜렷한 결과로 내놓는 구세주 같은 조직이다. DFF는 독립적인 조직이지만 넓게는 정부의 대표적인 무기이기도 하다. 나는 도발적인 DFF의 CEO 칼판 주마 벨홀을 만났는데 그는 왜 우리가 비행기를 탈 때마다 공항에서 받는 스트레스를 견뎌야 하는지 큰 소리로 물었다.

"왜 두바이 전역이 공항이 될 수는 없는 걸까요? 왜 여행객은 체크인을 하려고 실제 공항에 가서 앉아 있어야 할까요?"

그가 상상하는 비전은 차 1대가 도시 어느 곳에서든 나와 내 짐을 태우고 뒷좌석에서 신속하게 여권을 확인한 뒤 곧바로 비행기로 향하는 방식이다. 적어도 나는 그가 퓨처 파운데이션이 해야 할 일은 우리 삶에 기이한 비전을 제시하는 것이라고 덧붙이기 전까지 이것을 그저 환상일 뿐이라고 생각했다. 그가 말했다.

"아이디어는 훌륭해요. 그렇지만 우리는 실행에 집중합니다."

DFF는 UAE의 '지식 기반 경제'를 촉진하기 위해 도전과제를 설정하고 자금을 지원하며 다양한 투자자를 유치한다. 예를 들어 우주기술과 탐사의 경우 '이 분야에서 세계 최고 국가들 사이에 자리하는 것'이라고 그 취지를 발표했다. 모하메드 빈 라시드 연구 가속화 센터 Mohammed bin Rashid Center for Accelerated Research로 불리는 이곳의 싱크탱크는 모하메드 빈 라시드 우주정착 도전과제를 위한 36가지 프로젝트에 자금을 지원하고 있다. 놀랍게도 55개국 200개 대학에서 260종의 연구제안서가 쇄도했는데 그중 '지속 가능한 우주 정착: 라바 튜브의 안정성 분석(퍼듀대학교)', '화성의 버섯: 인간생명 지원을 위한 서브 시스템(러트거스대학교)', '행성 내 이동성을 위한 화성 토착화학물질 연소(리버풀대학교)' 등이 채택됐다. 벨홀이 말했다.

"우리는 쉼 없이 움직이는 국가입니다. 국민과 세계를 위해 더 좋은 뭔가를 원하니까요. 우리는 스테이터스 쿠오를 좋아하지 않아요. 우리가 더 훌륭한 일을 많이 할 수 있다고 믿습니다."

목표와 성과 중심으로 운영하는 정부

그는 혁신이란 '인류에게 긍정적 영향을 미치는 동시에 지역에 이득을 주는, 아직 존재하지 않는 어떤 것'이라고 정의했다.

"프로젝트는 RoD, 즉 투자수익률을 지역 효과 주도로 변형한 '두바이 수익률Return on Dubai'을 필요로 합니다. 우리가 얼마나 많은 일자리를 창출하고 UAE에서 얼마나 많은 사람이 사업 혁신 측면에 참여하는지 보고 싶어요. 이에 따라 장기 이익과 효과 간의 결합을 측정하는 길고 복잡한 공식을 이용해 우리 영역을 표시하고 있습니다. 그런 다음 배짱 있게 위험을 감수하지요."

두바이는 목표와 측정 가능한 효과 그리고 그에 따른 프로토타입, 실험 등으로 정의하는 살아 있는 실험실이 되고 싶어 한다. 또 변혁 기술을 효율적으로 사용하길 원한다. DFF는 액셀러레이터 도전과제를 위해 이미 5,000개의 스타트업을 만나 122개 양해각서에 서명했고, 버진 하이퍼루프 원Virgin Hyperloop One 같은 회사와 블록체인 기업 콘센시스ConsenSys에 두바이 이전을 권하고 있다.

나는 하이퍼루프와 제트팩, 하늘을 나는 비행기를 만드는 외국계 스타트업을 유치하려는 UAE의 열정이 시민에게 주는 구체적인 혜택은 거의 없이 서사 위주의 PR로만 보일 수 있다고 조심스레 말했다. 그는 정중하고도 참을성 있게 답했다.

"우리는 진주를 거래하며 출발한 50년도 채 되지 않은 국가입니다. 인조진주 출시 이후 신의 가호와 신속히 움직인 지도층 덕에 석유를 발견했지요. 이제 우리는 더 이상 석유의존 국가가 아닙니다. 우리는 다각화했고 두바이를 금융과 관광 중심지로 만들 수 있음을 증명했어요. 그렇다면 왜 우리가 혁신허브는 될 수 없겠습니까? 우리의 열망은 여기에 있어요. 우리가 그동안 신속하게 움직여왔다는 사실은 우리에게 정말로 혁신적인 일을 할 권리를 부여해줍니다. 이 지역에서 우리가 더 필요로 하는 것은 민간 부문 신뢰고 우리는 그 혁신적인 스타트업에 투자하고 있어요."

벨홀은 UAE가 경제 능력에도 불구하고 스타트업 사고방식을 도입하려 한다고 강조했다.

"우리는 겸손하려고 노력합니다. 성과를 거두지 못해도 우리는 노력해야 하지요. 처음 시작할 때 사람들은 정부기관이 액셀러레이터의 일부가 되겠다는 우리의 생각을 비웃었어요. 그러나 우리의 리더들은 그 지시를 밀어붙이고 있습니다. 이건 과대광고가 아니라 눈에 보이는 구체적인 제품입니다."

그의 프로젝트 부대표 압둘라지즈 알자지리는 벨홀의 주장을 입증하는 일부 수치를 갖고 있었다. 그것은 시민의 정부 전략 승인기록, 경제 다각화를 입증하는 통계치, 여성의 권한이 늘어나 정부 부서의 3분의 1을 통제한다는 수치 등이다. 알자지리는 정부의 실행력이 더 기민해졌다고 덧붙였다.

"아이들이 여러 개의 다른 학교에 다닐 수 있으면 어떻게 될까요? UAE의 모든 학생이 수학은 이 학교에서 배우고, 저 학교에서는 수영장을 이용하며, 제3의 학교에서 미술을 공부하는 건 어떨까요? 전체적인 학교 시스템을 뒤흔들면 어떨까요? 이것이 우리가 말하는 '10배' 사고방식입니다. 고정관념에서 벗어나 10년 뒤를 내다보고 효과를 지금 산출해보세요."

나는 이 정부가 본질적으로 아마존이 되고 싶어 한다는 것에 대해 곰곰이 생각해봤다. 아마존은 사람들의 사용 방식을 측정해 꾸준히 개선하는 고객우선 기업이다. 나는 장관 보좌관들이 시민에게 봉사하기 위한 부서의 '원클릭 접근법', 고객 여정을 재설계할 필요성, 더 빠른 의사결정을 위한 실시간 데이터 분석의 중요성 등을 논의하는 것을 들었다. 이들은 혁신을 향한 발전을 측정하기 위해 국가의 맞춤형 아부다비 혁신지수를 연구하고 있다. UAE의 글로벌 혁신지수가 41위에서 35위로 올라갔다고 자랑스레 언급하기도 했다. 심지어 이들은 책임을 추궁하는 특별 내각부서까지 갖추고 있다.

총리 사무실에 기반한 이 부서는 정부 성과와 우수성 부국장 마리암 알 함마디가 이끄는데, 그녀의 임무는 모든 정부 부처가 스스로 얼마나 빨리 진전하는가를 아는지 확인하는 일이다. 그녀가 설명했다.

"우리에게는 국가와 국제 기준을 바탕으로 한 52종류의 국가 핵심 성과지표가 있습니다. 대기시간부터 행복까지 모든 것을 측정하지요."

연방기관들은 목표치를 넘어섰을 때 모하메드 빈 라시드 정부 우수성 상을 두고 경쟁한다. 그리고 목표를 달성하지 못할 경우 누가 지켜보고 있는지 깨닫는다. 그녀는 "셰이크 모하메드 아이패드에 있는 대시보드를 보여줄게요"라며 스크롤을 내렸다. 화면에는 '의료'와 '화합하는 사회' 등 6가지 국가 우선순위와 관련해 각각의 결과가 풍부한 데이터로 나타나 있었다. 셰이크는 각 우선순위의 국가 핵심성과지표와 현 상태, 2021년 목표, 고객만족 순위, '미스터리 쇼퍼' 결과, 국제 벤치마킹 대상, 개선 분야 등을 확인할 수 있다. 그녀가 내게 말했다.

"그는 장관들에게 직접 이메일을 보내 더 자세한 보고서를 달라고 요청할 수 있습니다. 아니면 회의를 열지요."

이 시스템은 정부기관 간의 경쟁을 유발하기 위해 설계한 것이다. 아직 로봇은 사용하지 않을까? 비용을 낮추기 위해 어떤 기술을 사용하고 있을까? 이들의 가차 없는 정밀조사는 케케묵은 사고방식으로 돌아가는 일을 막는다. 알 함마디가 말했다.

"6개월마다 목표 달성을 책임지는 모든 임원진, 즉 500명의 직원이 우리와 전하께 국가 의제와 관련해 자신들의 성과를 발표합니다. 우리는 그들을 위해 이정표를 세우죠. 가장 영향력이 큰 지표에 우선순위를 두도록 시나리오를 설정하는 겁니다. 그냥 내버려두지 않아요."

나는 정부의 혁신학위 과정 팀이 주최하는 워킹 런치에 초대를 받았다. 이 과정은 영국 네스타NESTA(예전의 국립 과학기술예술재단National Endowment for Science, Technology and the Arts)와 캠브리지대학교가 정부 전반에 변화 문화를 정착시키기 위해 설계한 3년 과정의 시간제 프로그램으로 현재 53명의 행정 직원이 일하고 있다. 임페리얼컬리지 경영대학원에서 파견한 2명의 교수가 토의를 이끌고 각 부에서 나온 45명의 CIO가 여기에 참여하고 있었다. 이들은 규제기관이 더욱 기업처럼 행동하는 방법을 다뤘고 최근 'UAE 혁신의 달'이 거둔 성공, UAE 해커톤('행복을 위한 데이터'가 주제였다), '세계에서 가장 혁신적인 국가'가 되기 위한 제안을 뒷받침하는 최고의 방법에 대해서도 이야기했다. 이들이 채택한 대표적인 제안은 오수를 재활용해 공공 정원을 가꾸는 내용이었다.

그러한 발의가 정부 내부의 문화를 바꿔놓는다는 데는 의문의 여지가 없다. 내가 만난 장관과 고위직 정부 관료는 모두 의욕이 넘치고 헌신적이었으며 깊은 인상을 주었다. 그러나 최고의 국제 스타트업과 창의적인 기술 영재를 끌어 모으겠다는 국가 전체의 야망에 나는 잠시 멈칫했다. 내 경험상 사고방식이 자유로운 기업가는 개인의 자유를 존중하는 문화에서 번창하는 경향이 있다. 이것은 공개 발언과 동성연애자임을 자유로이 밝힐 수 있는 사회 구조를 포함한다. 자유 표현을 제한하는 통제국가가 성공적인 기술허브를 세우려 할 경우 그 효과는 대체로 제한적일 수밖에 없다. 나는 실패로 돌아간 러시아 모스크바의 스콜코보Skolkovo 혁신센터를 떠올렸다. 아랍에미리트는 대세를 거스를 수 있을까?

50개는 남자용, 50개는 여자용, 나머지 1개는 코미디언용

지난 몇 년간 두바이를 22차례 방문한 샌프란시스코의 디자인 회사 IDEO의 최고크리에이티브책임자 폴 베넷이 말했다.

"2년 전에 같은 질문을 했다면 당연히 안 된다고 했을 겁니다. 그러나 지금은 무조건 '예스'라고 답하겠어요. 나는 회의적인 입장에서 완전한 믿음으로 돌아섰습니다."

그는 '날아다니는 차'의 이면을 자세히 들여다봐야 한다고 했다. 이것이 생태계를 새로 창출하는 창조 문화와 세계 선두에 서겠다는 진지한 헌신을 심어준다는 것이었다.

"아랍에미리트는 흥미로운 창조 문화의 모든 기반을 갖추고 있습니다. 인습을 타파하는 창조성, 놀이 문화 허용, 젊은이들의 기회 인식 같은 것이죠. 그리고 그 이면에는 돈이 있고요. 지도층은 지금이 적기라는 걸 알고 있습니다. 이를 망치고 싶지 않을 겁니다."

셰이크의 팀은 IDEO의 고전적인 도전과제로 베넷에게 접근했다. 국가를 인식하는 방식을 어떻게 바꿀 수 있는가? 베넷은 어떻게 하면 중동 젊은이들 사이에 퍼지고 있는 급진주의의 호소력을 무력화할 수 있는지 질문을 받았다. 그는《야자나무와 삼나무The Palm tree and the Redwood》라는 동화책을 써서 이에 응답했다. 그것은 폭풍우가 몰아치는 와중에(ISIS를 떠올려보자) 사막에 숲을 만들어 응수한 두 나무 이야기였다.

그 프로젝트에서 탄생한 것이 바로 '팜우드Palmwood'다. 팜우드는 IDEO와 UAE 정부 간의 조인트벤처로 일종의 프로젝트 디자이너, 창의력 조력자, 사회적 실험실이다. 이들은 교육과 창조경제 등의 분야에서 소위 '너그러움, 호기심, 창의성'을 구축하기 위해 정부 안팎의 사람들과 함께 일하고 있다. 또 9~14세 아이들을 대상으로 사회 개선 워크숍을 열기도 한다. 어떤 워크숍에서 13세의 므사엘은 재활용품으로 지은 집을 설계했고 14세의 바스마는 토성을 정복하는 로켓을 상상했다. 베넷이 회상했다.

"바스마는 우주선에 방 101개를 만들었습니다. 50개는 남자용, 50개는 여자용, 나머지 하나는 코미디언용이었죠. 우리는 미래에 어려운 대화를 나눠야 할 테고 그때 웃음을 잃지 않는 것이 중요하기 때문이라고 하더군요. 그렇게 우리는 근본주의와 싸워야 합니다. 우리에겐 그 아이 같은 사람이 3만 명 필요합니다."

정부는 5년간 팜우드에 자금을 지원하는 한편 가장 젊고 똑똑한 정부 인재를 파견하겠다고 약속했다.

"5년 내에 속도와 기민성을 갖춘 정부의 행동 방식이 이 나라의 주요 전문기술이 되었으면 좋겠습니다. 아랍에미리트는 중동의 다른 국가에 프로토타입이 될 겁니다."

하지만 이 나라의 행정 전문성과 아이들의 즐거운 이상주의는 일부 어색한 정치 현실을 인식하지 않고는 이름을 온전히 높일 수 없을 것이다. 전 세계 창의적인 인재와 기술인재를 위한 횃불이 되고 싶다는 UAE의 야망은 이 정부가 저항으로 보이는 것을 계속 탄압하는 이상 이루기 어렵다. 인권단체들은 정권에 위협적인 행동이나 SNS 활동을 하는 인사, 외국인 노동자, 관광객들을 고문하고 임의로 억류한다는 반복적인 보고를 연대순으로 기록하고 있다. 가령 앰네스티 인터내셔널은 구타, 전기충격, 수면 박탈이 UAE 교도소의 '일반적인' 학대 중 하나라고 열거하고 있다.

일부 정부 비평가는 미래 중심 혁신과 현재의 관용 부족은 조화를 이루기 어렵다고 지적했다. 나는 방문 이후 정부와의 충돌로 구속되고 해외로 망명을 떠나야 했던 현지 작가를 만났다. 신원을 밝힐 수 없는 그 작가가 내게 말했다.

"정부는 미래 기술을 강조함으로써 젊은이들이 더 어려운 질문을 하는 것을 막고 있어요."

(정치적 권리가 없는) 외국인 노동자가 가정을 꾸리면서 그 자녀들은 점차 자신이 어떻게 지배받고 있는지 더 많이 표현하고 싶어 한다. 작가는 이 점이 통치자들을 불안하게 만든다고 지적했다. 그가 말했다.

"인구통계학 관점에서 이 혁신은 지속 불가능합니다. 1960년대 에미리트 인구는 30만 명이었어요. 이제는 1,000만 명이고 그중 90%는 시민이 아닙니다. 2050년까지 그 비율은 96%가 될 겁니다. UAE에서 태어나는 다음 (비시민) 세대는 더 큰 기대를 품을 거고요. 단순히 뭔가를 효율적으로 만드는 것만으로 '혁신'이 이 지속 불가능성에서 벗어날 수 있을까요?"

국무부와 미래부 국장인 아트라프 셰하브는 이전에 혁신에 관한 모든 종류의 과장 광고를 들어왔다. 그는 웃으며 말했다.

"에미리트를 방문해 무작정 달려드는 야심가, 따라쟁이나 척하는 사람들도 만나봤나요? 그들은 내게 문자 보내는 걸 그만두지 않을 겁니다. 나는 도와주겠다고 말하는 사기꾼과 해적을 아주 많이 봤어요."

2005년부터 미래 정부 전략을 담당해온 셰하브는 비뚤어진 접근법도 많이 보아왔다.

"우리는 다른 회사 것을 복사해서 붙여 넣는 것은 별로 효과가 없다는 걸 배웠습니다. 특화와 개선이 필요했지요. 문화를 바꿀 필요가 있었는데 그게 얼마나 어려운지 나는 미처 몰랐어요. (정부 내) 모든 사람이 한 배에 타도록 만들기까지 10년이 걸렸습니다. 모두가 한 배에 오르지 못했고 누군가는 의구심을 보였지요. 각 팀에 업무를 추진하는 강한 리더가 하나씩 있는 것이 도움이 됐어요."

그 외에 또 무엇을 배웠을까?

첫째, 최고 모범사례를 찾으러 세계를 돌아다니는 것은 그 지식을 사용자 중심 서비스에 적용하지 않는 이상 그다지 의미가 없다는 점이다. 팀은 에스토니아(7장 참조), 캐나다, 싱가포르, 영국에서 '스마트 정부'를 연구했으나 그 활용률은 두바이 나우Dubai Now라는 유용한 소비자 앱에 반영한 후에야 높아졌다. 이 앱은 거주자가 애플의 시리 같은 라시드Rashid의 도움을 받아 자동차등록 갱신과 수도세를 납부할 가장 가까운 ATM 검색 등 50개 이상의 정부 서비스에 접근하게 해준다. 또 주차비 납부, 지하철표 구매, 매일의 기도시간을 찾는 데도 이 앱을 사용할 수 있다. 심지어 이 앱은 지진 경고를 보내기 위해 진동도 모니터링한다.

둘째, 여러 부서가 프로젝트에 몰입하게 하려면 그들 간에 건전한 경쟁을 장려해야 한다는 것이다. 두바이 나우는 법원과 보건당국 등에 데이터베이스를 제공해달라고 요청했다. 그리고 한 조직이 이에 응할 때마다 공개적으로 알렸다.

셋째, 성공적인 계획은 목표 설정과 발전을 측정하는 것으로 귀결된다는 점이다. 예를 들어 UAE 비전 2021 전략은 도시 관광의 12%

는 자율주행 무인 시스템으로 이뤄져야 하고 대중교통이 모든 여정의 20%를 차지해야 한다고 규정하고 있다. 그 구체적인 목표가 주어졌을 때 각 관련 기관은 각자 개선계획을 발표해야 했다. 셰하브가 말했다.

"우리는 미래의 10년을 넘어 50년까지 생각합니다. 갈수록 아득해 보이겠죠. 그러니 한 걸음, 한 걸음 나아가야 합니다. 우선 꿈이 있어야 합니다. 꿈을 꾸는 것은 필요조건입니다. 사람들이 돈을 주고 관여할 차별적인 콘셉트를 팔려면 영감을 받아야 하지요. 그다음으로 관련성 있게 만들어야 합니다. 생태계를 잘 활용해 비전을 실질적인 계획과 사업모델로 바꿔놓을 필요가 있어요. 미래는 사업모델에 달렸으니까요. 이는 단순히 근사한 사고방식이나 대세를 파악하는 것과는 다릅니다. 두바이는 석유 산업에서 벗어나 다각화하는 것에 가까스로 성공했어요. 이제 우리가 장기적으로 어디에서 놀 것인지 보여줄 차례입니다."

최고의 모범사례는
아무 소용없다

▼

당신이 석유 덕에 어마어마한 부를 축적한 무소불위의 세습군주라면 이 부
분은 그냥 넘어가도 좋다. 하지만 그게 아니라면 UAE의 지속적인 변화가
주는 다음의 몇 가지 교훈을 참고해보자. 변화에 직면한 여러 기업에 적절
한 내용이다.

1. 커다란 비전을 갖고 시작한다. 그리고 이를 성취하기 위해 매력적인 이
   야기를 들려준다. 두바이 퓨처 파운데이션의 COO 노아 라포드는 자신
   들의 역할이 '몰입해서 엄격하게 상상할 수 있는 미래'를 만드는 것이라
   고 말했다. 그는 빅토르 위고의 말을 인용했다. "사사로운 꿈을 꾸지 마
   라. 그 꿈엔 인간의 영혼을 뒤흔들 힘이 없으니까."

2. 구체적인 프로토타입에 담긴 힘은 심오하다. UAE 지도층은 눈에 보이
   는 상징을 만들어내는 것에 집중한다. 3D프린팅 사무실, 경이로운 건축
   물인 미래 박물관은 계획에 따른 변혁의 구체적인 형상화다.

3. 기업의 중심 지도층은 장기 변화를 확실히 약속하면서 서로 엇갈리는 이
   해관계를 조정해야 한다. UAE는 지도층의 엄격한 계층 특성으로 인해

모든 정부 부서가 일의 우선순위를 알고 있고, 상사가 기대하는 것에 어떠한 의심도 품지 않는다.

4. 세분화한 목표와 핵심성과지표가 있으면 진전을 모니터링하고 도전을 초기에 해결하는 것은 물론 투자자가 서로 경쟁할 필요성을 느낀다. 측정과 목표 설정 문화를 조성하자.

5. 자신의 차별화 특성을 발견한다. 두바이는 절대 실리콘 밸리가 될 수 없겠지만 규제기관은 자율주행차나 비행택시처럼 새로 등장한(법 제정 전) 기술을 지원하는 데 이례적일 정도로 스타트업 친화적이다. 규제의 유연성은 UAE가 큰 성공을 거둘 가능성이 있는 신사업과 협력하도록 이끌고 있다.

6. 인재들이 자유롭게 의견을 제시하도록 격려하는 내부 시스템을 만든다. 아트라프 셰하브가 말했다. "우리에겐 누구나 아이디어를 낼 수 있는 다양한 시스템이 있습니다. 아이디어는 엄청난 동기를 부여하지요. 자신의 아이디어가 현실화되는 것을 볼 때 이는 궁극적인 만족을 안겨줍니다."

7. 다른 곳에서 어떤 일이 벌어지고 있는지 꾸준히 탐색한다. UAE의 총리 사무실에는 무언가를 놓치고 있는 것은 아닌지 지속적으로 정찰하고 판독하는 팀이 있다.

7장

전 세계에서
유니콘 스타트업이
가장 많은 나라

PLATFORM

세계 최초! 국경 없는 국가를 만들다

에스토니아 탈린의 외곽에 있는 옛 종이공장에서 31세의 공무원 카스 파르 코르유스는 자신이 어떻게 발트해 연안에 자리한 고향 에스토니 아공화국을 앱스토어로 바꿔가고 있는지 설명했다.

구 소비에트연방에 속했던 에스토니아는 스위스와 비슷한 크기의 북유럽 국가로 인구 130만 명이 거주한다. 핀란드만 건너편으로 헬싱 키, 상트페테르부르크와 마주보고 있고 섬이 2,222개에 달하는 이 나 라는 몇 세기 동안 덴마크·스웨덴·독일·러시아의 침입을 받았다. 코 르유스는 디지털 생활이 보편화한 지금은 더 이상 모국의 야망이 실 제 지리학상의 경계 안에만 머물 필요가 없다고 생각했다. 그의 바람 은 그 나라에 살지 않는 외국인 수백만 명에게 신분증명서를 발급하 고 멀리서도 그곳에 회사를 등록할 수 있도록 도와 에스토니아를 세 계 최초의 국경 없는 나라로 만드는 것이다.

우리가 탈린 공항(공항 웹사이트에 '세계에서 가장 큰 공항은 될 수 없겠지 만 가장 편안한 공항이 되겠습니다'라고 쓰여 있다)에서 도보로 20분 거리에 있는 타르투 거리의 에스토니아 전자시민권 허가사무소에서 만났을 때 코르유스는 이렇게 설명했다.

"민족국가는 인류 역사 수백만 년 가운데 고작 몇백 년 동안 존재해왔습니다. 국가는 아주 최근에 생긴 개념이지요. 따라서 국경이 사라지는 건 불가피한 일이에요.”

그는 각국이 서비스의 질과 범위를 바탕으로 글로벌 시민의 애국심을 얻고자 경쟁할 것이라고 전망했다. 사업, 의료, 디지털 교육, 금융 등 필요에 따라 나라를 택할 것이라는 얘기였다. 특히 효율적으로 작동하는 국가가 실제로는 그곳에 살지 않는 고객의 세계적인 기반을 유치한다면 경제 전체가 바뀔 수 있다. 코르유스가 물었다.

“이웃국가의 부가 그곳에 실제로 사는 사람들이 아니라 얼마나 많은 사람이 그 국가의 서비스를 사용하고 싶어 하느냐에 달려 있다면 굳이 그 국가를 정복할 필요가 있을까요?”

에스토니아가 찾아낸 답은 온라인 신청으로 모든 세계인을 디지털 주민, 즉 ‘E-주민’으로 만드는 것이다. 100유로(약 13만 원)의 수수료와 여권 스캔본, 사진만 등록하면 그만이다. 전자시민권을 확정받기 위해 에스토니아를 실제로 방문할 필요 없이 20분이면 절차가 끝난다. 그다음에는 몇 주 후 거주국 대사관이나 공인된 수령 장소에 가서 지문을 등록하고 디지털 신분증, 국가 시스템에 접속 가능한 신분증판독기, 두 자릿수 암호를 받으면 된다. 물론 전자시민권이 있어도 여권 발급과 입국, 실제 거주를 보장받을 수 없고 여전히 거주국에 개인세금을 납부해야 한다. 그러나 18세 이상이고 전과가 없는 사람이면 누구나 에스토니아에 회사를 세워 유럽공동체 역내 시장에서 전 세계와 거래할 수 있다. 상업적 금융 서비스를 이용하는 것은 물론 사업체를 원거리에서 경영하는 것이 가능하며 지역 공공 서비스에 접근할 수도 있다. 이 모든 것은 지금까지 주로 오일셰일Oil Shale (석탄·석유 산출 지역에 널리 분포하는 흑회색 또는 갈색 수성암 - 옮긴이)과 목재, 공업기계에 크게 의존해온 국가에 대단한 소식이다. 컨설팅 기업 딜로이트에 따르면 전자시민권 프로그램은 2025년까지 에스토니아에 순수 직접금융 수익 3억 4,000만 유로(약 4,450억 원)를 안겨주고, 그때까지 전자시민권의 경기부양으로 발생한 18억 유로(약 2조 3,600억 원) 중 일부는 국가경제에 기여할 것으로 예측하고 있다.

2018년 10월까지 4만 5,000명이 에스토니아 전자시민으로 등록했는데 주로 핀란드, 러시아, 우크라이나, 독일, 미국 사람들이었다. 코르유스의 사무실에서는 파란색과 하얀색의 네온사인이 우리가 'E-에스토니아에 입국하고 있음'을 알렸고 책상 한구석에는 주별 등록건수가 적혀 있었다. 44주 차에 우크라이나 169건, 인도 83건, 터키 625건, 영국 158건이었다. 그러나 이 프로젝트의 총괄국장 코르유스는 더 큰 야망을 품고 있었다. 그는 일단 1,000만 명이 등록하면 에스토니아는 전자시민에게 넷플릭스처럼 가입비를 거두고 소득세를 완전히 폐지할 수 있을 것이라고 말했다. 만약 1,000만 명이 전자시민 가입을 유지하기 위해 매년 100유로씩 내면 유용한 10억 유로(약 1조 3,100억 원)가 생겨난다.

"그 세수를 계속 유지할 수 있을 거라고 가정할 필요도 없습니다. 어쨌든 민족국가도 생긴 지 고작 몇백 년에 불과하니까요."

내가 세금 폐지를 주장하는 정부 공무원을 본 것은 그가 처음이다. 그러나 코르유스는 평범한 공무원처럼 이야기하지 않는다. 우선 그는 자국을 자체 글로벌 고객 기반을 보유한 '앱스토어' 관점에서 묘사한다.

"나는 이보다 더 좋은 국가 수익 기회를 본 적이 없습니다. 국경을 없애면 우리가 이미 제공하는 서비스의 고객수가 몇백 배 늘어납니다."

그는 일단 에스토니아가 전자시민 수백만 명을 보유할 경우 민간기업과 다른 정부가 이들에게 추가 서비스를 제공하기 위해 경쟁할 것이라고 했다. 오늘날 애플의 앱스토어에서 개발자들이 그러하듯 말이다. 상파울루나 소피아에 기반을 둔 기업고객은 전자시민권 스토어로 변호사를 구하고 전 세계 증권거래소는 이를 활용해 거침없는 투자와 주주투표를 제공할 수 있다. 그리고 에스토니아는 애플이나 구글처럼 모든 거래의 일정 비율을 수수료로 청구한다. 돈을 버는 기막힌 방법이 아닌가.

전자시민권을 주류로 올려놓은 계기는 에스토니아 개발재단Estonian Development Foundation이 주최한 2014년 대회에 있다. 이는 '나라의 경제 발전과 더 높은 생활수준을 이끌어낼 아이디어'를 찾는 자리였다. 당시 국가 최고정보관리책임자 타비 코카와 현 최고정보관리책임자 심 시쿠트, 내무부 장관 루스 아너스는 '2015년까지 에스토니아 전자시민 1,000만 명 달성!'이라는 제목의 합작제안서를 제출했다. 이들은 이 프로젝트가 더 많은 외국인 사업가와 투자자, 과학자, 교육자를 국가 경제로 끌어들여 에스토니아의 국제경쟁력을 강화할 수 있을 것이라고 주장했다. 이 제안서는 2만 4,000유로(약 3,100만 원)의 상금을 수상했고 대학졸업 후 통신회사 텔리아소네라TeliaSonera에서 근무하던 코르유스는 이 개념의 발전을 위해 정부장학금을 받고 프로젝트에 합류했다.

프로젝트는 끊임없이 발전했다. 초기 예산으로 30만 유로(약 3억 9,000만 원)를 배정받았는데 대개 에스토니아 기업청에서 파견을 나온 일부와 경제부에서 온 작은 팀이 법률 체계를 구성하고, 파트너를 찾고, 홍보하는 일에 착수했다. 은행에 접근하거나 규제기관의 자문을 얻기도 했다. 2014년 12월 1일까지 에스토니아는 첫 전자시민을 환영할 채비를 모두 갖췄다. 바로 영국 저널리스트이자 당시 대통령 투마스 헨드릭 일베스의 친구인 에드워드 루카스였다. 루카스는 원거리에서 회사를 설립하고 디지털로 서명하는 것이 가능했다. 또 온라인뱅크를 사용하고 에스토니아에 소득을 신고하며 심지어 디지털로 완료한 의료처방전을 받을 수 있었다.

항공사 마일리지 카드와 함께 전자시민신분증이 있으면 즐거운 대화 소재거리는 될 법하다. 독일 앙겔라 메르켈 총리와 프랑스 에마뉘엘 마크롱 대통령 그리고 영국 앤드루 왕자도 하나씩 갖고 있으니 말이다. 하지만 나는 여기에 가입했을 때 진정 이득이 있는지 궁금해 코르유스에게 전자시민권의 요점을 설명해달라고 부탁했다.

"당신이 어디에서 왔는지에 따라 다릅니다. 당신이 EU 외 국가 출신이면 EU의 사업환경에 속하고 싶어 할 수도 있습니다. 유럽 규제 환경의 일원으로서 고객에게 송장을 보낼 수 있으니까요. 인도나 우크라이나 같은 신흥시장에서 왔고 전 세계로 제품과 서비스를 팔고 있다면 페이팔이나 금융 서비스를 누릴 수 있습니다. 미국달러나 일본 엔화로 돈을 받을 수도 있어요. EU 내에서 왔을 경우 당신은 행정비용을 최소화하고 싶은 프리랜서일 수도 있습니다. 계약서를 디지털로 발행하고 멀리서 당신의 사업을 경영하는 거지요."

예를 들어 내가 무능력한 정치 지도층으로 인해 몰락한 옛 유럽의 섬나라에서 온 작가라면 혜택을 누릴 수 있을까? 코르유스는 살짝 미소를 지으며 말했다.

"온라인 접수에 20분이 걸립니다. 그리고 런던 대사관에서 신분증을 수령하면 됩니다. 영주권을 받는 데는 한 달이 걸리고 회사를 세우고 은행계좌를 여는 데는 하루가 걸려요."

가상사무실 서비스는 꼭 필요한 지역 주소를 제공하며 핀란드의 홀비Holvi 같은 스타트업 은행은 계좌를 열기 위한 일반적인 옵션에 속한다. 혹시 전자시민으로서 의무가 있을까?

"아직 그런 건 없습니다. 권리도 의무도 없어요. 지금은 그저 디지털 신분이니까요."

나는 코르유스의 부서가 여전히 큰 야망을 포부로 삼고 있는 초기 단계 스타트업임을 떠올렸다.

정부의 모든 기능을 디지털로 바꾼 '호랑이의 도약'

현대 에스토니아의 국정운영 기술을 결정지은 것은 1944년부터 이어진 소련의 탄압 지배였다. 1991년 마침내 독립한 이 나라는 미래의 어떠한 러시아 침공에서도 신생국가를 지켜내겠다는 결단을 내렸다. 그러나 소련 지배로 경제가 낙후된 에스토니아의 새 정부는 국가 재건에 필요한 자원이 부족했다. 1990년대 정부 기술자문관으로 현재 에스토니아 전자정부 아카데미 프로그램의 디렉터로 근무하는 리나르 비크가 회상했다.

"우리에겐 3가지 선택지가 있었습니다. 공공 서비스의 일부를 중단한다, 형편없는 공공 서비스를 계속 제공한다, 공공 서비스 제공 방식을 급진적으로 재설계한다는 게 그것이죠. 우리는 전통에 도전했고 공공행정을 재고하는 데 기술을 사용했습니다."

에스토니아는 디지털 도구를 사용해 모든 정부 기능을 운영해야 한다고 합의했다. 만약 러시아가 다시 간섭한다면 이 나라는 적어도 국경 너머 어딘가에 데이터 로그를 보존해둘 수 있을 것이었다. 또 정부 부처 운용에 저렴하면서도 안정적인 최신 인터넷 프로토콜을 이용할 수 있었다. 비크는 "적합한 IT 메인 프레임 시스템을 살 돈이 없던 당시 독립한 것이 행운이었다"라고 말했다. IT에 편성한 국가예산은 약

400만 달러였는데 이는 각국 정부가 일반적으로 구입하는 대형 IBM 메인 프레임 컴퓨터를 사기엔 부족했다.

"하지만 400만 달러면 4만 대의 개인용 컴퓨터를 살 수 있었습니다. 이것으로 유일하게 실제로 작동하고 무료였던, 통신규약(컴퓨터 사이의 접속 오류를 최소화하고 정보를 원활하게 교환하기 위해 미리 정한 규약-옮긴이)을 갖춘 옛 소련 구리선 기반 인프라에 연결했습니다. 바로 인터넷이었죠."

에스토니아 디지털 변혁의 국부國父로 여겨지는 비크는 티그리후페 Tiigrihüpe('호랑이의 도약') 프로젝트의 중심이었다. 티그리후페 프로젝트는 1996년부터 모든 에스토니아 학교에 컴퓨터를 설치하고 인터넷을 연결하는 작업에 착수했다. 그는 룩@월드Look@World 재단에 자문을 해주고 10만 명이 넘는 에스토니아인을 대상으로 인터넷을 가르쳤다. 나아가 정부가 세계 최초로 장관들이 직접 참석하지 않고 종이 없이 웹 기반 내각회의를 열도록 도왔다.

이는 국가의 재출발을 도모하는 신나는 일이었다. 한정된 자원은 오히려 더 크게 생각할 기회를 주었다. 처음 발행한 유효기간 10년 짜리 에스토니아 여권이 2001년 만료되면서 정부는 모든 국민에게 안전한 디지털 신분증을 발급해주기 위한 준비에 들어갔다. 지금은 130만 개 카드가 X-로드X-Road라는 이름의 분산 데이터 교환으로 5만 2,000개 이상의 조직에 연결되어 있다. 에스토니아는 X-로드가 재산권 이전, 주차비 납부, 출생신고 등 모든 것을 단순화하면서 국민과 정부가 연간 800시간을 절약하고 있다고 주장한다. X-로드는 '단 한 번'

이라는 원칙을 기반으로 한다. 하나의 목적을 위해 단 한 번 정보를 제공하면 그 외 다른 정부기관에서 다시는 곤란을 겪지 않는다는 의미다. 비크가 말했다.

"우리는 모든 이에게 디지털 신분증을 발급했습니다. 나는 은행이 비싼 장비를 들여 자체 디지털 인증 방식을 구축하지 않고 정부가 만든 인프라에 의존할 것이라고 확신했지요. 그리고 그들에게 이것이 미래라고 설명했습니다. 은행은 만약 정부가 그 뒤를 받쳐준다면 믿을 수 있다고 말했죠. 그 뒤 행정부 사람들이 이를 사용하기 시작했고 디지털 서류는 점차 합법이 되었어요. 10년 동안 문화 전환을 이뤄낸 것입니다."

에스토니아는 2000년 세무신고서를 디지털화했고 2005년에는 온라인 투표를, 2008년에는 모든 환자에게 전자 의료기록을 실시했다. 오늘날 국민이 실제로 참석해야 하는 유일한 정부 관련 서비스는 결혼과 이혼, 부동산 거래뿐이다. 원칙적으로 국민은 자신의 모든 정보를 소유하며 출입국사무소와 의사, 다른 정부 공무원이 그 정보에 접근할 때마다 그것이 기록으로 남는다. 또 거주지에서 접속이 가능하도록 무료 와이파이 네트워크를 설치했고 정부 데이터를 위해 세계 최초로 '데이터 대사관'도 설립했다. 데이터 대사관은 에스토니아의 사법권 아래 강력한 보호를 받는 백업서버로 문자 그대로 에스토니아는 '클라우드 국가'다.

전자시민권은 디지털 우선 문화에 기반하고 있다. 〈와이어드〉의 부편집장 벤 해머슬리는 2015년 초창기 전자시민 중 1명으로 에스토니아를 '세계에서 가장 발전한 디지털 사회'라고 평가했다. 이는 다른 국가들이 무언가를 배우기 위해 비크의 사무실로 계속 사절단을 파견하는 이유이기도 하다. 비크는 자신이 "전 세계 정부와 15년 동안 일해왔다"고 말했다.

"나는 다음에 올 커다란 변혁은 민족국가 그 자체일 거라고 강하게 믿습니다."

그는 효율적인 서비스를 제공할 역량이 부족한 일부 아프리카 국가를 언급하며 이들이 세관이나 항공교통관제 같은 서비스를 다른 나라에 위임할 수도 있다고 했다.

"우리는 민족국가를 플랫폼으로 볼 필요가 있어요. 앞으로 우리가 내려야 할 유일한 결정은 그 플랫폼이 안드로이드 혹은 iOS처럼 어디에 생길 것이냐 하는 문제일 겁니다."

이는 앱스토어가 어디서든 개발자들이 소프트웨어를 유통하는 플랫폼 역할을 하는 것과 마찬가지다. 그러면 민족국가 그 자체가 급진적인 변혁의 주체일 것이라는 생각이 맞을까?

사실 고정된 국경으로 규정한 국가 개념은 디지털시대에 점차 설득력을 잃고 있다. 물론 세계는 여전히 1648년 맺은 베스트팔렌 조약에 따라 움직인다. 베스트팔렌 조약은 영토국가의 주권에 관한 원칙을 수립했고 1차 세계대전 이후 민족자결권 합의로 더 강화됐다. 그럼에도 불구하고 기술은 그 원칙을 바꿔 나가고 있다. 무제한에 가까운 초국가적 자본 흐름, 탈중앙화한 정보 네트워크, P2P 전자화폐 등이 가능한 오늘날 이 구닥다리 체계가 여전히 의미 있게 존속할 수 있을까? 전통 정부는 '탈脫민족주의' 성향의 이슬람 전투부대가 전쟁을 벌이고, 조兆 단위로 매출을 올리는 초국가적 기술 기업이 어디서 어떻게 세금을 낼지 결정하는 세상에 적응할 수 있을까?

한편 국가 정치권력은 약화한 국제기구, 터키와 베네수엘라 등 권위주의 국가의 몰락, 대규모 난민 이주 그리고 그 정의의 기준이 인종이든 지역 문화든 다시 고개를 드는 부족주의로 훼손되고 있다. 어쩌면 에스토니아인은 미래를 향해 나아가고 있는 것인지도 모른다.

영국계 인도 작가로 《국가 이후After Nations》를 쓴 레이나 다스굽타는 이렇게 말했다.

"20세기에는 대체로 정치, 경제, 정보가 진정 '딱 맞아떨어지는 점'이 있었습니다. 모두 국가 단계에서 체계화되어 있었으니까요. 중앙정부는 현대 경제와 이데올로기 에너지를 관리하고 이를 인간의 목적, 가끔은 유토피아적 목적으로 돌릴 실제 권력을 쥐고 있었지요. 이제 그런 시대는 끝났습니다. 수십 년에 걸친 세계화 이후 경제와 정보는 중앙정부의 권한을 넘어설 만큼 성장했어요. 오늘날 지구의 부와 자원 배분은 그 어떤 정치 메커니즘으로도 거의 논쟁할 수 없죠."

리나르 비크의 생각처럼 민족주체성은 그저 개인 정체성의 또 다른 선택 측면으로 남을 전망이다. 이는 우리의 여권이 유태인임을 밝히거나 스와힐리어 사용을 선택하는 것에 영향을 미치지 않는 것과 마찬가지다. 그가 곰곰이 생각하며 말했다.

"애국심은 바뀝니다. 나 역시 종교 정체성을 따를 수도 있고 어느 국가의 일원이 될 수도 있어요. 민족국가 경험은 종교단체의 일부가 되는 것처럼 느껴질 수도 있습니다. 그렇지만 국가의 근본적인 기능, 이를테면 관세, 국경경비, 세금, 유치원 등록 시스템, 학교의 디지털 콘텐츠 같은 것은 다른 민족국가에 위임할 수 있어요. 어떤 앱으로 대중교통 스케줄을 확인할 것인지는 중요하지 않잖아요."

우리가 지리적으로 어디에 살고 있든 우리는 자신의 욕구를 이해하고 디지털 서비스를 자동으로 제공하는 책임감과 직관력 있는 정부를 원할 것이다. 이는 초기 인터넷 문화를 형성한 형태문학 '사이버스페이스 독립선언문Declaration of the Independence of Cyberspace'이 만들어낸 지정학적 발전이다. 사이버스페이스 독립선언문은 1996년 전자프런티어재단Electronic Frontier Foundation의 창립자 존 페리 발로가 쓴 것으로 이렇게 시작한다.

"산업화한 세계 정부, 당신은 살과 쇠로 만들어진 지친 괴물이다. 나는 새로운 마음의 고향 사이버스페이스에서 왔다."

발로는 열여섯 단락의 글에서 대부분 미국의 규제기관을 성토하며 우리의 온라인 정체성은 전통 정부의 제재 범위를 넘어설 것이라고 주장한다. 그는 다음과 같이 썼다.

"사이버스페이스는 거래, 관계, 생각 자체로 이뤄져 있다. 우리의 세계는 모든 곳이자 아무 곳도 아니며 몸이 살고 있지도 않다. 당신은 우리에게 환영받지 못한다. … 우리가 모인 곳에는 통치권이 존재하지 않는다."

국가 주도 암호화폐 발행으로 투자를 유치하다

카스파르 코르유스는 미래 정부가 자신의 어린 아들 루푸스와 상호작용할 방식과 관련해 급진적인 비전을 세우고 있다. 태어나자마자 개인 신분번호를 받은 루푸스는 자동으로 어린이 의무 건강검진을 받고 그의 부모는 유급휴가를 보장받는다. 학교에서는 디지털로 숙제를 제출하고 점수를 받는다. 그러나 루푸스의 기회가 변화하는 것은 어른이 되어서다. 그는 아프리카 보스와나에서 회사를 운영하고 의료 서비스 혜택을 누리기 위해 개인세금(또는 가입비)을 한국에 내며 일본에 가입한 후 별장을 지을 수 있다. 루푸스에게 국가를 선택하는 것은 페이스북 그룹을 선택하는 것만큼이나 쉬운 일일 터다.

먼저 전자시민권팀은 이 세상에 국경 없는 국가를 홍보해야 한다. 이 팀은 2018년 9월까지 팀원이 15명으로 늘어났고 3년간 800만 유로(약 105억 원)를 지원받았다. 지금은 미디어의 관심을 끌고 파트너십을 체결하며 '제품' 향상을 위해 애쓰고 있다. 서울에 있는 한 민간기업은 서울 시민의 지문을 채취하고 신분증을 발급할 것이다. 이 방식이 제대로 작동하면 2019년 이 팀은 30개의 새로운 현지 사무소를 열 계획이다. 우크라이나의 경우 에스토니아 전자시민권을 취득한 사람이 늘어나면서 키예프에 이 공동체와 함께 일하는 대표가 있고 인도의 파트너들을 지원하기도 한다. 현재 온라인 '공동체 플랫폼'의 시범 버전을 운영 중이며 전자시민과 에스토니아 회사 운영자가 만나 아이디어를 나누고, 구직과 구인활동을 하고, 평가를 하고, 서비스를 추천한다.

그럼에도 불구하고 투자 유치 홍보전에서 기하급수적인 고객 증가를 약속하며 신이 난 여러 스타트업과 마찬가지로 전자시민권팀은 기대 관리에서 뼈아픈 교훈을 얻었다. 2025년까지 전자시민 1,000만 명 달성 목표는 현재의 이용률을 고려하지 않은 듯하다. 이들은 전자시민 가치를 의미 있는 숫자로 설득하기 위해 매력적인 이야기를 들려주는 데 실패한 것 같다. 어쩌면 여기에 합류한 언론인과 사업가 등 초기 '디지털 노마드' 중에 야심 찬 롤모델이 너무 적기 때문인지도 모른다.

2017년 말 전자시민권팀은 2021년까지 전자시민 15만 200명과 신규기업 2만 개 가입을 목표로 한다고 말했다. 여전히 새로운 전자시민 숫자는 에스토니아에서 태어나는 신생아수를 능가한다. 2017년 들어 첫 10개월 동안 신생아 출생건수는 1만 269명인 반면 전자시민권 신청자는 1만 1,096명이었다. 그리고 딜로이트에 따르면 전자시민이 설립한 각 기업은 에스토니아 경제에서 평균 7만 유로(약 9,200만 원)를 창출하고 있다. 코르유스 자신도 약간 비과학적으로 들리긴 하지만 에스토니아가 전자시민 프로그램에 1유로를 투자할 때 이것이 100유로로 돌아온다고 주장했다.

그에게는 이 설계로 경제적 이익을 최적화하겠다는 무섭도록 야망 넘치는 계획이 또 하나 있다. 비트코인, 이더리움, 라이트코인, 그 밖에 수많은 암호화폐가 수백억 달러 가치의 거래를 유발하는 오늘날 에스토니아가 자체 암호화폐를 발행해 누구나 국가 자체에 투자하게 하지 못할 이유가 있을까? 코르유스는 2017년 8월 미디움Medium 블로그에 글 하나를 포스팅하며 이렇게 제안했다.

"전자시민(또한 에스토니아 국민과 거주민)이 사용하는 안전한 디지털 신분은 신뢰할 수 있고 투명한 디지털 환경 속에서 안전하게 암호화폐를 거래하는 이상적인 메커니즘이 될 것이다."

암호통화, 좀 더 정확히 말하자면 암호'토큰'으로 알려진 것이 매매 가능하며 정부가 이를 불법적으로 사용하지 못하도록 보장해준다는 내용이다. 그는 에스트코인estcoin 도입을 제안하며 이것으로 누구나 '디지털 국가'인 한 나라에 최초로 투자할 수 있다고 주장했다.

정부가 지원하는 에스트코인은 다양한 암호화폐와 블록체인 기반 스타트업이 사용하는 크라우드펀딩 메커니즘으로 투자하는 모든 전자시민에게 공개될 것이다. 이것은 한마디로 암호화폐 공개ICO, Initial Coin Offering다. 그는 이더리움 창시자 비탈릭 부테린의 말에 찬성하며 이를 인용했다. 부테린은 전자시민권 생태계 안에서 ICO가 중앙은행 개입으로는 절대 불가능한 방식으로 투자자들이 국가 경제 발전을 지원하도록 장려할 것이라고 말했다. 나아가 에스트코인을 탈중앙화한 안전한 데이터베이스(블록체인)와 함께 발행할 때 스마트 계약과 다른 앱 내에서 이를 사용하는 것이 쉽고 편리해질 것이라고 했다. 에스트코인은 에스토니아가 AI 같은 신진기술에 투자하도록 자금을 지원해주며, 공공선을 위해 기업에 투자하는 '공동체 운영'용 벤처캐피털 펀드로 쓰일 수도 있다. 코르유스는 결국 에스트코인이 세계인이 사용하는 자립통화로 기능할 것이라고 말했다.

그가 유로존 내부의 정부 대리인이라는 점에서 이는 엄청나게 대담한 제안이다. 이 블로그 포스트는 입소문을 타면서 멀리 퍼져갔고 유럽중앙은행은 즉각 코르유스를 비난했다. 마리오 드라기 총재는 "그 어떤 회원국도 자체 화폐를 출시할 수 없다. 유로존 화폐는 유로다"라고 말했다. 에스토니아의 중앙은행 역시 선을 그었다. 아르도 한손 총재는 에스트코인은 정부 의견과 다르며 중앙은행은 그와 관련해 문의를 받은 적이 없다고 강조했다. 몇 주 후 니콜라스 마두로 베네수엘라 대통령이 초인플레이션에 맞서고 미국의 제재를 피하기 위해 만든 국가 주도 암호화폐 페트로Petro를 발표한 것은 아무런 도움이 되지 않았다.

2017년 11월 나는 그런 곤경이 닥치고 나서 몇 주 후 코르유스를 만났다. 그는 여전히 자신의 생각을 가다듬고 있었다. 그는 "나는 유로를 대체하는 것은 그다지 큰 가치가 없다고 본다"라고 말했으나 계속해서 재원 부양 방법으로 과감하게 조세를 대체하는 화폐를 판매하는 국가와 함께 ICO에 심혈을 기울이고 있었다. 다음은 그가 제안하는 옵션 가운데 하나다.

"우리는 암호코인을 발행하고 ICO로 전 세계인이 이를 사도록 할 겁니다."

전자시민권은 투자자 신분을 입증하기 위해 준수해야 하는 것 중 일부가 된다. 그는 일부 전자시민은 투자의 일환으로 토큰을 구입할 것이라고 말했다.

"이러한 디지털 서비스를 제공하는 에스토니아가 발전하면서 그 가격이 오를 거라고 믿으면서요."

다른 사람들은 가령 세금을 지불하기 위해 생태계 안에서 이 토큰을 사용할 것이다. 또한 화폐는 정부가 지원하는 활동을 장려하는 데 쓰일 수도 있다. 예를 들면 회사 설립, 콘텐츠 개발, 기업 자문 등의 일이 있다. 사실 코르유스는 토큰을 실제로 발매하는 것은 '꽤나 먼 일'이라고 인정했다. 이에 따라 그는 자신의 생각을 자세히 설명하기 위해 계속 블로그에 글을 올리고 있다.

2017년 12월 블로그 포스트에서 코르유스는 에스트코인을 3가지로 사용할 수 있다고 제안했다. 먼저 ICO로 발행한 '커뮤니티 에스트코인community estcoin'은 전자시민권을 지원하는 활동을 장려한다. 이를테면 새로운 전자시민으로 등록하거나 다른 전자시민에게 유용한 조언을 제공해 에스트코인을 벌고 이를 공개교환으로 거래할 수 있다. 그다음으로 거래가 불가능한 '아이덴티티 에스트코인Identity Est-coin'은 디지털 신분에 연계된 블록체인 기반 토큰으로 디지털로 서류에 서명하거나 스마트 계약을 집행하는 데 쓰인다. 이때 법을 어기면 이것을 잃는다. 마지막으로 유로에 고정된 '유로 에스트코인'은 암호화폐의 탈중앙화한 이점 중 일부를 신용화폐의 안정성과 신뢰에 결합한 것이다.

에스토니아 정부는 10년 이상 블록체인 기술을 시험했고 2012년부터 국가 의료, 사법부, 안보와 관련된 데이터를 저장하는 데 블록체인을 활용해왔다. 그러나 공식 화폐 이상의 유용성을 지닌 실제 암호화폐를 제안하는 것은 유럽의 어느 정부에 속한 팀에게나 커다란 도전이다. 아직까지 에스토니아의 주류는 이것을 지나치게 급진적으로 바라본다. 에스토니아의 최고정보책임자 심 시쿠트는 2018년 1월 어느 뉴스와의 인터뷰에서 "우리는 새로운 화폐를 만들자는 게 아니다"라고 잘라 말했다.

———

"이제 에스토니아는 블록체인 국가입니다."

———

하지만 이러한 논의는 에스토니아를 블록체인과 암호화폐 친화국가로 홍보하는 데 도움을 주며, 이는 뛰어들기에 그리 나쁘지 않은 시장이기도 하다. 탈린에 위치한 투자거래 플랫폼 펀더빔Funderbeam에 따르면 2017년 ICO로 전 세계에서 28억 달러를 조달했는데 이는 2016년 2억 28만 달러보다 증가한 액수다. 코르유스는 (순진한 투자자의 돈을 끌어들인 뒤 중단해버리는 다른 ICO에 반대하고) '책임 있는' ICO를 지지하면서 전자시민권 프로그램을 포지셔닝하고 있다. 그는 12월 블로그에 이런 글을 올렸다.

"우리의 목표는 에스토니아가 국제적으로 신뢰받는 ICO로 최고의 선택이 되도록 만드는 것이다. 이제 우리는 블록체인과 암호토큰, 안전한 디지털 신분의 조합으로 중앙증권등록소의 중개인을 배제하는 기회를 누릴 수 있다."

블록체인 분야에서 자체 칸 광고제를 연다면 에스트코인은 단연코 창조적인 국가브랜드 구축 분야에서 금상을 수상하리라. 이 도발적인 아이디어만으로도 그 나름대로 규범집을 만들고 있는 스타트업 국가의 매력적인 서사에 딱 맞아떨어진다. 동시에 이들은 제대로 자본을 갖춘 블록체인 스타트업의 인기가 빚어내는 편의주의에 쉽게 영합할 수 있다. 2016년 투마스 헨드릭 일베스 대통령은 이렇게 선언했다.

"이제 에스토니아는 블록체인 국가입니다. 에스토니아는 이미 전자시민권으로 세계 각국의 모든 블록체인 개척자를 지원할 준비를 마쳤습니다. 그들은 에스토니아에 발을 딛지 않고도 우리의 디지털 인프라로 미래를 세워 나갈 수 있습니다."

개척자들이 여기에 반응했다. 방글라데시의 조이지트 보우믹은 노바Nobar를 시작하기 위해 전자시민권을 사용했다. 노바는 암호화폐로 결제를 받는 국제 상인들을 돕고자 탈린에 등록한 기업이다. 모스크바의 '디지털 노마드' 아르세니 자레츠네프는 암호화폐 거래를 위한 마더십Mothership을 세우기 위해 전자시민이 됐다. 브라질 물리학자 헤나투 P. 도스 산토스는 ICO와 관련해 기업에 조언하기 위해 멀리서

에스토니아 타르투에 등록된 소피아 e컨설팅Sophia eConsulting을 운영하고 있다. 예전 에스토니아 총리 타비 로이바스가 최근 체력 운동에 따른 보상으로 토큰을 사용하는 현지 블록체인 스타트업 림포Lympo의 회장이 되었다는 사실도 긍정적인 신호다.

그렇지만 전자시민권이 사업가들을 위해 해결해야 하는 더 다급한 문제가 여럿 존재한다. 인도의 아마존 셀러들은 페이팔로 돈을 지불받고 유럽에서 거래하는 에스토니아 기업을 설립하고 있다. 디지털로 일하는 프리랜서들은 세금신고와 행정 부담을 단순화하기 위해 전자시민권을 활용한다. 영국 기업가와 학자는 브렉시트 이후 유럽시장에서 걸림돌 없이 거래하거나 자금을 이용하고자 에스토니아 회사로 등록하고 있다. 이는 에스토니아가 OECD 국가들의 조세 국제경쟁력 지수에서 계속 최상위권을 유지하는 데 도움을 준다. 단, 20%가 저렴한 에스토니아의 법인세는 이익을 배당한 경우에만 적용받는다.

여기에 더해 그 이면에서 흥미로운 일이 벌어지고 있다. 에스토니아는 2011년 가입 당시 유로존 17개국 가운데 가장 빈곤한 국가였으나 이후 줄곧 성장했고 지금은 기업 측면에서 성공한 국가 가운데 하나다. 2018년에는 1인당 10억 달러 매출을 올리는 '유니콘' 기술 스타트업이 가장 많았다. 이는 다임러가 차량공유 기업 택시파이Taxify에 1억 7,500만 달러를 투자해 기업가치가 10억 달러에 이르는 것으로 평가받은 후의 일이다. 그 뒤 송금서비스 기업 트랜스퍼와이즈Transferwise, 도박 소프트웨어 개발 기업 플레이테크Playtech 같은 기업의 높은 가치 평가가 뒤를 이었다. 여기에 수백만 달러의 투자가 계속 이어졌다. 2018년에만 고객관리 소프트웨어 파이프드라이브Pipedrive 가 6,000만 달러, 배달로봇을 생산하는 스타십 테크놀로지스Starship Technologies가 2,500만 달러, 온라인 신분을 인증해주는 베리프Veriff가 투자자들에게 770만 달러를 투자받았다. 룩셈부르크에 등록했지만 에스토니아에서 설립한 스카이프Skype도 여기에 있다.

트랜스퍼와이즈 공동창립자 타베트 힌리쿠스는 2003년 탈린에 설립한 스카이프의 첫 직원이었고, 여전히 에스토니아 최고의 기술 스타트업 성공신화로 남아 있다. 그가 내게 말했다.

"에스토니아에서 기술 기업가정신을 말하자면 스카이프를 빼놓을 수 없습니다. 스카이프가 탈린에서 출발했다는 건 행복한 우연이지요. 아무리 덴마크와 스웨덴 사람(야누스 프리스와 니클라스 젠스트롬)이 만든 회사라고 해도 말이죠. 만든 지 2년 후 30억 달러에 이베이가 사갔어요. 이런 것이 기술 기업가정신을 무언가 실질적인 존재로 정당화해 줍니다."

힌리쿠스는 처음엔 인재 채용이 정말 어려웠다고 회상했다. 부모들이 왜 자녀가 은행에 취직하고 싶어 하지 않는지 이해하지 못했기 때문이다. 스카이프의 성공은 사고방식을 바꿔놓았고 빠르게 성장하는 기술 기업을 경험한 인재풀을 양성했으며 새로운 스타트업으로 투자가 가능하도록 유동성을 창출했다.

"스카이프에서 3년 동안 일하면 내 아이디어를 연구하며 1년을 보낼 수 있을 만큼 충분히 저축할 수 있었습니다. 이는 생태계 발전에서 최고로 중요한 것이죠."

오늘날 이 디지털 국가는 소비에트 시절의 제약을 활용하기도 한다. 37세의 힌리쿠스가 말했다.

"소비에트 시절의 삶은 그 방식이 비정상이긴 했지만 어딘가 모르게 창조적이고 기업가적이었습니다. 사기업을 경영하거나 돈을 벌 수는 없어도 무언가가 필요하면 혼자 만들거나 소유한 걸 고쳐야 했거든요. 가게에서 아무것도 살 수 없었으니까요."

그야말로 린 스타트업을 시작하기에 완벽한 조건이었다. 또 과학과 수학 교육에 집중했어도 1991년 독립할 때까지 기술 인프라가 거의 없어서 새 국가는 출발점부터 디지털 문화를 내재할 수 있었다.

나는 런던에 살고 있는 힌리쿠스에게 e에스토니아의 '국경 없는' 특성을 어느 선까지 진정한 기회로 반영하는지 물었다. 그는 자기 자신이 그 증거라고 했다. 트랜스퍼와이즈는 2011년 그가 스카이프에서 받은 월급을 런던에서 파운드로 바꿔야 할 필요성에서 탄생했다. 그의 친구 크리스토 카르만 역시 에스토니아로 돌아갔을 때 딜로이트에서 번 수입을 유로로 바꿔야 했다. 은행 수수료를 피해보자고 서로 협의한 이들은 그 문제를 규모 있게 해결할 수 있는 트랜스퍼와이즈를 창업했다. 힌리쿠스가 말했다.

"거시 추세를 보면 물리적 위치는 점점 더 중요해질 겁니다. 금융 체계는 현재 우리가 일하는 방식에 맞게 만들어지지 않았어요."

트랜스퍼와이즈는 국가를 오가며 일하는 고객들의 수요를 기회로 삼아 소위 '국경 없는' 계좌를 만들었다. 이 복수통화 계좌는 마스터

카드와 직불카드를 함께 발급하며 40개 이상의 화폐로 돈을 저금하고 필요할 때마다 가장 유리한 환율로 변환할 수 있다. 고객들은 이미 20억 유로(약 2조 6,200억 원)를 국경 없는 계좌에 예치해두었다. 그는 "아직 초기 단계"라고 말했다.

"핵심은 국경 없는 삶을 살도록 기본 도구를 제공함으로써 고객의 삶을 더 단순하게 만들어주는 기술을 이용하는 것입니다."

한편 케르스티 칼리울라이드 현 대통령에 따르면 '실제로 국가가 있는 유일한 진짜 디지털 사회'인 에스토니아는 이 세계의 앱이 되려는 길을 계속 가고 있다. 카스파르 코르유스가 설명했다.

"우리는 다른 국가 정부에 서비스를 제공할 수 있는 정부를 만들고 있습니다. 목표는 누구도 정부를 느끼지 못하고 세금을 신고할 필요도 없게 하는 것입니다. 또 정부가 기업의 모든 정보를 보유하면서도 그들을 방해하지 않도록 하는 것이죠. 결국 각국은 스스로 모든 것을 다 잘할 수 없음을 깨닫고 그 외 모든 것을 아웃소싱할 겁니다. 국민은 더 좋은 서비스를 받고 어디에 속할지 선택할 수 있고요."

그리고 암호토큰을 사들인 사람들은 경제성장을 창출하는 엔진으로서 국경 없는 나라에 경제적으로 헌신한다. 그가 말했다.

"암호토큰화는 우리가 행동하든 하지 않든 우리 세계의 본질을 바꿔놓을 겁니다. 그러니 우리가 주도권을 잡고 있는지 확인해야죠."

코르유스는 출생하자마자 정해지는 출생국과 평생 함께 가야 한다는 것을 받아들이기 어렵다고 했다. 그는 왜 우리의 정체성과 기회를 무작위로 우연히 정해진 여권상의 지리적 위치로 결정해야 하느냐고 물었다. 이 질문에는 흥미로운 사회적·정치적 암시가 담겨 있다. 자국에서 억압받는 민주화운동가가 우호적인 자유주의 체제와 동맹을 맺는다면 어떨까? 초인플레이션을 겪는 베네수엘라의 기업가가 안정적인 경제 체제에 합류하겠다고 신청한다면 어떨까? 게이 커플이 결혼하기 위해 원하는 국가관할권을 선택할 수 있다면 어떨까? 코르유스는 50년 이후를 내다보고 있을까?

"우리는 속할 수 있는 모든 광범위한 공동체 안에 존재할 겁니다. 오늘날 내가 구글과 아마존, 그리고 축제를 조직하는 동네 공동체에 속해 있는 것처럼 말이죠. 마치 페이스북 그룹 같을 겁니다. 속하고 싶은 곳에 따라, 가치관에 따라 스스로 선택하게 될 거예요."

그는 여전히 획기적인 변화는 좌절감을 느낄 정도로 더디게 오고 있다고 생각한다.

"50년 뒤, 200년 뒤는 모르겠어요. 아무튼 지금과 같은 국경은 더 이상 존재하지 않을 겁니다. 20년 전 에스토니아에 이미 이 모든 것을 이룰 기술이 존재했어요. 그런데 이제야 그 기술을 사용하고 있습니다. 우리가 기술의 단기 효과를 과대평가하고 장기 효과를 과소평가하는 건 사실입니다."

'국경 없는 나라'를 세계에 알린
최고의 마케팅

▼

아직 에스토니아의 전자시민권이 완전히 성공했다고 선언하기엔 이르지만 숫자는 이것 하나만큼은 분명히 말해준다. 국고에 점차 증가하는 수입을 안겨주고 산업 생태계에 유동성과 인재를 더해주고 있다는 것이다! 무엇보다 인구 130만 명의 이 작은 나라를 비싼 SNS 마케팅 캠페인보다 더 효과적으로 전 세계에 알리고 있다. 다음은 우리가 '국경 없는 나라'의 첫 4년간 경험에서 끌어올 수 있는 교훈이다.

1. 문화를 형성한다. 사업모델은 그 이후의 문제다. 전자시민권의 혜택은 에스토니아 국민이 디지털을 우선시하는 문화를 구축하고 받아들였기에 가능했다. 정부와의 모든 상호작용에서 기본값을 디지털 소통으로 설정한 덕분에 에스토니아는 다른 강대국들이 얻지 못한 기회를 얻었다.

2. 매력적인 이야기를 내놓는다. 전자시민권은 단순히 자동 세금납부 서비스나 효율적인 회계 같은 실용 영역만을 기반으로 매력을 떨친 것이 아니다. 글로벌 노마드와 영혼이 자유로운 사람들에게 열려 있는 '국경 없는 국가'라는 미래지향적 서사 덕분이다.

3. 고객경험을 단순화한다. 에스토니아의 디지털 통치가 기반으로 삼은 X-로드 데이터 교환은 국민과 공무원에게 시간 절약, 안정성, 효율성이라는 이점을 안겨줄 것으로 보인다. 어떠한 정보도 시스템상에 2번 이상 입력하지 않는다는 '단 한 번' 정책은 비효율적인 관료 국가에서 벌어지는 불만을 헤치고 나아가고 있다. 걸림돌 없는 고객경험은 신뢰와 충성도를 구축한다.

4. 지속적인 작은 개선은 결국 마법을 만들어낸다. 리나르 비크는 "진정한 혁신은 매일 고객을 위해 소소한 일을 개선하는 데 달렸다"고 말했다. "작지만 핵심적인 일, 예를 들면 전화기로 주차비를 내도록 데이터베이스를 개선하거나 1분 안에 회사를 설립하게 만드는 일 등이지요."

5. 언제나 잘못된 일에서 교훈을 얻는다. 비크는 다른 정부에서 온 방문객을 상대로 강연할 때 '베스트 프랙티스'를 말하지 않는다. 어떤 환경에서 성과를 거둔 것도 다른 환경에서는 실패할 수 있기 때문이다. 비크는 말했다. "정치인들이 매일 운영회의를 열어 지난주의 가장 큰 실패가 무엇이고 거기에서 무엇을 배웠는지 토론했으면 좋겠어요."

6. 허락보다 용서를 구하자. 카스파르 코르유스는 에스트코인 제안이 논란을 불러일으킬 것을 알고 있었다. 만약 이를 공개하기 전 중앙은행과 고위직 장관에게 의중을 물었다면 벽에 부딪혔을 것이다. 그는 차후 논의를 고려해 먼저 아이디어를 자유롭게 풀어놓고 자신의 입장을 설득하는 것이 낫다고 판단했다.

8장

소프트웨어계의 거인,
제조업을 재해석하다

REINTERPRETATION

정말로 로봇과 인간 간의 협업을
만들어낸다면 어떨까?

37년 역사를 자랑하는 소프트웨어 기업 오토데스크는 샌프란시스코 엠바카데로 지역의 출입이 제한된 피어 9Pier 9에서 2,500m² 넓이의 연구소와 제작공장을 운영하고 있다. 여기는 오토데스크가 미래를 발견하고 프로토타입을 만들고 있는 곳이다. 오토데스크는 수많은 오스카상 수상자가 선호하는 시각 효과와 애니메이션 소프트웨어 마야 Maya를 만들기 때문에 고객이 로봇으로 촬영할 때 이것을 어떻게 사용하길 원하는지에 관심을 기울인다. 이러한 툴이 영화제작자가 로봇을 손쉽게 프로그래밍하도록 돕는다면 걸림돌 없는 로봇 운영체계를 더 광범위한 산업계에 적용하는 것도 가능하지 않을까? 미래의 오토데스크 소프트웨어가 인간주인에게 더 좋은 서비스를 제공하도록 사실상 로봇을 해방시킨다면 어떨까?

내가 방문했을 때 오토데스크 연구원 에린 브래드너는 촬영을 위해 그날 인더스트리얼 라이트 앤 매직Industrial Light & Magic의 공동연구자가 우주선을 손으로 만들었다고 설명했다. 인더스트리얼 라이트 앤 매직은 '스타워즈' 작업을 위해 조지 루카스가 설립한 시각 효과 기업이다. 그녀는 촬영이 오토데스크의 기존 소프트웨어가 로봇을 더 쉽게 컨트롤하도록 수정할 수 있는지 알아보기 위한 실험의 일환이라고 했다. 오토데스크의 소프트웨어는 컴퓨터를 이용한 디자인과 3D 시각 효과에서 세계적인 선두주자다. 로봇을 프로그래밍하는 표준 방식은 각 팔을 수동으로 천천히 움직이고 티치 펜던트Teach Pendant라는 소형 컨트롤기로 각 단계를 촬영하는 것이다. 그런데 이 팀은 단순히 로봇의 출발점과 끝 위치에서부터 로봇 코드를 즉석에서 자동 생성하는 버전의 마야로 두 팔을 미리 프로그래밍했다. 이 2가지 지시사항을 따르는 소프트웨어는 로봇이 사람 개입 없이 6개 축을 따라 매끄럽고 빠르게 움직이도록 해준다. 덕분에 시간을 엄청나게 절약하고 소프트웨어는 촬영 카메라에 가장 실물처럼 보이도록 경로를 정해준다.

브래드너는 로봇이 영화음악에 따라 춤을 추는 동안 신이 나서 설명했다.

"로봇은 일반적으로 융통성 없는 환경에서 고도의 결정형 업무를 하도록 프로그래밍합니다. 반대로 우리는 바닥에 고정한 볼트를 풀어내고 구조적이지 않은 환경에서 구조적이지 않은 업무에서도 로봇이 기능하도록 만들고 싶어 하죠."

그러니까 첫 그림과 마지막 그림만 보여주면 미술가들이 시간에 따른 연속장면을 만들도록 돕는 애니메이션 툴 마야가 로봇에게 직관적 움직임을 부여하는 것이다. 다시 말해 애니메이션 소프트웨어가 처음에 설계한 것과 다른 문제를 해결하도록 해킹하는 셈이다. 브래드너는 최종 단계는 영화 촬영뿐 아니라 제조업에서도 사람들이 로봇과 함께 작업하는 방식을 바꿔놓는 것이라고 설명했다.

"도요타는 로봇 위스퍼러를 보유하고 있어요. 로봇을 프로그래밍하는 점잖은 신사가 있고 공장의 나머지 사람들은 거기에 따릅니다. 그러나 우리 같은 사람들이 부족한 전문지식으로 신비주의 없이 그 영역에 접근한다면 어떨까요? 정말로 로봇과 인간 간의 협업을 만들어낸다면 어떨까요?"

이는 오토데스크에 무척 중요한 문제다. 오토데스크는 우리의 물리적 세계를 만들어낸 사람들을 위해 소프트웨어를 제작하기 때문이다. 건축가, 엔지니어, 건설업계는 오토캐드AutoCAD와 레빗Revit 같은 제품으로 설계모형을 만들고 짓는다. 산업 제조업자는 퓨전 360Fusion 360과 오토데스크 인벤터Autodesk Inventor로 제품의 프로토타입을 만들고 대규모로 생산한다. 또 인프라 공급업자는 시빌 3DCivil 3D와 인프라웍스InfraWorks에 의존한다. 디지털 프로토타입 제작과 사출성형 시뮬레이션에도 오토데스크 제품이 쓰인다. 집에서 어설프게 일하는 사람이나 아마추어 제작자를 위한 제품도 있고 영화 렌더링과 시각 효과를 위한 것도 있다. 이 회사 책자가 소개하는 대로 고성능 자동차를 운전하거나 마천루를 감탄하며 바라보거나 스마트폰을 써보거나 훌륭한 영화를 본 적 있다면, 당신은 수백만 명의 오토데스크 고객이 우리 소프트웨어로 무엇을 하는지 경험해봤다는 의미다.

이 회사는 1982년 컴퓨터 업계가 메인프레임 컴퓨터에서 데스크톱 PC로 마지막 플랫폼 대변혁을 일으키던 시절에 태어난 회사로 매출액이 300억 달러에 이른다. 이들은 무엇보다 클라우드 서비스와 AI, 탈중앙화 네트워크로 이어지는 현재의 이행기 동안 케케묵은 규칙은 타당성을 유지할 수 없음을 이해하고 있다. 이에 따라 예측 불가능한 미래에 지속 가능하고 수익을 창출하는 모델을 적극 모색하고 있다. 상자에 담긴 소프트웨어를 파는 이 오랜 전통 기업은 이제 최근 등장한 제작 과정의 기민한 조력자로 변해야만 한다는 것을 알고 있다. 또한 거기에는 미래 고객이 나노 제조공장을 설계하고 DNA를 합성하며 로봇에 권한을 부여하는 등 훗날 등장할 모든 것을 도와주는 일이 포함된다는 것도 안다.

이 도전 앞에서 오토데스크가 내놓은 답은 가차 없이 '미지의 미지'를 탐색해야 한다는 것이다. 이를 위해 이들은 최근 사임한 CTO 제프 코왈스키가 "우리의 맹점을 발견하는 것"이라고 표현한 측면에 지속적으로 많이 투자하고 있다. 실제로 이 회사는 최근 몇 년의 총매출액 15~20억 달러 중 평균 7억~7억 5,000달러를 R&D에 투자해왔다. 코왈스키에게 R&D란 '위험Risk'과 '결정론Determinism'을 의미한다. 이것은 대다수 회사 직원이 주주 만족을 위한 결정론적 목표를 추구한다면 CTO실은 기계학습, 재료과학, 생명과학, 디지털 제조, 예술가 지원, 그 밖에 지식 격차가 존재하는 모든 곳에서 장기적이고 더 위험한 실험이 이뤄지도록 자금을 지원한다는 의미다. 코왈스키는 이렇게 털어놓았다.

"당신과 나는 그다지 다른 일을 하고 있지 않습니다. 우리는 바깥에 나가 탐색하고 사람들과 이야기를 나눈 다음 모든 것을 함께 꿰어봅니다. 그러니까 우리 팀은 고객에게 과학을 따르고 프로토타입을 만들며 틀에 얽매이지 않는 생각을 해보도록 제시합니다. 우리 회사는 알려진 제품과 알려진 자원을 제공하는 일은 아주 잘했어요. 늘 그 일만 했으니까요. 문제는 내일은 '기계의 맨 앞에 무엇을 투입할 것인가'에 있습니다."

오토데스크는 피어 9에서 로봇 연구실뿐 아니라 재구성이 가능한 마이크로 팩토리micro factory, 고급 제작연구실, 3D프린팅 스튜디오, 인스트럭터블스Instructables(최신 기술을 바탕으로 한 DIY 상품을 공유하는 사이트로 2011년 오토데스크가 인수했다 – 옮긴이) 훈련 코스, 상주 예술가의 작업실, 디지털 제작 영역 확장을 위해 고용한 인재들의 하이브리드 풀 등을 운영한다. 재주가 많고 지적 호기심이 넘치는 산업디자이너 미키 맥매너스는 10개의 특허를 보유하고 있고《1조: 급부상하는 정보생태학에서 성공하기Trillions: Thriving in the Emerging Information Ecology》의 공저자다. 2006년부터 12년간 CTO로 일한 코왈스키는 맥매너스를 오토데스크 펠로Fellow로 데려왔다. 이는 경영진에게 계속 도발적인 아이디어를 제시하도록 계획한 비상임직이다. 그 임무를 확실히 해내고 있는 그는 내게 피어의 새롭고 실험적인 AI 의존형 마이크로 팩토리를 설명하며 급진적인 개념을 쏟아냈다.

"다음 날 무엇을 만들지 모르도록 공장 설계를 확 뒤집는 건 어떨까요? 밤새 꿈속에서 시장 수요에 따라 신제품 제작 방법을 비현실적으로 배웠는데 그걸 아침에 만들도록 형식을 바꾸는 건 어떨까요?"

맥매너스는 놀라움에 눈이 휘둥그레진 내게 1줄로 배열한 로봇 팔을 보여주었다. 레고블록 더미를 인식하고 다루며 클라우드에서 조립 설명서를 다운받아 레고로 트랜스아메리카 빌딩을 짓도록 교육받은 로봇들이었다. 우리는 12명의 상주 예술가 중 일부를 만났다. 한 사람은 '고전주의 조각을 배운 컴퓨터가 생각해낸 조각품'을 연구하고 있었고 다른 사람은 자유형식의 선線 구조물을 코딩하고 있었다. 맥매너스가 말했다.

"이 사람들이 도구를 어떻게 사용하는지 관찰하는 것은 우리 R&D에서 '위험' 부분에 해당합니다. 우리는 미래를 예언할 수 없어요. 그렇지만 열정적인 사람들, 넘어졌다가도 다시 일어나는 사람들과 함께 돌아다닐 수는 있지요."

맥매너스는 우리가 AI를 알아가는 만큼 AI가 어떻게 대학을 대체할 수 있을지 깊이 생각하고 있다.

"대학은 사람들이 40년간 동일한 일을 하도록 만들어서 내보냅니다. 지구의 인구는 2050년까지 100억 명으로 늘어날 겁니다. 그중 4분의 3은 도시에서 살겠지만 신흥국가에는 아직 그런 도시가 존재하지 않고 지금 있는 도시는 허물어지고 있어요. 또 진짜 세상을 짓고 있는 우리 고객은 숙련된 직원을 찾지 못하고 있고요. 고객에게 필요한 지식은 소위 '학위'라고 부르는 정교한 작품에 거의 반영되지 않아요."

그는 교육을 피드백 기반 학습의 지속적인 과정으로 재창조해야 한다는 것을 알고 있었다. AI는 개별 직원의 기술을 모니터링하고 이들이 알고 있는 것을 기반으로 맞춤형 훈련을 제공해 로봇과 함께 효과적으로 일할 수 있도록 해줄 것이다. 그는 이것을 '생성 학습generative learning'이라 부르는데 이는 미래의 일을 위해 직원을 훈련시키고 이들이 오토데스크 제품 사용에 보일 거부감을 극복하도록 해줄 전망이다. 결국 이곳은 수익이 이끌어가는 기업이다. 맥매너스는 "궁극적으로 무엇이 거부감을 호기심으로, 호기심을 행동으로 이끌지 고민하고 있다"고 말했다.

"왜냐하면 신기술은 속도를 늦춰 우리가 그것을 수용할 때까지 기다리지 않거든요. 그리고 오토데스크는 매달 신용카드로 결제해줄 사용자가 필요합니다."

이러한 관념은 이곳이 평범하지 않게 미래에 집착하는 소프트웨어 회사임을 시사한다. 나는 2012년 실리콘 밸리의 미래 싱크탱크인 싱귤래리티대학교에서 한 주를 보내며 이를 깨달았다. 그곳에서는 오토데스크의 고위 경영진이 '기하급수적'으로 스타트업을 창업하는 학생들에게 멘토링을 제공하고 합성생물학처럼 급부상하는 설계지식 분야에 관해 초청강연을 열고 있었다. 또한 나는 밴쿠버와 에든버러에서 열리는 연례 테드 컨퍼런스에서 자가 조립이 가능한 건축자재 같은 초기 '제조업' 기술을 공개하거나 디자인 싱킹 워크숍을 주최하는 오토데스크팀을 자주 만났다. 매번 나는 이들이 홍보 차원이 아닌 호기심 차원에서 개입한다는 느낌을 받았다.

'돌이킬 수 없는 사건'으로 사람들이 반응하게 만들라

그런데 AI 교직을 위해 비현실적인 조사에 자금을 지원한다고? 상장 기업이 이 부분을 어떻게 주주에게 설명할 것인가? 오토데스크 자체 '대학교', 그러니까 라스베이거스 베네치안 호텔에서 1만 명의 입장권 구매자를 위해 3일간 워크숍이 열린 그 자리에서 나는 CEO에게 이런 질문을 던졌다. 앤드루 아나그노스트는 C레벨 임원들을 위한 부수적인 행사를 마치고 막 무대에서 내려온 참이었다. 그는 자신의 핵심 철학을 밝혔다.

"뭔가를 만들어내려면 뭔가를 부숴야 합니다."

그는 일론 머스크가 스페이스X에서 재사용이 가능한 로켓을 만드는 데 전 회사를 걸었고, 회사가 살아남으려면 성공하는 수밖에 없었던 결정을 언급했다. 그는 이렇게 주장했다.

"돌이킬 수 없는 사건으로 사람들이 반응하게 만들어야 합니다."

그는 오토데스크에서 '돌이킬 수 없는 사건'이란 고객이 제조업을 재해석하도록 돕는 것이라고 설명했다. 회사 자체도 소프트웨어 판매 회사에서 AI가 주도하는 구독 기업으로 바꿔 나가야 한다고 했다.

"고객 중 누구도 요구하지 않지만 곧 필요로 할 것임을 알고 무언가를 하겠다고 나서려면 아주 많은 학문이 필요합니다. 물론 한동안 우리의 수익모델은 완전히 뒤집히겠지요. 그래도 그 일을 하지 않으면 우리는 멸종합니다. 여기에는 엄청난 꿋꿋함이 필요하죠. 나는 그토록 많은 회사가 왜 그렇게 하지 않는지 압니다."

2017년 CEO로 취임한 21년 차 베테랑 아나그노스트는 맥킨지의 혁신 전략 '스리 호라이즌 모델Three Horizon Model'을 열정적으로 수용했다. 스리 호라이즌 모델은 1999년 발간한 《성장의 연금술The Alchemy of Growth》에서 소개한 내용이다. 이것은 호라이즌 1H1에서는 현재의 주력사업을 유지하고 호라이즌 2H2에서는 중요해질 잠재 신사업을 육성하며, 호라이즌 3H3에서는 새로운 미래사업을 좀 더 투기적인 방식으로 구상하는 것을 말한다. 전략에 따르면 지속적인 성장은 각 호라이즌에 동시에 관여할 때 가능해진다. 아나그노스트가 설명했다.

"우리의 핵심 장점은 실험을 다수 진행 중이고 그 실험 가운데 일부를 주류에 편입시킬 메커니즘이 있다는 겁니다."

피어 9은 초창기에 실패로 돌아간 실험 가운데 하나다. 본래 그곳은 직원들이 스스로 뭔가를 만들도록 오토데스크 툴로 실험하게 하는한편 고객이 3D프린팅과 다른 기술을 공개 전시하는 곳으로 만들 생각이었다. 이 실험은 실패했고 회사는 그 공간을 좀 더 전문적인 작업흐름 아래 실험을 진행하고 영화제작자가 자유롭게 로봇을 활용해보는 공간으로 쓰기로 했다. 피어에 나와 있는 한 팀은 로봇을 프로그래밍하기 위한 툴로 가상현실을 사용하고 있다. 또 다른 팀은 소규모 제품 생산을 위해 맞춤형으로 변환이 가능한 생산라인을 만드는데 이를

'설정 가능한 마이크로 팩토리'라고 부른다. 이들 프로젝트는 아무런 성과 없이 끝날 수도 있다. 아니면 독창적이고 고도의 수익성이 있는 새로운 소프트웨어 제품 개발을 자극할 수도 있다.

1993년 오토데스크에 합류한 제프 코왈스키는 긴장을 즐기는 사람처럼 보인다. 그의 눈빛은 매섭고 정신은 다방면으로 동시에 움직인다. 가령 건설회사가 DNA를 이해할 필요가 있다고 확신을 담아 설득력 있게 설명하다가 다음 순간 스케이트보드 파크가 주차장을 대신할 수 있다고 주장한다. 또 오토데스크의 생명선인 캐드CAD가 거짓말을 전제로 한다고 말하기도 한다("컴퓨터는 절대 디자이너를 보조할 수 없어요, 절대"). 만약 이것이 회사 영업팀을 귀찮게 하면 그냥 귀찮게 하도록 내버려둔다. 그는 "내부 저항은 우리가 일을 제대로 하고 있다는 합당한 신호"라고 말했다.

"언제나 갈등 상황이 존재하게 마련이지만 안일함의 긍정적 측면을 누릴 필요도 있습니다. 나는 '미래를 예측하는 최고의 방법은 미래를 창조하는 것'이란 말을 정말 좋아합니다."

아나그노스트는 자신이 제프가 곧 닥칠 거라고 보는 모든 것에 동의하는 것은 아니라고 말했다. 그러나 그는 코왈스키의 질의식 접근법이 스테이터스 쿠오에 도전함으로써 회사 내에 긴장감을 자아내는 방식을 즐긴다. 오토데스크의 스리 호라이즌 모델을 각 단계에 맞게 계획적으로 구조화한 이유가 여기에 있다. H1은 현재 확립한 사업이다. H2는 디지털 제조 같이 규모가 빠르게 커지고 있는 사업이다. H3는 CTO실 지휘로 진행하는 투기적 탐색으로 회사 내부에서는

OCTO Office of CTO로 알려져 있다(그래서 가끔 직원들이 명함에 문어octo-pus 로고를 새기도록 영감을 준다). 아나그노스트가 말했다.

"우리가 최대한 노력하면 예산의 10%를 H3에 할당할 수도 있습니다. 5% 이하로 떨어지면 우리는 걱정을 합니다. 터무니없는 내기를 걸고, 외부를 바라보고, 괴팍한 아이디어를 가지고 놀아야 하죠. 제프는 철학자인데 우리에게는 가끔 골똘히 생각에 잠길 철학자가 필요합니다. 회사에 엔지니어밖에 없으면 우리는 훌륭한 엔지니어링 기업은 될지 몰라도 상황에 잘 적응하지는 못할 겁니다."

간혹 H3상의 탐색에서 전망이 밝은 것으로 밝혀지면 신속히 H2로 이동한다. 이 단계에서는 프로젝트팀이 이를 시장에 내놓는 것을 고려한다. 엄청나게 신나는 최근 사례로 '제너레이티브 디자인Generative Design'이라고 알려진 신기술이 있다. 이는 진화생물학에서 빌려온 아이디어이다. 살아 있는 생물이 환경에 더욱 잘 맞도록 자연이 여러 차례 반복시험을 한다면, 인간 디자이너가 클라우드 컴퓨팅과 함께 작업해 프로젝트의 모든 가능한 순열順列을 탐색하지 못할 이유가 있을까? 디자이너가 작업하면서 기계학습 알고리즘을 적용할 때 오토데스크 소프트웨어는 그 작업 내용이 무엇이든 이것을 살아 있는 복잡한 체계로 바꿔놓고, 이들이 설정한 목표와 제약조건을 기반으로 끝없는 반복시험을 제안한다.

제너레이티브 디자인은 이미 오토데스크 고객이 이전까지 불가능했던 것을 달성하도록 돕는다. 예를 들어 에어버스는 이것을 객실과 객실을 분리하는 '생체공학' 항공기 칸막이를 구현하는 데 사용했다. 3D프린팅 결과물은 생명체에 나타나는 유기적 세포 구조처럼 보이며 (부분적으로 변형균류에서 영감을 받았다) 구조적으로 튼튼하지만 기존 디자인보다 45% 가볍다. 에어버스가 전 세계 A320 기종에 이 제너레이티브 접근법을 적용할 경우 매년 46만 5,000톤의 이산화탄소 배출을 줄일 수 있다. 연료를 절약하는 것은 말할 것도 없다. 제너럴모터스는 차량부품 무게를 줄이는 데 제너레이티브 디자인을 활용한다. 오토데스크의 소프트웨어는 현재의 안전벨트 브래킷보다 40% 가볍지만 20% 더 튼튼한 제품을 제안했다. 더구나 8개 부품으로 구성하던 부위를 하나로 합쳐 3D프린팅이 가능하도록(따라서 용접비용을 절약하도록) 했다. 언더아머는 나무뿌리에서 영감을 받은 UA 아키텍 퍼포먼스 경량 트레이닝화를 만들기 위해 이 기술을 사용했다. 여기서 탄생한 3D프린팅의 격자모양 미드솔Midsole(중창)은 뒤꿈치 부위는 단단하지만 발가락 부분은 유연하다.

산업 분야에서 제너레이티브 디자인 적용은 매우 광범위하다. 이미 의료 임플란트와 마천루, 안락의자 설계에 쓰이고 있으며 각각 디자이너가 설정한 제약조건에 대응한다(무게, 사이즈, 비용, 강도, 스타일, 재료, 기타 기준). 심지어 토론토의 마스 디스커버리 디스트릭트MaRS Discovery District에 세울 오토데스크의 작업장 배치도를 재설계하는 데도 쓰이고 있다. 직원들은 어떻게 일하고 싶은지 묻는 설문조사에 응했고 그 응답 데이터를 건물 치수와 계획 요구량 같은 어려운 제약조건에 적용했다. 이때 소프트웨어는 바깥 조망 최대화, 주의산만 요소 최소화, 인간관계 우선순위 등을 기반으로 1만 개의 잠재 평면도를 만들었다. 그 후 알고리즘은 상충하는 부분을 처리하고 직원들에게 가장 높은 점수를 받은 것을 선택하기 위해 이들 배치도를 분류했다.

이 세 분야에서 주도권을 쥔 오토데스크는 3D 물체를 창작하고 인쇄하는 온라인 툴 퓨전360과 넷팹Netfabb 등의 상업 제품에 제너레이티브 디자인을 통합했다. 코왈스키에 따르면 제너레이티브 디자인의 '무한한 표현성'을 찾는 그 연구는 2014년 '드림캐처Dreamcatcher'라는 H3 프로젝트로 출발했다. 과학과 디자인 연구팀이 이끈 이 프로젝트는 기계학습, 기계공학, 수학 최적화, 재료공학, 구조역학, 사용자경험 연구, 소프트웨어 개발, 기타 분야 전문가를 끌어들였고 위딘 테크놀로지스Within Technologies와 NEi 소프트웨어 같은 스타트업 인수로 활성화됐다. 또한 디자인 그래프Design Graph라는 또 다른 오토데스크 연구 프로젝트를 기반으로 삼았는데 이로써 연구진은 수백만 개의 3D 모델을 시스템에 입력해 가령 의자, 기어, 항공기 날개의 핵심을 이해했다. 이어 알고리즘은 각 성분과 요소를 분류하고 이것이 어떤 관련이 있는지 식별한 뒤 그 역할을 배웠다. 이후 시스템은 디자이너가 설정한 제약조건에 따라 수천 개 형태를 제안했다. 이를테면 의자의 경우 허먼 밀러Herman Miller 스타일에 52% 더 가깝게, 티타늄 척추 임플란트는 26% 더 가볍게 하는 식이다.

코왈스키가 옳다면 이 37년 차 소프트웨어 스타트업은 상당히 오랫동안 버텨낼 것이다.

기대치 않던 성공은 재난의 예고편이다

오토데스크는 절대 수십억 달러 매출을 올리는 시장지배적인 기업으로 시작하지 않았다. 초창기에는 그저 자신이 집착하는 것을 추구하는 소프트웨어 프로그래머들이 중구난방으로 모인 회사일 뿐이었다.

마이크 리들이 1977년 여가시간에 컴퓨터 지원 디자인 소프트웨어를 작성할 때, 그의 S-100 컴퓨터는 16비트 프로세서라 사용 가능한 메모리가 48K로 너무 제한적이었고 더 큰 메모리보드를 소유할 때까지 기다리는 동안 조각 난 프로그램을 조립해야 할 정도였다. 하지만 리들은 마이크로칩 성능이 2년마다 2배로 증가한다는 무어의 법칙을 신봉했고 결국 강력한 소형 컴퓨터가 나오리라고 내다봤다. 1979년 그가 자신의 소프트웨어 인터랙트Interact를 공개할 때 30명의 고객을 확보하는 것은 그리 힘들지 않았다. 첫 고객은 캘리포니아의 석유회사 애틀랜틱 리치필드Atlantic Richfield로 연안의 석유굴착 장치와 관련해 잠수를 계획하고자 인터랙트를 사용했다.

취미에 푹 빠져 지낸 리들은 중학생 시절 기초 부품으로 자신의 첫 컴퓨터를 만들었다. 여기에다 가치관이 확고한 그는 변호사를 싫어한 나머지 1981년 훗날 오토캐드가 된 자신의 소프트웨어 권리를 8,000달러에 팔라는 제안을 받았을 때 혼자 알아서 협상하겠다고 우졌다. 이때 1만 5,000달러를 요구했다가 거절당하자 그는 비독점 라이선스를 1달러에 파는 대신 앞으로 발생하는 모든 수익의 10%를 달라고 요구했다. 구매자는 존 워커로 그의 회사 마린칩 시스템스Marin-chip Systems는 리들이 사용하던 회로판을 만들던 곳이다.

그해 후반기에 워커는 캘리포니아 밀 밸리에 있는 자기 집으로 프로그래머 친구들을 초대해 여가시간에 그들이 개발한 소프트웨어를 시장에 팔기 위해 리소스를 합치자고 제안했다. 그 결과 18명의 공동 창업자가 다음 해 마린 소프트웨어 파트너스Marin Software Partners를 시작하기 위해 5만 9,000달러를 모았다. 이 회사는 이후 이름을 오토데스크로 바꿨다. 오토데스크는 1982년 11월 컴덱스COMDEX 컴퓨터 전시회에서 새로운 IBM PC로 다시 만든 오토캐드를 공개해 커다란 주목을 받았다. 베스트 오브 쇼Best of Show를 수상한 이들의 부스는 사람들로 넘쳐났고 그다음 해 오토캐드는 1,000부 이상 팔렸다. 1983년에 수익이 1만 5,000달러였던 회사가 1984년 100만 달러 이상의 수익을 올린 것이다.

갑자기 이 모임은 성장해야만 했다.

1983년 6월 21일 CEO 워커는 주주들에게 어쩌면 오토데스크가 60일 내에 폐업할 수도 있다고 경고하는 편지를 급히 써 보냈다. 그 이유는 오토캐드의 기대치 않던 성공 때문이었다. 그는 이렇게 썼다.

"우리 회사는 심각한 위기에 처해 있습니다. 회사의 각 부문이 무너지기 일보 직전으로 과부하가 걸렸습니다. 우리는 우리와 사업을 하겠다고 간절히 원하는 사람들의 모든 전화에 일일이 응답할 수 없고, 일관성 있는 광고캠페인을 계획할 수도 없습니다. 우리에게는 고객지원팀도 없습니다. 심지어 우리에게는 약식 사업계획조차 없습니다. 부서에 맞는 예산도 없고 일관성 있게 지출비용을 인가하거나 사람들을 채용할 방법도 없습니다. 스톡옵션을 부여받은 경영진은 사람들을 고용할 권한조차 갖고 있지 않습니다. … 이건 재난의 예고편입니다."

그는 각 주주에게 코딩이나 사업계획 완성 같은 기술과 시간을 기부해 회사가 갑작스러운 요구에 응하도록 도우라고 강력히 촉구했다. 이 행동 요구 조치는 성공을 거두었다. 1984년 새로 구조화한 이 회사는 제품 1만 개를 팔았고 그다음 해에는 2만 5,000개로 늘어났다. 오토데스크의 가치는 워커가 편지를 쓸 무렵 20만 달러로 시작해 4년 후 5억 달러가 되었고 1991년에는 14억 달러로 늘어났다.

그렇지만 워커는 다시 한 번 회사가 현실에 안주하고 있으며 미래에 대비하는 데 실패했다고 경고할 필요를 느꼈다. 그것은 오늘날까지 울림을 주는 그런 주제였다. 1991년 4월 1일 그는 고위 경영진에게 44쪽에 달하는 메모를 보냈다.

"엄청난 가치를 이룬 대다수 기업이 이후 이를 잃는 이유는 기술 발전과 시장 수요가 변할 때 이에 적응하는 데 실패하기 때문입니다."

이 메모는 직설적이었다. 오토캐드는 비싸고 개발에 뒤처져 있었으며 빠르게 성장하는 마이크로소프트의 윈도스 운영 시스템을 과소평가하고 있었다.

"회사가 몸담고 있는 업계에서 요구하는 속도로 변하지 않을 때 빠르게 뒤에 남겨졌음을 깨닫게 됩니다. 오래지 않아 고객은 경쟁사의 제품이 자신의 욕구에 더 잘 부합한다는 것을 발견합니다. 시장점유율이 낮아지면서 판매량은 감소하고 수입은 줄어듭니다. 그제야 제자리걸음을 하던 회사의 경영진이 묻습니다. '무슨 일이야? 우린 우리가 하던 일을 그대로 하고 있는데.' 오토데스크는 차세대 PC 산업을 이끌어갈 모든 전제조건을 갖추고 있습니다. 그러나 과거에 갇히고 관료제의 수렁에 빠지거나 불필요한 신중함으로 인해 무감각해진 것처럼 보입니다. 또 신속하게 즉각 반응하는 제품 개발, 공격적인 마케팅, 프로모션 등 오토캐드를 설립할 때의 성공 강점을 잃은 것 같습니다."

그는 회사 개편, 새로운 가격 전략, 더 나은 윈도스 통합, 직접적인 고객지원 그리고 새로운 캐드 제품의 우선순위 결정 등을 권고했다. 메모 이야기는 순식간에 회사 밖으로 흘러 나갔다. 워커는 오토데스크의 맹점에 투자해야 한다고 확신했다.

그때까지 오토캐드는 1년에 2억 달러 이상의 매출을 올리고 있었다. 메모 발송 후 9개월이 지나고 오토데스크는 마침내 마이크 리들의 로열티 권리를 사들였다. 처음에 리들이 1만 5,000달러를 요구했을 때 이를 비싸다고 거절한 워커는 이제 그에게 1,187만 5,000달러를 지급하기로 했다.

'이 사람들 이상해.
뭔가 멋진 일을 하는데 전혀 현실적이지 않아.'

오토데스크 고객으로 구성한 12개 팀이 마커 펜을 휘두르는 가운데 이들을 둘러싼 플립차트 이젤 위로 포스트잇이 덕지덕지 붙어 있었다. 누군가가 "절대 가만히 서 있지 마라" 하고 읽자 또 다른 누군가가 "블록체인에 참가하기"라고 읽었다. 더 많은 목소리가 "예비부품계의 스포티파이", "시뮬레이션을 위한 게임 기술", "스타트업 사고방식" 같은 것을 읽어 나갔다.

이 자리는 런던 타바코 독Tobacco Dock에서 열린 오토데스크대학의 6월 리더십 회담이었다. 오토데스크의 펠로이자 4차례나 테드 강연을 한 미국 작가 톰 우젝이 '혁신 사고방식 관리하기'를 주제로 워크숍을 진행하며 브레인스토밍을 하고 있었다. 평소 CTO팀에서 전략혁신책임자를 맡고 있는 모리스 콘티는 '미쳐 돌아가는 세상에서 어떻게 혁신할 것인가'를 두고 방금 이야기를 마친 참이었다. 그는 2010년 제프 코왈스키가 어플라이드 리서치 랩Applied Research Lab을 세우고 운영을 맡기기 위해 고용한 사람이었다. 그리고 3년 뒤 피어가 열렸는데 발표 중에 콘티가 말했다.

"1년 전 우리는 파리에서 온 2명의 예술가와 함께 일했습니다. 커다란 산업용 로봇으로 다리에 문신을 새기고 싶어 한 사람들이죠. 우린 '물론 할 수 있고말고!'라고 생각했지요. 우리는 그것이 어떻게 가능할지 탐구하고 안전을 위해 실시간 알고리즘도 연구했습니다. 진정한 혁신은 어딘가 연구실에서 일어나는 멋진 일이 아닙니다. 진짜 세계로 나오지 못하면 그건 혁신이 아니에요."

나는 콘티에게 그가 오토데스크에서 맡은 실질적인 역할을 자세히 설명해달라고 부탁했다. 콘티는 곧 텔레포니카가 바르셀로나에 세운 '문샷 팩토리' 알파Alpha에 CIO로 합류할 예정이었다. 그는 내게 제프가 "나는 당신이 우리의 맹점을 찾아내길 바라오"라는 말을 했다고 전했다.

"우리 팀은 아무런 지시도 받지 않았고 누구도 우리에게 무엇을 하라고 말하지 않았습니다. 때때로 나는 경영진에게 말했어요. '여기 우리가 일해 온 것이 있고 이건 그 이유입니다.' 엄청난 신뢰만 있을 뿐 관리는 거의 없었고 지시도 없었습니다. 중요한 것은 우리가 벗어나려고 노력하느냐에 있습니다. 전략을 만드는 것은 당연히 실패합니다."

처음에 콘티의 연구팀에 주어진 것은 4명의 직원과 2명의 계약업자뿐이었고 운영 예산은 전혀 없었다. 자금을 모으기 위해 이들은 회사의 다른 부서에 프로덕트 매니저를 보내달라고 요청했다. 그는 그것이 훌륭한 훈련법이었다고 말했다.

"우리가 돈을 달라고 요청한 사람에게 우리가 만드는 것을 팔지 못하면 그건 성과가 없을 테니까요."

일반적으로 돈은 제품 개발, 더 흔하게는 마케팅에서 들어왔다. 마케팅부서는 미래의 잠재제품에 담긴 가치뿐 아니라 콘티의 연구팀이 만들어가는 이야기의 가치를 알아보았다.

"CTO실의 100명으로 구성된 우리 팀은 오토데스크 관련 언론 보도의 절반을 차지합니다. 훌륭한 이야기에는 연관된 달러 가치가 있어요."

연구팀은 성장하면서 팀을 오토데스크의 '특수부대'로 규정했다. 작지만 고성능의 다각화한 팀으로 어떠한 미션도 가능하도록 설계했을 뿐 아니라 최고위층에 보고가 가능하고 필요한 만큼 행동할 자유가 있었기 때문이다. 이 팀에 주어진 임무는 최신 기술이 (오토데스크 고객의 내일에) 바람직한지, 실현 가능한지(그래서 오토데스크 제품 내에서 구축이 가능한지) 그리고 (잠재사업 분야로) 성장할 수 있는지 결정하는 일이었다. 콘티는 무엇보다 "팀의 다각성이 필수"라고 말했다.

"우리 팀은 50%가 여성인데 기술 업계에서 이것은 드문 일입니다. 팀원들은 취미도 다양합니다. 누구도 재주가 하나밖에 없는 사람이 없어요. 우리에겐 기계학습이 가능한(머신러닝을 구현하는) 기계공학자와 로봇을 이해하는 전기기술자도 있습니다."

중앙에서 지시가 내려오는 것이 아니기 때문에 팀은 일반적인 기업환경에서 부딪히는 마찰과 사내정치에서 벗어나 있다. 그럼 콘티의 역할은 무엇일까?

"나는 우리 팀에게 '죽 쑤지 마!'라고 말합니다. 위험은 팀원들이 전혀 상관없는 일을 좇기 시작할 때 생깁니다. 그래서 나는 회사 경영진이 우리가 돈과 시간을 낭비하고 있지 않아 마음 편하게 느끼는지 확인해야 합니다."

이 팀은 사내 과학전시회를 열어 동료들이 연구진의 부스를 방문하도록 할 수 있다. 아니면 고위 경영진을 위한 특별 가이드 투어를 할 수도 있다.

"2주 전에 그렇게 했어요. 모든 임원이 피어를 돌아다녔는데 그들에게 우리가 무슨 일을 하는지 보여주고 VR 고글을 씌워주기도 하면서 우리 생각을 설명했습니다. 그들은 파워포인트 슬라이드는 단 1장도 보지 않아요. 만약 내가 로봇 이야기를 하면 바로 곁에 그 로봇이 있기 때문에 그들의 감각이 생생하게 살아납니다. 그래서 신나게 걸으며 프로젝트를 더 친밀하게 이해하지요. 결국 그것은 앞으로 6개월간 그들이 언급할 데이터 세트이자 램RAM(데이터 저장 메모리)의 일부가 됩니다."

나는 콘티에게 그의 팀이 오토데스크에서 바꿔놓은 것을 수치화할 수 있는지 물었다. 그는 잠시 말을 멈추더니 "우리는 전략적 영향력을 미친다"고 말했다.

"우리는 결국 제품화하는 코드를 작성하고 특정 트렌드가 옳거나 그르다는 것을 증명합니다. 그러나 가장 큰 영향을 미치는 것은 내부 문화입니다. 사람들에게 위험을 감수해도 좋고 프로토타입을 만들어도 괜찮다는 것을 보여주는 거지요. 처음에는 '이 사람들은 이상해. 뭔가 멋진 일을 하는데 전혀 현실적이지 않아'라는 말을 들었습니다. 이제는 간접적으로 회사 내 여러 팀이 이런 태도를 받아들입니다."

그는 피어의 마법은 기계와 툴에서 나오는 것이 아니라 누구나 할 수 있다고 말했다.

"그런 것을 두고 공동체가 생겨났습니다. 내가 새로운 기술에 흥미를 느끼면 피어의 직원들은 세계 최고 전문가를 우리와 연결해줍니다. 이러한 접근법에는 엄청나게 큰 가치가 있어요. 구글 X와 달리 우리는 닫혀 있지 않습니다. 작년 한 해에만 2만 명의 방문객이 피어를 찾아왔어요."

샌프란시스코 피어는 오토데스크 미래 탐사 공간의 글로벌 네트워크 중 일부다. 새로운 토론토 사무소에는 리서치 연구실이 있고 보스턴 스튜디오는 건축과 건설, 엔지니어링에 초점을 맞춘다. 또한 영국의 버밍엄에는 첨단 제조시설이 갖춰져 있다.

"우리는 소프트웨어가 아니라 성과를 팝니다."

가끔은 이 회사의 미래지향적 투자가 그 매혹적인 이야기에 부응하지 못해 실패한다. 한동안 오토데스크는 바이오/나노/프로그래머블 매터Bio/Nano/Programmable Matter라는 이름의 연구그룹을 운영했다. 이곳은 생명체를 나노 크기로 합성하는 소프트웨어를 개발한다는 엄청나

245

게 야심찬 목표를 세웠다. 2014년 피어 9 오토데스크 수석연구원 앤드루 헤셀은 자기 팀이 1,000달러도 되지 않는 비용으로 합성 파이-엑스174Phi-X174 박테리오파지라는 3D프린팅 바이러스를 만들었다고 발표했다. 박테리오파지는 대장균을 공격하기 위한 설계였으나 헤셀의 더 큰 목표는 암과 싸우는 합성 바이러스를 만드는 것이었다. 연구팀은 이미 의학연구 기업 오가노보Organovo와 제휴해 3D 인간세포와 바이오프린트 장기를 설계할 것이라고 발표했다. 크게 흥분한 코왈스키는 미디어를 상대로 3D프린팅보다 합성생물학이 오토데스크에 더 큰 기회라고 이야기했다.

그러나 회사는 그 위대한 야망에서 한 발 물러선 것처럼 보인다. 헤셀은 2018년 2월 회사를 떠났고 팀은 '차세대 생물학 설계를 위한 클라우드 플랫폼 구축'을 목표로 하는 좀 더 상업적인 생명과학부서에 합류했다. 이 부서가 추구하는 2가지 프로젝트는 훨씬 덜 급진적이었다. 분자 데이터를 위한 시각화 툴과 유전자 염기서열을 코드화하는 소프트웨어 구축 프로젝트는 이 그룹이 2018년 7월 해체하면서 중단되었다. 여전히 공공연하게 오토데스크를 지지하는 헤셀은 "대담하게 실험하려는 의지가 있는 회사"라고 말했다. 현재 헤셀은 개를 대상으로 암을 표적치료하기 위한 바이러스 기반의 치료법을 연구하는 회사 휴먼 지노믹스Humane Genomics를 경영한다. 그는 내게 오토데스크가 초기 연구에 자금을 후하게 지원한다고 말했다.

"하지만 실험에 좀 더 일관성 있게 전략적으로 접근하지 못하는 약점이 있습니다."

다시 말해 언제나 마무리에 약하다는 얘기다. 그 후 아나그노스트와 코왈스키는 또 다른 우선순위에 직면해 있다. 가장 급한 것은 소프트웨어 라이선스 모델이 저물어가면서 지속 가능한 새로운 사업모델을 구축해야 한다는 점이다. 오토데스크를 설립했을 때 고객은 소프트웨어 디스크가 들어 있는 상자를 구입했다. 오늘날 고객은 온라인으로 소프트웨어에 접근하길 바란다. 따라서 회사는 고객이 오토데스크 서버에서 소프트웨어에 접근하도록 만드는 구독모델을 적극 추구하고 있다. 그렇지만 고객에게 사용료를 정확히 어떻게 부과할지는 아직 실험 단계에 있다. 청구서는 고객의 설계 작업이 얼마나 복잡한지, 컴퓨터 작업에 드는 시간이 어느 정도인지를 바탕으로 작성할 수 있다. 아나그노스트가 내게 말했다.

"우리는 현재 소프트웨어를 팔지 않습니다. 대신 성과를 팔지요. 클라우드는 모든 소프트웨어 기업을 구독 기업으로 바꿔놓고 있습니다. 기계학습은 모든 구독 기업을 소비 기업으로 바꿔놓고 있고요."

예를 들어 고객이 사진처럼 정교하고 아름다운 3D 렌더링을 원하면 오토데스크는 그 결과물이 얼마나 복잡한가에 따라 '클라우드 크레디트'를 판매할 수 있다.

"제너레이티브 디자인도 마찬가지입니다. 우리는 고객의 설계가 얼마나 복잡한지는 상관하지 않아요. 다만 제약조건 수에 따라 비용을 책정하지요. 이건 소프트웨어 수익 측면에서 완전히 새로운 접근법입니다. 우리에게 전혀 새로운 시장이 열릴까요? 당연합니다. 제너레이티브 디자인의 가치는 고객이 그 버튼을 누를 때마다 우리가 비용을 청구하는 데 있는 것이 아닙니다. 다른 소프트웨어를 사용하는 사람들이 '내가 오토데스크로 작업하지 않으면 뒤처지겠구나'라고 생각한다는 사실에 있는 거지요."

소비 기반 구독으로 이행하는 일에는 어느 정도 힘겨운 구조조정이 따랐다. 지난 2년 동안 직원이 9,200명에서 7,200명으로 줄어들었으나(지금은 본래대로 돌아왔다) 주주들은 그 성과를 바라보았다. 구독건수는 2018년에 372만 회까지 20%가 증가했고 연간으로 환산한 순환매출은 25%가 증가한 20억 5,000만 달러였다. 주가 역시 2018년 급상승했다.

그렇지만 아나그노스트는 아직 그 여정을 시작도 하지 않았음을 알고 있다.

"현재 사람들은 우리 회사를 전통 설계 소프트웨어 기업으로 바라봅니다. 앞으로 우리는 '설계하고 만드는' 기업으로 보일 겁니다. 그렇지 않으면 살아남지 못하겠지요. 끝이에요."

이는 이 회사가 경쟁사들이 터무니없다고 일축한 연구에 투자하고 있음을 의미한다.

"우리와 경쟁하는 다쏘 시스템스Dassault Systèmes는 우리가 말 그대로 미쳐 돌아간다고 생각했습니다. 우리가 3D프린팅을 이용해 클라우드로 작업하는 모든 것을 두고요. 이들은 수많은 포럼에서 자기 고객들은 그런 걸 요구하지 않는다고 노골적으로 말했지요. 나는 5~10년이면 우리가 다쏘의 밥그릇을 차지할 것이라고 예상합니다. 우리는 어려운 일을 하고 있거든요. 우리는 회사의 사고방식을 바꿔놓고 있어요."

최근까지 이 회사의 수익은 대부분 가장 인기 있는 소프트웨어 패키지인 오토캐드의 라이선스에서 나왔다. 오늘날 오토데스크는 클라우드 중심 구독 기업으로 AI와 제너레이티브 디자인, 합성생물학, 자가 프로그래밍 로봇, 가상현실 설계, 그 밖에 앞으로 회사의 맹점으로 발견할 뭔가를 두고 다각화한 미래에 명운을 걸고 있다. 아나그노스트가 강한 어조로 말했다.

"회사를 구하려면 회사를 부숴야 합니다. 자리에서 벌떡 일어나야 하지요. 젊음을 걸고 일하지 않으면 성공할 수 없습니다. 사람들은 '주력사업은 따로 두고 그냥 새로운 사업을 시작할 거야. 시간이 흐르면서 주력사업은 저절로 망가지겠지'라고 생각합니다. 미안하지만 세상은 엄청나게 빨리 움직이고 있습니다. 스스로 사업을 망가뜨리되 바로 지금 그렇게 해야 합니다. 용기를 내지 않으면 누군가가 대신 그렇게 할 테니까요."

전혀 새로운 창발현상이 일어나도록
조직에 불을 붙이는 법

▼

초창기 플랫폼 변화가 일어나는 동안 많은 기술 기업이 탄생했듯 오토데스크는 클라우드 컴퓨팅과 AI가 고객의 기대를 바꿔놓으면서 '실존'이라는 도전에 직면했다. 이들은 현실 적절성을 유지하기 위한 방식으로 비현실적인 연구에 투자하는 주요 기술 기업과는 거리가 멀다. 마이크로소프트의 연구 부서는 인도 벵갈루루에서 영국 캠브리지에까지 연구실을 세웠고 IBM은 MIT의 AI 연구소에 투자하고 있다. 페이스북마저 파리에서 데이터 집중 스타트업 인큐베이터를 시작했다. 오토데스크의 자유로운 탐험은 상대적으로 후한 예산과 함께 무엇보다 중요한 회사의 지지를 받는다. 이것은 둘 다 흔치 않은 일이며 이제 그 결실을 맺고 있는 것으로 보인다.

1. 최신 기술 연구에 제약 없이 투자하려면 현 수익의 얼마를 준비해야 할까? 기술이 당신의 사업모델과 관련이 있다면 그 답은 아마 '현재 당신이 투자하는 양보다 많이'일 것이다.
2. 미래의 잠재력 있는 사업기회 연구는 현재의 고객 접점 사업과 격리 조치해야 한다. 10년 내에 시장에 진출할 준비를 갖출지 결정할 때 현재의

수익창출 결정권자의 평가를 받는 것은 너무 위험하다.

3. 미래 탐색의 중심은 강력한 스토리텔링이어야 한다. 제프 코왈스키는 말했다. "스토리는 우리가 위험을 줄일 수 있도록 위험을 받아들이는 수단으로 작용합니다. 그것은 미래를 현재로 가져오는 방법입니다."

4. 외부 투자와 스타트업 인수는 사내 팀의 연구를 가속화한다. 앤드루 아나그노스트는 오토데스크가 제너레이티브 디자인의 상업화에 성공한 것은 런던 소프트웨어 기업 위딘 테크놀로지스를 8,850만 달러에 인수한 것에서 기인했다고 말했다.

5. 프로토타입을 만들고 실험해야 한다. 그러나 그 실험을 제품 생산팀으로 옮기는 공정도 필요하다.

6. 예술가와 업계 전문가(오토데스크는 이들을 '펠로'라고 부른다)를 위한 사내 프로그램에 자금을 지원함으로써 스스로의 추정에 이의를 제기한다. 이들은 창발현상創發現像(전에 없던 특성과 행동이 자발적으로 돌연히 출현하는 현상 - 옮긴이)을 일으키는 사람들이다.

7. 현재 당신이 하는 모든 가정이 현실과 동떨어진 것이라며 버림받을 수도 있음에 대비한다. 제프 코왈스키는 미래학자 고 앨빈 토플러의 말을 인용하길 좋아한다. "21세기의 문맹은 글을 읽고 쓰지 못하는 사람이 아니다. 배우지 못하고 잊지 못하고 다시 배우지 못하는 사람이다."

9장

파리 날리던 시골 소매점이
어떻게 전 세계 전자상거래
허브가 되었을까?

DATA

빅데이터 수집기가 된 우편집배원

중국 농촌마을 시아바오에서 21년간 잡화점을 운영해온 로우 원얼은 지독히 열심히 산다. 새벽 5시부터 밤 10시까지 일주일 내내 일하던 그녀는 전자상거래 사이트 타오바오 때문에 매출이 떨어지면서 큰 고민에 빠졌다. 45세의 로우가 부지런히 움직이며 말했다.

"처음 가게 문을 열었을 때는 장사가 잘됐지만 2014년 무렵부터 사람들이 온라인에서 쇼핑하는 법을 배우면서 달라졌어요. 그러더니 스마트폰이 들어왔죠. 우리 가게에는 노인들만 왔고 우리가 바뀌지 않으면 가게가 사라질 위기에 놓였지요."

그러던 중 2015년 7월 지역 우편집배원이 로우의 소박한 가게를 데이터에 기반해 실시간 반응하는 전 세계 전자상거래의 허브로 만들자고 제안했다. 우편집배원의 도움을 받아 그녀는 전자 판매시점POS 관리용 레이저 스캐너와 영수증 출력기, 디지털 저울을 아수스 노트북에 연결했다. 이제 고객이 펀키드Funkid 포도주스나 헤이즐리브Hazelive 비누를 사고 돈을 낼 때마다 그 구매 이력이 중앙 데이터베이스에 즉각 기록된다. 이 정보는 상점 주인과 특정 고객 모두에게 연결되어 있으며 고객의 멤버십 카드에 로열티 점수가 쌓이면 이를 블루베리주스나 청주로 교환할 수 있다.

로우의 42인치 벽걸이 TV가 가게에 참여하고 있는 위챗 그룹을 보여주고 있었다. 마을 사람 10명이 공동구매하면 가능한 특별가격 운동화, 다음 날 아침 우편집배원이 가게로 배달해주는 라텍스 베개와 유기농 오리알 가격 같은 것이었다. 위챗은 그녀가 주문한 물건이 도착했음을 고객에게 알리도록 도와준다. 더운 날에는 심지어 동네에서 주문해도 배달을 해준다.

가게 차양에는 중국우정中國郵政 로고가 새겨져 있고 그 옆에는 웹사이트 주소 'ule.com'이 붉은색 로고와 함께 적혀 있었다. 이는 사업 전망을 바꿔놓기 위해 농촌마을 가게를 끌어들인 중국우정의 야심찬 판매실험이 진행되고 있음을 드러내는 단서였다. 요우러Ule는 중국의 지방에서 새로운 수익을 창출하기 위해 중국우정이 세워 급성장 중인 전국 전자상거래 네트워크다. 우체국 서비스는 로우 원얼의 잡화점 같은 수만 개의 동네 가게를 전국적인 판매-배달 네트워크로 바꿔놓았고 이것은 1만여 명의 우체국 직원이 연결했다. 여기에다 새로운 디지털 조회 시스템을 사용하는 각 상점은 언제든 전국에서 고객이 무엇을 사는지 알 수 있다. 중국우정은 중국식으로 쇼핑객의 욕망과 욕구를 전례 없이 자세히 알아낼 수 있는 어마어마한 양의 고객구매 데이터를 수집하고 있다. 나아가 이것으로 세계에서 가장 큰 실시간 판매 데이터베이스를 구성하고 있다.

무어의 법칙은 컴퓨터 처리 능력과 저장 능력, 센서, 연결성 비용을 계속 낮추고 있다. 덕분에 전통 오프라인 산업은 지금까지 자신들이 무시해온 데이터를 수집하고 팔 수 있는 수익성 높은 방식을 발견하고 있다. 가장 무게감 있는 아날로그 사업도 마찬가지다. 1969년 설립된 중국 최대 규모의 자동차 부품회사 완샹Wanxian은 최근 항저우에 '미래 도시' 완샹 이노바 시티Wanxiang Innova City를 세우기 위해 300억 달러를 투자하겠다고 발표했다. 이 도시에서는 자율주행자동차의 움직임을 기록하고 블록체인으로 다른 도시 서비스를 추적할 계획인데 그 데이터는 새로운 수익창출에 쓰일 예정이다. 이는 자동차 기화기의 범용화commoditization(오래된 기술이 가치를 상실하고 제품 수준이 비슷해지면서 기업 간의 격차가 사라지는 것 - 옮긴이)에 맞서 싸우는 하나의 방법이다.

최근 몇 년 동안 우리는 '빅데이터'의 기하급수적 성장 이야기를 들어왔다. 이제 대규모 전통 사업은 데이터 과학을 활용하는 점점 더 창의적인 방식을 찾아내고 있다. 예전에 접근할 수 없던 데이터를 채굴해 새로운 수익 흐름을 만들어내기 위해서다.

지금까지 데이터 흐름은 로우 원얼에게 유리하게 작용하고 있다. 그녀의 가게에는 우편집배원이 이웃 지역에서 그녀의 고객을 위해 오늘 가져온 참마 두 상자가 반쯤 열린 채 놓여 있었다. 그 곁에는 한 동네 농부가 가게에 가져다놓은 커다란 차 상자가 있었다. 로우의 가게 웹사이트에서 팔린 이 제품은 참마를 가져온 우편집배원이 수거해 마을로 돌아가는 길에 배달할 예정이었다. 로우는 이 과정을 '가상 상품별 재고관리단위SKU'라고 불렀는데 그 덕에 고객은 가게에 실제로 진열한 것보다 몇천 종류나 더 많은 물건을 구매할 수 있었다. 주문한 다음 날이면 면 티셔츠, 청바지, 육포, 화분, 반창고, 젓가락, 용과, 양말, 식용유, 현관매트 등 온갖 물건을 중국우정 소속 우편집배원이 확실하게 배달해주었다.

로우는 웹사이트에서 1달 만에 1,000여 명이 사는 마을에 800켤레의 신발을 팔았다고 밝혔다. 요우러 모바일 앱은 그녀의 웹사이트에서 발생한 주문량과 매출, 수익을 정확히 알려준다. 또한 요우러의 POS 단말기는 고객이 가게에서 공과금을 지불하고 우체국 은행계좌를 관리하게 해주는데 이것 역시 로우에게 수익을 안겨준다. 이제 그녀의 매출은 4분의 1이 온라인에서 발생하며 동네 농부가 생산한 것을 동네 밖에서 판매하는 거래가 점차 늘어나고 있다. 제품 종류가 너무 많아져 근처에 보관 창고를 빌려야 할 정도다.

로우의 거래 데이터는 요우러 네트워크 내에 투명하게 남아 있기 때문에 우체국은행은 그녀에게 우대금리로 9만 위안의 한도거래를 제안했다. 로우에 따르면 오프라인의 비非요우러 상점은 고객이 없어서 대부분 고전하고 있다고 한다. 반면 로우의 매출은 요우러에 가입한 이후 2배로 성장했다.

"나도 전에는 장사가 너무 힘들어서 문을 닫으려고 했어요. 지금은 모바일 공유로 하루에 우유 80개도 팔 수 있어요. 고객이 원하는 걸 내게 얘기하면 내가 그걸 요우러에 주문하고 그러면 다음 날 배달을 해줍니다. 타오바오보다 조금 비쌀 수도 있지만 가짜를 사게 될까 봐 걱정할 필요가 없어요. 내가 이 모든 걸 관리하긴 해도 성취감을 느낍니다."

샘손 영은 포화 상태에 이를 때까지 중국의 시골 상점을 연결해주는 일에 군말 없이 전념할 생각이다. 그는 "상점 100만 개가 시장을 지배하기에 딱 좋은 숫자"라고 말했다.

"중국에는 마을이 70만 개 있어요. 우리는 요우러 상점을 마을 하나당 하나, 도시 하나당 20~30개씩 열 계획입니다. 그러면 중국 전역 시골과 도시의 가장 좋은 구역을 망라할 수 있습니다."

요우러의 COO 영은 이 모든 데이터가 얼마나 가치 있는지 잘 이해하고 있었다.

"POS는 그저 시작일 뿐이에요. 네트워크에 들어온 것만으로도 각 상점은 가상의 월마트가 됩니다. 그 상점들은 인터넷 사업으로 가게에 없는 것도 팔 수 있지요. 더구나 우리는 상점 주인을 돕기 위해 상점에서 이뤄지는 모든 거래를 파악하고 있습니다. 그들이 누구에게, 하루 중 어느 때에, 어떤 날씨에 파는지 알고 있어요. 우리는 최대 효과를 낼 제품 진열을 결정하기 위해 상점 주인들과 함께 일합니다."

영의 팀은 빠르게 움직이고 있다. 2016년 8월만 해도 요우러 시스템에는 25만 개 상점이 등록되어 있었지만 그해 12월 말에는 33만 개로 늘어났고 2019년 초에는 50만 개까지 확대되었다. 각 상점 주인은 코카콜라부터 산지 양배추까지 모든 것을 식별하기 위해 전체 상품 범주를 시스템에 스캔해 입력하기 때문에 요우러는 300만 개 이상의 개별 SKU를 추적할 수 있다. 영은 안드로이드폰으로 자신이 방문하는 상점의 일일현황을 그 자리에서 훑어볼 수 있다. 즉, 그날 상점이 주문받은 물건과 수익을 바로 알아낼 수 있는데 상점 데이터는 5분마다 업데이트가 이뤄진다.

이처럼 중국 전역 상점에서 거의 실시간으로 수집하는 데이터 덕에 닐슨Nielsen이나 던험비dunnhumby 같은 서구의 소비자분석 기업이 늘 꿈만 꿔오던 세상이 열렸다. 요우러는 수백만 건의 일일구매 내역을 기록하고 이를 회원카드나 휴대전화 결제로 개별 고객과 연결함으로써 중국 소비자가 바로 지금 무엇을 사고 있는지 유례없는 조감도를 그려가고 있다.

예를 들어 당신이 맥주 회사를 운영하는데 예년과 달리 4월 날씨가 무더워 맥주 수요가 늘어나면서 유통을 최적화하고 싶다고 하자. 요우러는 어디에 당신의 트럭을 보내야 할지 알고 있다. 만약 당신 회사가 샤넬인데 가까운 도시에서 두세 시간 떨어진 마을에 사는 40대 여성 중 오늘 디올 제품을 산 사람이 누군지 알고 싶다고 해보자. 요우러의 데이터는 그 사람들을 식별해 당신이 그들의 휴대전화에 샤넬 20% 할인권을 보내도록 해줄 수 있다.

이것은 유통업체 테스코의 클럽카드를 마치 중세시대 것인 듯 고리타분하게 보이도록 만드는 성배다.

세상의 모든 판매 데이터를 갖고 있다면?

———

"당신이 세상의 모든 판매 데이터를 갖고 있으면 무엇을 하겠습니까?"

토론토의 애널리틱스 기업 루비클라우드Rubikloud의 창업자 케리 리우가 항저우에 있는 어느 회의실 탁자 건너편에 앉아 이 모든 마을-상점 데이터가 어떤 기회를 안겨주는지 설명했다.

"첫 번째, 판매 최적화가 가능합니다. 대규모 소매업체가 고객과 연결되면 이들에게 영향을 미치는 방식을 바꿀 수 있습니다. 소매업체는 넷플릭스, 아마존 프라임, 페이스북이 끊임없이 변수를 조율하며 고객층을 다루는 것과 똑같은 방식으로 고객과의 관계를 구축할 필요가 있어요. 두 번째, 브랜드와 제품 개발에 영향을 줍니다. 우리는 대형 약국체인을 대상으로 시범운영을 했지요. 고객의 소비에도 영향을 줄 수 있어요. 예를 들어 더 건강한 음식을 사도록 격려하는 거죠. 세 번째, 신제품 출시 형태를 주도할 수 있습니다."

그는 기존 판매량을 잠식하지 않고 신제품을 출시하고 싶어 한 어느 면도기 제조업체를 사례로 들었다. 루비클라우드는 새로운 면도기를 쓸 가능성이 가장 큰 2만 5,000명의 명단을 만들기 위해 소매업체 데이터베이스를 분석했다. 이어 AI를 이용해 다른 웹사이트에서 긁어온 남성 미용제품 가격 데이터를 처리한 뒤 다양한 가격 전략을 시험했다. 리우는 그 결과 제품 소비가 42% 증가했다고 말했다.

37세의 리우가 운영하는 회사처럼 벤처캐피털을 등에 업고 빠르게 성장하는 기술 기업 세계에서 고객 데이터는 언제나 이론의 여지가 없는 이득이다. 나는 기업인이 광대한 개인 데이터 축적물을 두고 윤리 문제를 폭넓게 생각하느라 잠시 멈춰 섰다는 말을 들은 적이 없다. 어쨌든 기업에는 도달해야 할 재정 목표가 있으니 말이다.

루비클라우드는 '데이터를 매출로 바꿔놓기 위해 전 세계 판매행위를 색인화하고 예측한다'는 목표 아래 2013년 4월 설립됐다. 내가 리우를 만났을 무렵 루비클라우드의 기계학습 박사와 데이터 과학자는 2,500억 달러어치의 트랜잭션 데이터Transaction Data를 처리하고 있었고 그 누적 정보량은 500테라바이트에 달했다. 주로 북미시장을 겨냥해 출시한 첫 제품은 POS 데이터와 재고 데이터, 프로모션 데이터, 고객충성도 데이터 등을 입수해 소매업체가 개별 고객행동을 대규모로 예측할 수 있도록 도왔다. 그 후 리우는 호라이즌스 벤처스Horizons Ventures의 솔리나 차우를 만났다. 호라이즌스 벤처스는 홍콩 기반의 펀드로 아시아에서 부유한 사내 중 하나인 리카싱의 기술투자를 관리하고 있다.

호라이즌스 벤처스는 신속하게 시드 투자 라운드를 이끌었지만 차우는 루비클라우드와 관련해 더 큰 그림을 그리고 있었다. 리카싱의 인터넷과 미디어 기업 톰 그룹TOM Group은 2010년 중국우정과 함께 상거래를 디지털화하기 위해 조인트 벤처 설립에 착수했다. 그 결과물이 '행복한 우편'이라고 번역할 수 있는 요우러다. 요우러와 톰 그룹은 둘 다 루비클라우드 그리고 홍콩 기반의 금융-기술 스타트업 위랩 WeLab에 투자했다. 위랩은 요우러가 대출해주기 위해 상점 주인이나 고객의 신용 위험도를 결정할 때 모바일과 오프라인 애널리틱스를 사용한다. 위랩의 공동창업자로 투자은행가 출신인 사이먼 룽에 따르면 중국에서는 지방 거주자의 64%가 은행을 이용할 줄 모르고, 상점 주인에게는 적절한 이율로 대출을 받는 데 필요한 신용 기록이 없다. 그 탓에 룽의 회사는 신용조사기관과 친목 앱 그리고 대출을 신청할 때 사용하는 모바일 기기의 데이터로 이들을 평가한다. 룽이 설명했다.

"우리는 지금까지 500만 명의 회원을 평가했고 사기 사례를 한 번도 놓친 적이 없습니다."

상점 주인은 연이율 9%에 무담보 현금대출을 받을 수 있고 이를 요우러에서 제품을 구입하는 데 쓴다. 그러면 우체국은행은 현금을 제공한다. 상점 고객은 위랩의 P2P 금융업체 위렌드Welend에 어마어마한 양의 모바일 데이터를 넘겨주면 5분 안에 대출 여부가 결정이 난다. 룽은 "800건의 데이터 포인트를 수집해 성격 특성과 책임 수준을 찾아본다"고 말했다.

"주로 전화기 모델, 사용하는 앱, 다른 사람과의 소통, SNS 구조, 신청서에 주소를 어떻게 써 넣는가 등을 봅니다. 주소를 쓸 때 대문자를 쓰는지는 파산과 상관관계가 있어요. 우리는 그게 교육 수준이라고 생각합니다. 몇 시에 대출을 신청하는지도 신용 평가에 영향을 미칩니다. 새벽 1~6시에 신청한 사람은 아침 8시에서 오후 1시 사이에 신청한 사람들에 비해 질이 나쁜 고객일 가능성이 더 큽니다."

또한 대출자는 커뮤니케이션할 때 전화기를 어떻게 사용하는가에 따라 신뢰도를 갉아먹을 수도 있다.

"우리는 전화가 오는 횟수, 통화와 통화 사이에 가장 길었던 공백과 변동성 등을 측정하기 위해 텔코와 함께 일합니다. 말이 너무 많은 고객은 좋은 대출자가 아니거든요. 심지어 우리는 문자메시지와 신용등급이 낮은 고객들 사이의 전화번호 연결까지 살펴봅니다. 이들은 서로 영향을 주고받으니까요."

잠재고객은 셀카를 찍어달라는 요청도 받는데 이 사진은 얼굴 인식으로 경찰의 신원조회 시스템과 비교할 때 쓰인다.

판매 데이터 기업과 물류 기업도 원활한 상거래를 위해 데이터 기반의 대금貸金부서를 만들고 있다. 루비클라우드의 리우가 이렇게 말했다.

"토론토에 있는 데이터 회사가 항저우에서 뭘 하는 거냐고요? 세계에서 가장 큰 소비자 시장을 무시할 수는 없습니다. 우리와 이야기를 나눈 어느 쿠키 회사는 10개 도시에서 5,000만 달러나 차이가 날 정도로 예측에 실패했습니다. 이들은 다른 브랜드의 지역 수요를 과소평가하는 바람에 가격을 잘못 책정하고 프로모션 타깃도 잘못 설정했지요. 이 회사에는 요우러가 필요합니다. 그렇지 않으면 경쟁이 너무 치열해질 겁니다. 수요를 예측하는 건 정말 어려워요. 우리 회사도 올해 수요가 제대로 눈에 들어오지 않아 1억 달러 손해를 봤습니다. 이들에게는 실시간 시스템이 더 필요하죠."

결국 고객이 누구고 그들이 무엇을 구매하며 어디에 사는지 알아야 한다는 얘기다. 리우는 "궁극적으로 실제 가게에 실시간 제품 배열 서비스를 팔고 싶다"고 말했다.

"닐슨, 던험비 같은 회사가 획기적인 혁신에 참여하고 있죠."

———

"혁명은 농부들로부터 시작됐지요."

———

52세의 첸 칭은 요우러의 창립멤버이자 회장이며 중국우정의 지역 국장이기도 하다. 그는 자신이 200년 된 기업을 어떻게 현대화해 우편저금은행을 보험까지 확장했는지 설명했다.

"이건 중국에서 나온 혁신으로 중국의 IP입니다. 인터넷 기업들이 우리를 따라 하고 있지요. 요우러는 중국우정의 부활을 돕는 주요 무기이자 촉매제입니다. 문화를 바꾸려면 혁신기술과 시장주도 사고방식을 활용해야 합니다. 우리의 택배 업무는 요우러 덕분에 지방에서 450% 증가했어요. 지금도 나는 매년 최소한 100%는 성장해야 한다고 요구합니다. 나는 중국우정에서 20년 동안 일했고 단 1번도 실패해본 적이 없어요. 이번에도 실패하지 않을 겁니다."

요우러는 기존 전자상거래의 허브인 저장성을 테스트베드test bed(시험무대 – 옮긴이)로 선택했다. 〈항저우 데일리Hangzhou Daily〉에 따르면 중국 전자상거래 시장의 3분의 1 이상을 차지하는 알리바바는 항저우에 기반을 두고 있다. 첸은 이제 중앙과 지방의 정부은행과 함께 전국으로 뻗어 나갈 준비를 갖췄다고 말했다.

"정부가 요우러에 자기들의 지역정책을 지원하라고 할 수도 있습니다. 가령 각 상점이 컴퓨터를 업그레이드하는 비용 지출에 보조금을 지급하고 농부가 요우러에 농작물 목록을 올리도록 장려하는 겁니다. 중국 인구의 70%는 시골에 살고 이들에게는 엄청난 격차가 존재합니다. 지방 거주자가 질 좋은 공산품에 접근하는 것이나 농부가 농산물을 효율적으로 도시에 파는 데는 정보의 비대칭이 존재하지요. 다른 사람들이 죄다 추수할 때 나도 추수하면 가격이 폭락할 수 있어요. 중국우정은 본토 구석구석까지 미칠 수 있는 중국 유일의 기업입니다. 따라서 이들 문제를 해결하는 데 기술을 이용하고 싶습니다."

더구나 중국우정이 자체 데이터 플랫폼 위에 구축한 전국 상거래 운송 네트워크의 중추로 다시 태어나는 것은 경영에도 큰 도움을 준다. 중국우정의 주요 사업은 금융·물류 활동의 부흥과 함께 크게 상승세를 타고 있다. 첸은 요우러를 기반으로 한 거래가 곧 2,000억 위안(약 33조 3,000억 원)을 초과할 것으로 예측하고 있다. 농부들이 더 많이 거래할 경우 요우러 관련 물류량과 우체국은행 예금 관련 현금량이 증가한다. 2015년 우체국은행의 현금예금액은 1,500억 위안이었고 2016년에는 2,000억 위안이었다. 요즘 50만 개의 지방 상점을 연결하느라 바쁜 첸은 요우러가 성장의 절반을 담당한다고 말했다.

"지방을 연결한 뒤 그다음 50만 개는 도시 상점을 연결할 겁니다. 도시인이 요우러에서 농부들에게 유기농 채소를 주문하는 걸 생각해보십시오. 우리에게는 냉장창고가 있어서 도시의 동네 가게까지 배달할 수 있습니다. 그리고 농부들에게 돌아갈 이익을 떠올려봅시다."

첸은 요즘 도시에서는 생강이 500g당 6위안(약 1,000원)에 팔리지만 농부가 손에 쥐는 돈은 1.5위안(약 250원)이라고 설명했다.

"우리는 농부에게 3위안을 주고 구매해 요우러에서 4.5위안에 팔겁니다. 중국우정은 자본을 대여하고 요우러는 영업을 도우며 이익은 우리 모두 나눕니다."

여기에는 우편집배원의 이동수단을 자전거에서 미니밴으로 업그레이드하는 문제가 존재한다. 이는 고용주가 아닌 근로자가 미니밴을 사도록 만들어야 하는 문제다. 첸은 열정적으로 말했다.

"우리는 우편집배원에게 우체국은행에서 돈을 빌려 밴을 사라고 권유하고 있습니다. 그러면 추가수입을 벌 수 있으니까요. 중국우정은 주유비를 지원하면서 직원에게 배달을 아웃소싱하는 셈입니다. 이들은 도매제품을 배달하면서 추가수입을 얻는데 다른 우체국 서비스에서는 그렇게 하지 않습니다."

만약 직원들이 밴을 구매하는 걸 거부하면 어떻게 될까?

"직원들은 모두 공산당원이고 노조가 없어요. 이들은 중국에 가장 이익이 되는 것이 무엇인지 잘 알고 있습니다. 우리는 사람들의 머릿속을 바꿀 필요가 있어요. 그게 아니라면 그들을 다른 직업으로 옮겨

줄 수 있습니다."

샘슨의 형제인 켄 영은 요우러 모델이 어떻게 중국의 '지방 문제'가 도시로 급속히 번져가기 전에 해결해줄 것인지 설명했다.

"공산주의의 출발점과 같습니다. 혁명은 농부들로부터 시작됐지요."

영은 홍콩을 기반으로 한 톰 그룹의 CEO이자 '창업사관학교'라 불리는 미국 싱귤래리티대학교에서 보낸 시간을 사랑하는 열정가이기도 하다. 우리는 저장성 위항구의 어느 창고에 상자째 켜켜이 쌓인 상품 사이를 걸어 다녔다. 예전에 우편물 분류소로 쓰던 $550m^2$ 크기의 그 창고는 곧 5배 더 큰 장소로 대체할 예정이다. 이곳은 마을 상점의 상품을 보관하기 위해 요우러와 협력하는 중국 전역의 400개 중국우정 창고 가운데 하나다.

톰 그룹은 요우러의 지분 42%를 소유하고 있고 43.7%를 소유한 중국우정에 기능을 부여하기 위해 이곳에 와 있다. 영은 "우리는 사람들에게 기술 예비지식을 불어넣고 그들은 지상 작전을 수행한다"라고 말했다.

"이전에 중국에서 이베이를 운영해봤기 때문에 전자상거래를 잘 압니다. 그래서 우버가 택시기사들을 디지털화했듯 판매를 디지털화하고 있지요. 우리는 매일 수만 명의 판매자에게 피드백을 듣고 우편집배원은 매일 열다섯 마을을 방문합니다. 우편집배원은 POS 기기를 설치하고 코치처럼 상점 주인을 훈련시킵니다. 새로운 (소프트웨어) 출시 제품을 어떻게 사용하는지 알려주는 거지요."

그 결과는 명백하다. 총 상품판매량은 매년 3배씩 증가하고 있고 정치인은 이들에게 경의를 표하러 찾아온다.

"알리바바 역시 마지막 한 구석까지 연결하려 애쓰고 있습니다. 이들은 2년 후 20만 개 직매점을 갖출 거라고 예상했는데 18개월이 지난 지금 겨우 1만 7,000개뿐입니다. 핵심은 알리바바는 상거래 기업이고 요우러는 데이터 기업이라는 것입니다."

서비스 사업으로 변신한 새로운 시멘트 제조업

스위스 북부 취리히-오리콘 기차역 근처에서 귀도 주레가 1891년부터 중장비를 생산해왔고 직원이 14만 명에 달하는 산업계 거인 ABB가 왜 미래의 사업모델을 구축하기 위해 데이터에 집중하게 되었는지 설명했다. 1890년 변압기 기술을 선도하고 1954년부터 발전기를 보호하는 회로차단기를 만들기 시작한 이 회사는 오늘날 가치사슬 안에서 그 지위를 재평가받아야 한다는 압박에 시달리고 있다. 그래서 컴퓨터공학 박사이자 실리콘 밸리와 스위스를 오가며 살고 있는 주레가 어떻게 해야 ABB가 인터넷시대 기술을 중장비 제품군에 도입해 디지털 우위를 갖추고 새로운 수익 흐름을 만들어낼지 이해를 돕기 위해 분주히 움직이고 있는 것이다.

대서양을 건너다니는 ABB의 최고디지털책임자CDO, Chief Digital Offi-
cer 주레는 시스코Cisco의 사물인터넷 사업부서를 운영하고 노키아를
디지털 의료 분야로 끌어들인 주인공으로 인터넷에 연결된 센서 사용
법을 모두 알고 있었다. 그리고 점차 늙어가는 산업계 거인은 단순히
더 많은 기계를 팔겠다는 것이 아니라 고객에게 센서로 그들의 기계
데이터에서 수집한 정보를 팔겠다고 약속했다. 주레는 회사의 오리콘
본사에서 내게 말했다.

"만약 당신이 공장을 운영한다면 인터넷이 당신을 위해 무얼 했을
까요? 한 것이 별로 많지 않을 겁니다. 인터넷은 제조업, 석유, 광업,
물류 세계를 바꿔놓지 못했습니다. 하지만 오늘날 저비용의 유비쿼터
스 컴퓨팅으로 급속히 나아가면서 컴퓨팅과의 연결성은 더 이상 장벽
이 되지 않아요. 이렇게 산업에 적용한 결과로 나온 데이터의 양은 우
리가 지금껏 보아온 것을 전부 왜소해 보이도록 만들 겁니다."

ABB는 에너지·산업·교통·인프라 부문에서 고객이 사용하는 중장
비에 센서를 부착해 원거리 모니터링과 가동시간 최적화, 신뢰성, 생
산성 등의 비용을 고객에게 청구할 수 있음을 깨달았다. 이에 따라 디
지털 기능을 갖춘 전력 변압기가 등장했고 로봇과 모터를 네트워크화
했으며 해양구조물이 진동과 전력 소비를 모니터링하기 시작했다. 이
미 사업부서 ABB 어빌리티ABB Ability는 기기 7,000만 개를 연결했고
이것으로 센서 데이터를 수집해 기계학습과 함께 분석하고 있다. 이
제 셸오일Shell Oil과 바스프BASF, BMW 같은 고객에게 실질적인 행동
을 제시하고 있는데 이것은 그저 시작일 뿐이다. 주레는 "이 모든 것이

만들어내는 새로운 가치의 방향을 생각해보라"고 말했다.

예를 들어 선박의 디젤 엔진 모니터링은 보험 회사가 사고 싶어 할 만한 데이터를 제공한다. 유전 기계류에 광섬유 케이블을 삽입하는 것은 어떤 유전이 고갈 중인지 운영사가 예측하도록 돕는다. 로봇을 서버에 연결하면서 ABB는 고객에게 새로운 기능을 제공하는 소프트웨어 '업그레이드' 버전을 다운로드할 기회를 판매하게 되었다. 주레는 "우리는 모니터링 최적화와 제품 피드백을 거쳐 컨버전스로, 다시 사업모델 혁신으로 나아가고 있다"라고 말했다.

"내가 당신에게 로봇을 팔 경우 로봇 팔이 얼마나 많이 움직이고 얼마만큼 들어 올렸느냐에 따라 당신에게 돈을 청구할 수 있는 겁니다. 그리고 당신은 막 Capexcapital expenditure(미래의 이윤을 창출하고자 지출한 비용 - 옮긴이)를 Opexoperating expenditure(갖춰진 설비를 운영하는 데 드는 제반 비용 - 옮긴이)로 바꾼 것입니다. 그러면 기업은 다른 로봇을 주문해야 하는 설비투자Capex를 최소화할 방법을 생각해내기 쉽겠죠."

또 다른 옵션은 성과를 기반으로 고객에게 요금을 부과하는 것이다. 이제 ABB는 모니터링 시스템으로 전달받는 에너지 절감 또는 효율성 향상을 바탕으로 프로젝트마다 요금을 청구한다. 시멘트 부문은 에너지 소비가 비용의 상당 부분을 차지한다. 가령 ABB는 인도의 시멘트 제조사와 함께 일하면서 모니터링 과정이 생산성을 5% 높였는데 운영비는 3% 이상 절감하고 시멘트의 질은 15% 이상 향상되었다고 주장한다. 이 시스템에서 ABB는 단순히 기계를 팔고 고객은 단 1번만 사는 것이 아니다. 대신 ABB는 정기 서비스를 팔고 고객은 반복적으로 돈을 낸다. 이것을 '서비스 사업화한 새로운 시멘트 제조업'으로 부르는 건 어떨까?

ABB의 디지털화 책임자 라미-요한 요켈라는 하드웨어에 원거리 모니터링을 어떻게 장착하는지 내게 보여주었다. 토로Toro 건물은 ABB가 발전기 차단기를 생산하는 곳으로 여기에는 문이 달리지 않은 세탁기처럼 생긴 커다란 퓨즈가 있다. 이는 밀리초(1,000분의 1초 - 옮긴이) 안에 합선을 막기 위해 발전소 내부 발전기와 승압 변압기 사이에 들어가는 부품이다. 전 세계 시장의 70%를 장악한 ABB는 여기에 데이터 수집용 내장 센서를 부착한다. 이에 따라 통제 시스템이 전압·전류·가스압·온도 등의 실시간 데이터를 수집하는 동시에 기계의 전기 수명과 기계 수명, 시간 기반 수명 등을 측정한다. 고객은 미래의 유지·보수 필요성을 예측하고 효율성을 최적화하기 위해 ABB가 데이터에 접근하도록 승인할지 결정할 수 있다.

ABB에서 22년간 근무한 베테랑 요켈라는 하드웨어 디지털화는 회사에 200억 달러 가치의 기회를 안겨준다고 설명했다. 그는 "과거에는 고객이 모든 것을 스스로 하는 걸 좋아했지만 이제는 협업의 중요성을 인식하고 있다"라고 말했다.

"그래서 우린 데이터 모니터링 사업을 합니다. 일주일 내내 하루 종일 이 시스템을 관리하는 전문가들과 함께요."

또한 ABB는 ABB 어빌리티를 위해 자체 앱을 출시했는데 고객은 필요할 때마다 이 '마켓플레이스'에서 기계에 필요한 추가 기능을 살 수 있다. 그렇지만 이 산업계 거인을 재조정하는 것은 여전히 쉽지 않다. 요켈라는 1년에 120일을 길 위에서 보내며 고객이 무엇을 원하는지 배우고 기술 개발을 따라잡는다. 귀도 주레와 함께 그는 ABB의 기업 문화를 바꾸려 노력하고 있기도 하다. 그의 설명에 따르면 한편으로는 고객의 성공사례를 보여주고 다른 한편으로는 타카두TaKaDu 같은 외부 협력업체와 생태계를 구축하면서 이를 달성하고 있다. 타카두는 물이 새는 수도관을 관리하기 위해 데이터 애널리틱스와 AI를 사용하는 이스라엘의 스타트업이다.

주레는 자신의 역할을 '사내 변화 주도자'로 규정한다. 이는 현재의 주력 사업에 몰두하면서 고객의 시야에서도 멀어지지 않고 데이터 중심의 새로운 기회를 배양·축출·육성하는 것 사이에서 균형을 찾는 역할이란 의미다. 그는 회사 전반에서 200명을 선발해 팀을 만들었는데 이 팀은 사업부서가 일하는 방식과 사고방식을 바꾸도록 교육, 정보 제공, 격려하는 역할을 맡고 있다. 그렇다고 중국우정처럼 100만 명의 우편집배원을 새로운 형태의 데이터수집기로 바꿔버리는 수준은 아니다. 주레의 이 소박한 팀은 항상 사내에서 마찰과 저항에 부딪힌다. 사람들은 언제나 변화를 불편해하지 않던가. 이 사실을 잘 알고 있는 주레가 말했다.

"기술 진전은 우리가 본 그 어떤 것보다 더 치열해지고 빨라지고 폭이 넓어지고 있습니다. 이제는 그것이 공업 분야 차례지요."

전통 아날로그 사업이
데이터 주도 사업으로 변신하는 법

▼

데이터 애널리틱스를 창조적으로 사용할 때 온갖 종류의 새로운 상업기회가 생긴다. 믿을 만한 데이터 흐름에 접근해서 더 유리한 의사결정을 위해 이를 가공하는 기업은 눈부신 새로운 가치를 창출할 수 있다. 벤처 자금을 지원받은 어느 스타트업은 지구를 실시간으로 스캔하는 나노위성 무리를 만들었는데, 이제 위성에서 데이터를 얻고 여기에 접근하는 비용이 떨어지고 있다. 그 스타트업은 캘리포니아의 오르비탈 인사이트Orbital Insight로, 8,000만 달러(약 944억 원)를 지원받은 이들은 무엇보다 쇼핑몰 야외주차장에 세워진 자동차 수를 모니터링하는 데 위성을 사용한다. 이 데이터는 고객 수요 증감의 사전지표로 투자자에게 판매한다. 내가 투자한 이스라엘 기업 윈드워드Windward는 바다에서 20만 척의 배를 추적해 비정상적인 행동 패턴을 짚어낸다. 이 회사의 고객 중에는 첩보기관과 보험 회사도 있다.

전통 아날로그 사업은 어떻게 해야 새로운 데이터 주도 사업 분야에 진출할수 있을까? 일단 데이터를 공급받을 출처를 파악했는가? 다음은 같은 상황에 처해 본 임원들이 주는 몇 가지 팁이다.

1. 비디지털 기업을 디지털화하려면 가끔 새로운 구조, 새로운 경영진 아니면 둘 모두 필요할 수 있다. ABB는 개별 경영팀의 보호 아래 새로운 사업을 육성했다. 귀도 주레는 새로운 사업이 번창하기 위해서는 초기에 내부 보호가 필요하며 주력사업과 거리를 유지해야 한다고 설명했다. 일단 이 새로운 팀이 일부 성공을 거두면 이들을 주력사업에 합류시키고 그 역할을 열렬히 알려야 한다. 주레는 그 과정을 변화를 일으키기 위한 일련의 단계로 여겨야 하며 높은 실패율에 대비해야 한다고 말했다.

2. 한 사람의 업무를 완전히 바꿔놓으려 하지 않는다. ABB의 방식은 회사 사업부서 전체에 디지털화 옹호자 200명을 곳곳에 배치하는 것이다. 이상적이게도 사람들은 먼저 조직 내부에서 신뢰를 쌓았다.

3. 사내 커뮤니케이션은 확고하고 일관성이 있어야 한다. 주레의 오른팔인 오토 프레이스는 이렇게 말했다. "본사에서 나오는 모든 커뮤니케이션이 우리 디지털 프로젝트를 언급합니다. 덕분에 사람들은 우리 프로젝트가 꾸준히 지속될 거라고 생각합니다."

4. 인센티브 예산을 제시한다. 각 팀은 단기 수익 목표를 달성하기 위해 사업모델 변화에 저항할 수 있다. ABB에는 클라우드 호스팅 같은 새로운 요건에 필요한 돈을 지불하는 데 쓸 수 있는 중앙자금이 있다. 또 중앙에서 제시한 사내 실험에 필요한 자금의 절반을 지원해준다.

5. 변화를 활성화하려면 소프트스킬soft skill(조직 내에서 커뮤니케이션과 협상, 팀워크, 리더십 등을 활성화하는 능력 – 옮긴이)의 가치를 간과해서는 안 된다. 비공식 네트워크를 구축하고 '변화 챔피언'을 발견해 이를 장려하며 디

지털 챔피언을 찾아내기 위해 팀 빌딩에 초점을 맞추자.

6. NIH Not-Invented-Here(외부에서 들여온 해결책에 무조건 회의적으로 반응하는 태도 - 옮긴이) 문화의 징조와 맞서 싸운다. 기업이 디지털화에 성공하려면 외부 파트너들과 함께 일할 필요가 있다. 미래의 성공은 더 넓은 생태계의 일부가 되는 것에 달려 있다.

10장

왜 성공한 사람들은 그저 운이 좋았다고 말하는가?

CHANCE

빌딩 설계가 암 치료에 도움을 줄 수 있을까?

빌딩 설계가 암 치료에 도움을 줄 수 있을까? 이 질문은 건축가 데이비드 킹이 프랜시스 크릭 연구소Francis Crick Institute 작업을 하면서 7년 동안 몰두한 질문이다. 이 연구소는 유럽에서 가장 크고 가장 야심찬 의생명연구소로 8만 3,000m² 건물에서 암·심장병·유전병을 표적으로 삼아 생화학자, 신경과학자, 면역학자, 컴퓨터생물학자, 그 밖에 다른 전문가가 모여 각자의 과학 분야 사이에 존재하는 벽을 허무는 곳이다. 연구소 설립자들은 인간 건강의 기저인 생물학을 밝히고 끔찍한 질병을 진단·치료·예방하는 새로운 방법을 발견하려면 연구진이 전례 없는 방식으로 협업해야 한다고 말했다. 이에 따라 킹은 학문 사이에 적극 대화를 촉진하는 공간을 만들기 시작했다.

킹은 휑뎅그렁한 유리 아트리움을 지나 서로 연결된 복도를 거쳐 개방된 연구실과 500석을 갖춘 식당 그리고 형형색색의 편안한 '협업 공간'을 여럿 보여주고는 토론실 중 하나에 들어가 내게 말했다.

"다른 분야에서 어떤 일이 벌어지고 있는지 배우는 것은 중요합니다. 그래서 전체 건물을 사람들의 상호작용을 장려하는 것에 초점을 두고 설계했어요."

크릭 연구소는 시작부터 하이브리드 프로젝트였다. 영국 정부와 자선단체 그리고 세 군데 대학교에서 자금을 지원받은 이곳은 '영역 없는 발견' 개념을 중심으로 설계가 이뤄졌다. 무엇보다 전통 연구센터와 달리 부서가 없고 연구자에게는 종신재직권이 없는 대신 직감대로 움직여도 상관없는 자유가 있다. 또 10명의 과학자로 구성된 실험그룹 120개 사이에는 물리적 장벽이 없고 학제 간 논의를 위해 전혀 상관없는 분야에서 온 팀들을 서로 가까이 배치했다. 팀장의 사무실은 크고 폐쇄적인 회의를 열지 못하도록 아주 작게 만들었다.

킹은 건물의 주요 구역 4곳을 가르는 2개의 넓은 아트리움을 지적했다. 아트리움 주변에는 실험용 쥐 사료상자가 놓여 있었고 두 아트리움이 만나는 곳에 휴식과 회의 공간이 있었다. 3분의 1이 뚫려 있는 각 층의 바닥은 위층까지 이어져 시각적으로 2배는 높아 보였다. 그리고 중간에 있는 개방형 계단은 지상 8층을 모두 이어주었다. 시각적으로 연결된 이 개방형 설계는 동료들과 우연히 마주치거나 다른 팀이 무엇을 하고 있는지 알기 쉽게 해준다. 킹이 내게 말했다.

"많은 것이 개방성과 시각적 투과성에 의지하고 있습니다. 우리가 마을 공터처럼 생각한 중앙의 협업 공간 개념도 마찬가지입니다."

계단은 의도적으로 승강기보다 접근하기 쉬우면서 과학자들이 서로 마주쳤을 때 좀 더 오래 머물도록 넓게 만들었다. 벽부터 지붕까지 이어진 외부 유리벽은 일반적인 연구소의 폐쇄적이고 공격적인 특성과 정반대로 투명한 느낌을 자아낸다. 킹이 주장했다.

"이곳은 과학을 전시한 것과 같습니다. 건물 안에 있는 사람들은 단절된 느낌을 받지 않지요. 햇빛을 받다 보니 더 활기가 느껴집니다."

이렇게 건물을 상호 연결과 협업을 유도하는 개방형으로 설계한 이유에는 그럴듯한 논리가 있다. 꽉 막힌 생각으로는 암을 해결할 수 없을 것이 아닌가. 6억 5,000파운드(약 9,133억 원)의 예산을 받은 프로젝트 기획팀은 처음부터 게놈 발견 속도를 가속화하고 생물정보학, 합성생물학, 면역학, 단백질유전정보학, 기계학습 같은 최신 학문과 결합해야 한다고 생각했다. 그래야 관례적인 연구 전문주의의 문을 활짝 열어젖히고 새로운 진단과 치료 방법을 고안하는 신나는 기회를 누릴 수 있다는 이유에서였다. 상피줄기세포 연구자, 데이터 과학자와 함께 일하는 미세가공 엔지니어는 협업해서 신선한 방식으로 문제에 맞선다. 기계생물학자와 이론물리학자는 호평을 받는 동료평가 논문을 촉발하는 대화를 시작할 수 있다. 노벨상을 수상한 유전학자로 크릭 연구소를 운영하는 폴 너스 경은 자신의 미션이 전통 과학의 고정된 틀을 무시하는 일종의 부드러운 무정부 상태를 장려하는 것이라고 했다. 그의 관점처럼 혁신은 똑똑하고 일탈을 즐기는 전문가들의 아이디어가 충돌할 때 생겨난다.

서로 다른 전문가들 사이의 건설적인 충돌이 가능한 작업 공간 설계는 금융부터 제조업까지 여러 분야에서 진정한 혁신을 자아낸다. 가장 설득력 있는 사례 연구는 전기통신 산업에서 찾아볼 수 있다. 과거의 독점 전화회사 AT&T는 자체 벨연구소에서 트랜지스터와 실리콘 태양전지, 레이저, 초기 통신위성, 첫 휴대전화 시스템을 내놓았다. 5년 동안 벨연구소의 혁신 과정을 연구하고《벨 연구소 이야기》를 펴낸 작가 존 거트너는 이 창조 문화가 1925~1959년 연구자에서 이사장 자리까지 올라간 머빈 켈리에게서 나왔다고 보았다. 연구자의 물리적 가까움을 핵심으로 본 켈리는 이론, 연구, 제조 분야 전문가들을 한 지붕 아래 하나의 팀에 배치했다. 반드시 충돌이 일어나도록 하기 위해서였다. 그는 뉴저지 머레이 힐에 상호작용을 촉진하는 건물을 설계하도록 돕기도 했는데 이를테면 무지막지하게 긴 복도 같은 것이 있다. 거트너는 이렇게 썼다.

"아는 사람과 문제, 주의를 돌리게 만드는 것, 그리고 아이디어를 수차례 마주치지 않고는 그 긴 복도를 지나다니는 것이 불가능했다. 식당에 점심을 먹으러 가는 물리학자는 쇳가루 위를 굴러가는 자석과 같았다."

DNA 이중나선 구조를 발견한 영국 분자생물학자 프랜시스 크릭은 서둘지 않는 공동 점심식사에서 자연스레 생겨나는 대화의 가치를 잘 알고 있었다. 크릭이 1953년 2월 28일 자신이 종종 맥주와 샌드위치를 먹으며 일하러 들르는 캠브리지 이글펍으로 달려가 "우리가 생명의 비밀을 발견했다!"라고 선언한 일화는 꽤 유명하다. 드디어 제임스 왓슨, 모리스 윌킨스, 로잘린드 프랭클린이 이중나선 구조를 발견한 것이다. 폴 너스 경은 "크릭은 밥을 먹으며 과학 아이디어를 토론하는 걸 지지한 사람이다. 그는 최고의 협력 아이디어는 편안한 시간 중에 피어난다고 믿었다"라고 말했다.

이 개념은 1970년대에 MIT에서 조직심리학을 연구한 토머스 앨런이 '앨런 커브Allen Curve'를 설명하면서 뿌리내렸다. 앨런 커브는 엔지니어들이 얼마나 자주 서로 대화하는지와 얼마나 멀리 떨어져 앉아 있는지 간의 지수 관계를 의미한다. 2m 떨어져 앉은 엔지니어들은 20m 떨어져 앉은 이들보다 자주 대화할 가능성이 4배 더 높았다. 앨런이 발견한 이 상관관계는 심지어 문자와 음성 메시지 시대에도 여전히 유효하다. 가까이 앉은 동료와 더 많이 대화하는 게 당연하니 그리 놀라운 이야기는 아닐지도 모른다. 그렇지만 그 근접성이 낳는 결과는 무척 흥미롭다. 서로 가까이에서 일하는 동료들은 다른 공동저자보다 더 많은 과학논문을 내놓을 뿐 아니라 후대 연구자들이 더 자주 인용하는 고품질의 논문을 쓴다.

2010년 이경준, 존 브라운스타인, 리처드 밀스 그리고 아이작 코헤인은 온라인 학술지 '플로스 원Plos One'에 하버드대학교 캠퍼스 3개 전반의 생명과학 연구를 분석한 결과를 발표했다. 이들은 펍메드PubMed 검색엔진으로 1999~2003년에 발표한 2,000개 학술지(모두 20만 명의 저자) 중 하버드대학교 소속 저자가 1명 이상 참여한 3만 5,000편의 논문을 분석했다. 이후 이들은 각 저자의 위치와 이들이 논문을 발표한 해에 사용한 특정 사무실을 지도에 표시한 뒤 공동저자 간의 물리적 거리를 측정했다. 결국 그들은 인용 횟수에 기반한 논문의 영향력은 저자들이 얼마나 가까이 앉아 있는가와 긍정적 상관관계가 있다는 결론을 내렸다. 마치 세계적인 연결성의 이점은 없는 것처럼 얼굴과 얼굴을 맞댄 마주침이 좀 더 의미 있는 논문을 만들어내는 경향이 있었다.

우리는 여전히 영웅적인 개개인이 돌파구를 찾아낸 '유레카!' 순간을 신격화한다. 그러나 팀 협력은 적어도 1950년대 이후 계속 상승세에 있다. 특히 과학에서는 팀 협력이 가장 영향력 있는 연구를 해내는 경우가 늘어나고 있다. 일리노이주 노스웨스턴대학교의 벤저민 존스, 스테판 우흐티, 브라이언 우치는 50년간 발표한 1,990만 편의 과학논문과 210만 개의 특허를 분석해 일반적으로 팀 연구가 개인 연구보다 더 많이 인용되며 이 장점은 시간이 흐르면서 증가하고 있음을 보여줬다. 가령 이들은 2007년 〈사이언스〉에 발표한 논문 중 과학과 공학의 공동저자 논문은 단독저자 논문보다 적어도 1,000번 이상 더 인용될 가능성이 높다는 결론을 내렸다. 과학적 사고가 빠르게 퍼져가면서 학자들은 훨씬 더 깊은 전문 분야에 이끌리고 있으며 발견의 경계를 향해 나아가고자 더 규모가 크고 더 다양한 팀을 필요로 하고 있다.

협업자 간의 문화 다양성은 변화를 만들어낼까? 하버드대학교의 리처드 프리먼과 웨이 황은 이를 알아내기 위해 기발한 방법을 고안해 냈다. 이들은 1985~2008년 250만 편 이상의 과학논문에서 미국인 저자의 민족 정체성을 분석했다. 당시에는 저자 중에 영어와 유럽식 이름이 등장하는 빈도가 중국과 다른 개발도상국식 이름이 등장하는 빈도보다 상대적으로 떨어졌다. 민족 배경이 유사한 저자는 예상한 전체 논문 수보다 공동집필하는 경우가 더 높았는데 이들은 영향력이 낮은 학술지에 발표하는 경향이 있었고 인용 횟수도 더 적었다. 반면 연구팀 내의 폭넓은 민족 다양성은 그 팀이 쓴 과학논문 수준에 기여했다.

다시 말해 오늘날 중요한 과학이론을 발표할 수 있는 사람은 천재

아인슈타인이 아니라 팀원끼리 뜻하지 않은 대화를 나누면서 함께 시간을 보내는 다양한 전문가 팀이라는 얘기다.

비전을 지닌 자가 아닌 환경을 만들 수 있는 자

여러 학문을 넘나드는 MIT 미디어 연구소 설립자이자 1992년 새로 창간한 〈와이어드〉의 원 투자자인 니콜라스 네그로폰테는 1995년 11월호에 통찰력 넘치는 칼럼을 기고했다.

"새로운 아이디어는 어디에서 나오는가? 답은 간단하다. 바로 '다름'이다. 다양한 창의력 이론이 존재하지만 이들 모두가 공유하는 유일한 교리는 전혀 상관없어 보이는 것을 나란히 놓는 구조에서 창의성이 나온다는 점이다. 다름을 최대화하는 최적의 방식은 연령과 문화, 학문을 섞는 것이다."

이 처방 덕에 미디어 연구소는 지속적으로 창의력을 유지할 수 있었다. 이곳은 경쟁하는 대신 협력하는 예술가와 엔지니어, 과학자들로 교수진을 구성했다. 여기서 탄생한 발명품은 킨들 화면에 쓰이는 것과 같은 전자잉크, 레고 마인드스톰, 초기 웨어러블 컴퓨터, 기타 히어로Guitar Hero 같은 비디오게임이다.

미디어 연구소의 현 소장 이토 조이는 소위 '승인이 필요 없는 혁신 Permissionless Innovation'을 주재한다. 그는 "불법이 아닌 한 괜찮다"고 말했다.

"나는 연구소를 운영하지 않아요. 내 역할은 보호자와 경호원 사이 어디쯤입니다. 결론은 문화죠."

이는 다양한 기술과 배경을 갖춘 자유로운 사람들을 채용하고 배치한다는 의미다. 관습에 얽매이지 않는 능력도 마찬가지다. 이 연구소의 디렉터스 펠로Director's Fellow 프로그램은 지금까지 '전통과 거리가 있는' 인재들을 유치하고자 나사의 우주비행사, 구치소에 한 번 다녀온 전과자, 사이버 마술사 등을 영입했다.

나는 최근 보스턴 외곽에 있는 이 연구소를 방문해 말라리아모기 유전자를 편집해 인간의 생명을 구하는 법을 연구 중인 케빈 에스벨트, 신체 내부에 입는 감지 장치를 만드는 카난 다그데비렌, '식품 컴퓨터Food Computer'를 만들어 농업을 바꾸려 하는 케일럽 하퍼, 벽에 전파를 쏴서 누가 그곳에 있는지 알아내고 그들의 자세와 심장박동수, 심지어 감정 상태까지 측정하는 연구를 하는 파넬 아디브 등과 이야기를 나누며 시간을 보냈다. 여기에 모인 이 똑똑하고 다양한 전문가들은 미디어 연구소에 천재성을 부여해준다. 감수해야 할 위험성이 있다면 이들이 개별 프로젝트 그룹에 머물면서 서로 우연히 마주치는 일이 없어질 수도 있다는 점이다.

스티브 잡스는 이것을 이해했다. 2000년 12월 그는 픽사 애니메이션 스튜디오를 캘리포니아 에머리빌의 폐업한 델몬트 통조림 공장이 있던 2만 ㎡ 공간의 건물로 옮겼다. 처음에는 각각 애니메이터와 기술팀, 경영진을 위한 세 건물을 세우기로 했으나 잡스는 이를 뒤엎고 중앙에 커다란 2층짜리 아트리움이 있는 단독 공간을 짓자고 주장했다. 그는 〈뉴욕타임스〉와의 인터뷰에서 이렇게 말했다.

"사람들이 모이고 그들 간에 충돌이 많이 일어나게 만들 방법을 찾고 싶었습니다."

어떻게 해야 전 직원 550명을 그 공간에 머물게 만들고 예술가와 소프트웨어 엔지니어 사이에 예상치 못한 상호작용을 촉진할 수 있을까? 먼저 잡스는 우편함을 그곳에 두기로 결정했고 이어 회의실과 카페테리아도 거기에 배치했다. 가장 흥미로웠던 것은 그가 유일한 화장실을 아트리움에 두기로 계획했다는 점이다(후에 항의가 빗발쳐 그는 타협할 수밖에 없었다). 훗날 픽사의 영화 '인크레더블', '라따뚜이'를 감독한 브래드 버드는 다음과 같이 말했다.

"처음에 아트리움은 공간 낭비처럼 보였습니다. 하지만 스티브는 사람들이 서로 우연히 마주쳐 아이콘택트를 하면 뭔가 큰 일이 벌어진다는 걸 알았지요."

이 전략은 보기 좋게 통했다. 픽사의 전 최고창작책임자CCO, Chief Creative Officer는 "나는 이곳만큼 협업과 창의성을 자극하는 건물을 본 적이 없다"고 말했다. 혁신 효과를 정확히 측정하는 것은 어렵지만 잡스는 픽사를 500만 달러(약 59억 원)에 사들였는데, 20년 후인 2006년 디즈니는 픽사를 74억 달러(약 8조 7,000억 원)에 인수했다.

그렉 브랜듀는 잡스와 긴밀하게 일한 픽사의 기술부사장이었고 예전에는 잡스를 자신의 컴퓨터 회사 NeXT에 채용하기도 했다. 이후 그는 10년 동안 새로운 가치 창출을 위해 조직을 변혁하려면 무엇이 필요한지 배웠다. 그는 내게 진정한 혁신 지도자란 자신의 역할을 비저러니Visionarie(비전을 지닌 자 – 옮긴이)가 아닌 '다른 사람이 번성할 환경을 창조하는 자'로 봐야 한다고 말했다. 이들은 단기적인 주식시장의 압박 너머를 보면서 기업이 무엇을 하고 있는지가 아니라 잠재적으로 무엇을 할 수 있는지에 초점을 맞춘다. 이를테면 새로운 유형의 MP3 플레이어를 만들어낸 세기 전환기의 어느 회사처럼 말이다. 그렇다면 이런 아이디어는 어떻게 솟아나는가?

브랜듀는 자신의 책《집단 천재성: 혁신을 이끄는 기술과 실제Collective Genius: The Art and Practice of Leading Innovation》에 나오는 연구 결과에서 다음 패턴을 발견했다. 첫 번째, 효과적인 혁신 문화는 '창의적 찰과상'을 조장한다. 이 경우 새로운 아이디어 창출을 위해 '어떠한 반칙도 허용하는' 토론이 이뤄질 것이라는 내부 기대를 할 수 있다. 두 번째, '창의적 민첩함'이 있어야 한다. 빠른 실행과 반성, 수정으로 아이디어를 테스트하고 다듬는 프로토콜이 필요하다. 브랜듀는 구글의 문샷 팩토리(4장 참조) 경험에 공감하며 "자기 아이디어를 너무 사랑해서 혹은 다른 무언가로 인해 그 아이디어를 포기할 수 없어서는 안 된다"고 말했다. 세 번째, '창의적 해결'이 필요하다. 이는 통합 결정을 내리는 능력을 의미한다. 브랜듀는 "우리가 살펴본 최고 기업은 A라는 아이디어와 B라는 아이디어를 택해 완전히 새로운 아이디어인 C를 내놓는다"고 했다.

여기에는 약간의 운도 따라야 한다. 1998년 픽사가 '토이스토리 2'를 제작할 당시 브랜듀는 컴퓨터 운영을 담당하고 있었다. 개방적으로 협력한 픽사의 직원들은 컴퓨터 네트워크에 광범위하게 접근할 수 있었다. 그런데 불행히도 회사의 어느 직원(아직까지 공개되지 않았다)이 모든 애니메이션 파일을 저장한 컴퓨터 드라이브에 '/bin/rm-r-f*'라는 악성 프로그래밍 명령어를 입력했고, 이 명령어는 시스템에 모든 파일을 삭제하라고 명령했다. 더 끔찍했던 일은 알고 보니 백업 테이프가 제대로 작동하지 않았다는 사실이었다. 영화는 대부분 삭제되었다. 브랜듀는 "18개월 동안 진행한 작업물을 잃었다"고 회상했다.

에머리빌 본사를 뒤덮은 극심한 공포 속에서 영화의 기술감독 갤린 서스먼은 차분한 목소리로 자기 집에 가면 실리콘 그래픽스Silicon Graphics 사의 워크스테이션 컴퓨터가 있다고 말했다. 몇 주 전 아들 엘리를 낳은 그녀는 출산휴가 동안 작업하기 위해 영화 복사본을 집에 가져갔던 것이다. 모든 시선이 서스먼에게 꽂혔고 그녀는 즉각 볼보를 보내 컴퓨터를 담요에 소중하게 감싼 채 가져왔다. 그것은 최근 업데이트한 영화의 마지막 남은 복제본이 담긴 컴퓨터였다. 그녀의 건강한 출산이 영화를 살린 셈이었다.

어쨌든 브랜듀는 그 책임을 지고 사직서를 써서 스티브와 픽사 스튜디오 회장 에드 캣멀에게 갔다.

"그들은 회사 사람들에게 내가 이전에도 무능해서 일을 망친 적이 있거나 앞으로 또 그런 일이 벌어질 수도 있는지 물었습니다."

그런 다음 그들은 브랜듀에게 사직서를 받지 않겠다고 하면서 이렇게 덧붙였다.

"앞으론 절대 데이터를 잃어버리지 마시오."

연인과 헤어진 뒤 시작된 버닝맨

우연한 만남에 담긴 힘을 가장 집약적으로 보여주는 사례는 연례축제 버닝맨Burning Man일 것이다. 이 축제는 우리가 인생에서 흔히 겪는 연인과의 헤어짐 이후 시작됐다. 래리 하비는 당시 여자친구와 그녀의 14세 아들을 데리고 하지夏至 기념으로 샌프란시스코의 베이커 비치에 가곤 했다. 그야말로 로맨틱한 순간이었다. 모닥불을 중심으로 붐 박스에서는 음악이 흘러나왔고 2개의 마네킹이 소파 위에 쌓여 있다가 불길 속으로 제물처럼 던져졌다. 모래 위에 사랑의 맹세를 썼던 나뭇가지들 역시 불타올랐다. 하지만 이 관계는 2년 뒤 끝나버렸고 하지 기념일의 추억은 하비에게 고통으로 남았다.

"내 마음은 갈기갈기 찢겼고 중년의 위기를 겪었습니다. 그 상태가 터무니없이 2년이나 이어졌죠."

14년 후 그는 네바다주의 어느 연설에서 이렇게 말했다.

"친구에게 '제리, 사람을 …, 사람을 태워보자'라고 말했습니다."

그의 친구 제리 제임스와 하비는 통나무 자투리로 2.4m 크기의 사람 목상을 만들었고 그것을 해변까지 가져가 석유를 잔뜩 부었다. 그리고 거기 모인 35명 앞에서 제물처럼 태워버렸다. 때는 1986년 6월 22일이었고 예술가이자 철학자, 조경사이던 하비는 그렇게 개인적인 실험과 창조를 표현하는 연례기념행사가 된 그 축제를 시작했다.

오늘날 버닝맨 행사는 8월 말 네바다주 사막에서 7만 명이 모인 가운데 1주일 동안 치러진다. 참가자들은 뮤턴트 비히클Mutant Vehicle(돌연변이 차량이라는 의미로 참가자들이 자유롭게 고안한 차량이다 – 옮긴이)과 예술작품 설치, 실험적인 삶과 집중 참여, 급진적인 자기표현 등으로 임시 도시를 만든다. 페이스북의 마크 저커버그와 아마존의 제프 베조스도 참가했고 테슬라, 우버, 에어비앤비, 드롭박스 창업자들도 마찬가지다. 단골 버너Burner(버닝맨 참가자를 칭하는 말 – 옮긴이)인 구글 창업자 래리 페이지와 세르게이 브린은 CEO를 물색한 지 1년 만에 46세의 버클리 박사이자 선마이크로시스템스Sun Microsystems 임원이었던 에릭 슈미트를 선택했다. 브린은 블로거 독 셜스에게 말했다.

"에릭은 우리가 CEO를 찾기 위해 만나본 사람 중 버닝맨에 가본 유일한 사람이었어요. 그건 우리가 중요하게 생각하는 기준이었습니다."

임시 사막 정착지 블랙 록 시티Black Rock City는 리노시에서 북쪽으로 160km 떨어진 곳에 17km² 가량 뻗어 있는 먼지 자욱한 메마른 용암지대와 알칼리 평지 위에 세워진다. 이곳은 전력이 공급되지 않고

문명과 떨어진 곳으로 길고 뜨거운 길을 따라 한참 운전해서 가야 가장 가까운 마을이 나타난다. 그러므로 참가자들은 필요한 모든 음식과 물, 물품을 스스로 준비해서 숙식을 직접 해결해야 한다. 버닝맨은 현금이 없는 경제 체제로 기프팅gifting(선물을 주는 행동 - 옮긴이)은 장려하지만 유일하게 팔 수 있는 물품은 커피와 얼음뿐이다. 상업 행위는 완전히 지양하며 차량 위에 붙은 로고도 가려야 한다.

이 도시는 시계방향 패턴으로 배열하는데 방사형 거리는 시계바늘 위치에 맞춰 2시부터 10시까지 이름을 붙인다. 그 후 ABC 순서로 이름을 붙인(알고리즘Algorithm, 벤더Bender, 사일론Cylon에서 레온Leon까지[해마다 축제 주제에 따라 이름이 바뀌며 이는 2018년 거리명이다 - 옮긴이]) 고리 모양 거리가 그 위로 교차된다. 이를테면 내가 찾는 텐트는 4시가와 레온가에 있다는 식이다. 캠프는 6명에서 400명까지 참여하는 테마 캠프일 수도 있고 예술과 아트카 또는 버닝맨 자체를 후원하는 전문가 캠프일 수도 있다. 테마 캠프를 등록하려면 몇 가지 규칙을 따라야 하는데 이것이 버닝맨 문화에 풍미를 더해준다. 즉, 공동체 전체에 개방하는 행사나 활동이 시각상 '자극적'이고 '친절'하며, '상호적'인 주제여야 한다. 원으로 이뤄진 도시 한가운데에는 '맨'이 있다. 맨은 토요일 밤 의식에 따라 불태우는 커다란 목재 형상으로, 버너들이 잃은 부모나 애완동물 등 강렬한 감정적 상징으로 꽉 들어찬 화려한 '템플Temple'을 불태운다.

2004년 하비는 버닝맨의 10가지 원칙을 규정했다. 여기에는 근본 포괄성("누구든 버닝맨의 일부가 될 수 있다")과 근본 자립("버닝맨은 개개인이 자기 내면의 자원에 의지해 발견하고 실행하길 장려한다"), 근본 자기표현('개인의 독창성 있는 선물'에서 기인한다), 공동 노력("우리 공동체는 창의성 있는 협동과 협업에 가치를 둔다") 등이 들어 있다. 반反거래 문화는 '기프팅'과 '비상업화'라는 원칙에 고스란히 담겨 있다. 또 자기표현은 '시민의 책임의식'과 '흔적 남기지 않기' 원칙으로 절제가 이뤄진다. 진정성 담긴 경험은 '참여'와 '즉시성'으로 정의할 수 있고 그 밖에 '무규칙성'은 마법을 일으키는 이례적인 기업가정신을 고취한다.

이에 따라 창의성 있는 사고와 운 좋게 우연히 깨닫는 아이디에이션Ideation 혹은 열린 마음에서 나오는 새로운 사업모델 탐색을 추구하는 조직은 버닝맨을 경험하거나 연구하는 것만으로도 훌륭한 성과를 얻는다. 블랙 록 시티는 활기 넘치는 아이디어의 풍요로운 보고寶庫다. 직관에 어긋나는 에어비앤비의 공유경제나 크라우드펀딩을 기반으로 제조업체가 주도하는 킥스타터Kickstarter(미국 크라우드펀딩 서비스 – 옮긴이)가 버닝맨의 영향 없이 태어나는 모습은 상상할 수 없다. 버닝맨은 집단행동, 사회적 상호작용 그리고 시장을 신선한 방식으로 생각하도록 만들어준다.

자유롭게 규제하고 비판을 삼가는 '창의성 과잉 공동체' 버닝맨은 두드러지게 효율적으로 움직인다. 나는 자전거를 타고 플라야playa(바다 없는 '해변')를 지나는 동안 왁자지껄하게 장식한 아트카, 당당한 나체 옆에 정교하게 만든 핸드메이드 의상, LED로 강렬하게 연출한 패션 디스플레이, 계획에 없던 단체 춤, 관객이 참여하는 미술전시, 끊임없이 들려오는 마음을 끄는 음악과 억제하지 않는 인간의 온기 같은 것을 보며 이를 느꼈다. 그 와중에도 스마트폰은 거의 눈에 띄지 않았다. 이곳에서 일론 머스크와 그의 사촌 린든 라이브는 2004년 태양열 회사 솔라시티SolarCity 아이디어를 얻었고, 2018년 참가자들은 해체한 보잉747기를 비현실적인 대형 '아트카'로 바꿔놓았다. 그곳은 거대한 창작 공간, 야외 미술 전시장, 한계를 뛰어넘는 패션쇼장, 사회적 실험이 동시에 일어나는 공간이다. 또 스테이터스 쿠오 무시, 신속한 프로토타입 제작, 긍정적인 자기신뢰가 넘쳐나는 곳이다. 버닝맨은 샌프란시스코 베이 에어리어Bay Area의 스타트업 문화에서 핵심 역할을 맡고 있으며 실험적인 사고방식, 반복해서 도전하는 문제해결 자세, 반문화 성향의 규범 파괴 등을 강조한다. 머스크가 선언했듯 버닝맨은 '그 자체가 실리콘 밸리'다.

2009년 스탠퍼드대학교의 프레드 터너 교수는 학술지 〈뉴 미디어와 사회New Media & Society〉에 구글과 관련된 논문 '버닝맨의 보헤미안 기풍은 실리콘 밸리에서 부상한 새로운 형태의 생산을 어떻게 뒷받침하는가'를 발표했다. 블랙 록 시티는 해마다 1주일 동안 평소에는 슈퍼 자본주의적인 기술 엘리트들을 위해 '공유지' 역할을 한다. 이들 기술 엔지니어는 예술을 목적으로 소규모 기술 프로젝트를 시작하고 이를 중심으로 공동체를 구축하면서 현금 없는 경제 체제 아래 '협력하는 공동 생산의 이상'을 축하한다. 터너는 그럼에도 불구하고 버닝맨이 하이테크 기업에서 부를 창출하는 그들의 본업을 정당화하는 데 실제로 기여한다고 지적했다. 이들이 사막에서 자아실현과 프로젝트

설계를 추구하며 구축하는 유토피아 세상이 그해의 나머지 시간 동안 '엔지니어링이 더 좋은 세상을 만들어간다'고 그들에게 안도감을 준다는 얘기다. 훗날 터너가 말했다.

"현대 기술 분야에 끼치는 버닝맨의 영향은 산업화 시대 제조업체에 프로테스탄트 교회가 끼친 영향(근면, 성실, 검소를 강조한 프로테스탄트 윤리는 기업가들의 활동을 정당화했다 – 옮긴이)과 같다고 생각합니다. 버닝맨은 프로젝트를 중심으로 실리콘 밸리를 움직이는 팀 생산 활동의 모범입니다. 동시에 이를 집단의 영적 수련으로 바꿔놓고 있어요."

가까이에서 평가해보면 나날이 발전하는 이 실험은 결함 있는 유토피아를 보여주는 것 같다. 공동체주의 기풍은 수만 달러를 낸 회원에게 개인 셰프와 경비원, 호화로운 스위트룸을 제공하는 프라이빗 VIP 캠프가 흐려놓고 있다. 그리고 지나친 행동의 자유는 전통 기업 리더들이 수용하는 것보다 더 큰 저항을 불러일으킬 수도 있다. 내가 이 책을 위해 조사활동을 하며 주최 측 중앙캠프에서 사흘간 머물 때 본 〈데일리 메일Daily Mail〉은 '사막 위의 방종'이라는 헤드라인 아래 두 쪽에 걸쳐 굉장히 비판적인 폭로기사를 냈다(부부 교환, 난교 텐트, 언제든 손에 넣을 수 있는 마약 등). 하지만 창발적 리더십, 아이디어 발굴, 메이커 문화, 팀 빌딩, 제품 반복시험, 사회적 협력, 매혹적인 스토리텔링, 자기신뢰, 문제해결, 스테이터스 쿠어에 도전할 때의 회복탄력성 등을 연구하는 방식으로 버닝맨 만한 훈련소는 없을 것이다.

토니 셰이의 다운타운 프로젝트

기업 세계에서는 어떤 교훈을 얻을 수 있을까? 코워킹 스페이스 증가는 더 다양한 네트워크나 영향력에 접근하려는 기업과 반항아의 존재를 암시한다. 내가 초기에 개인적으로 투자한 국제 코워킹 체인 세컨드 홈Second Home은 다국적 기업과 초기 단계 기술 회사를 결속해주는 하이브리드 문화가 그 인기 비결 중 하나다. 폭스바겐과 언스트 앤 영Ernst & Young, 쿠시먼 앤 웨이크필드Cushman & Wakefield 등은 세컨드 홈의 스피탈필즈 지점에 입점해 있다. 예전에 카레 식당이 즐비한 카펫 공장이던 이곳에서 상업부동산 기업 쿠시먼 앤 웨이크필드는 부동산에 중점을 둔 스타트업 액셀러레이터를 시작했다. 특히 그들은 공동소유와 공동임대 주거 방식을 제안하는 언모기지Unmortgage 같은 기업에 투자했다. 초기 단계 기업 역시 공동복도와 카페에서 만들어지는 인맥으로 이득을 본다. 재생에너지 가스와 전기 공급업체인 벌브Bulb는 세컨드 홈에서 2년 만에 직원을 2명에서 100명으로 늘렸고 공동사용자 블루 스테이트 디지털Blue State Digital과 함께 마케팅 캠페인을 만드는 한편 동료 사용자 콩그리게이션 파트너스Congregation Partners의 도움을 받아 인재를 채용했다. 또 세컨드 홈의 소개로 디자인 기업 래기드 에지Ragged Edge와 함께 브랜드를 개발했다.

일부 기업은 신선한 아이디어를 제공받기 위해 자체 코워킹 스페이스를 열기도 한다. 프랑스 통신 회사 오랑주Orange는 파리에 빌라 본 누벨Villa Bonne Nouvelle('좋은 뉴스 하우스'란 뜻)을 보유하고 있는데 이곳은 코퍼워킹Corpo-Working, 즉 사내 팀들이 스타트업 사이에서 어떻게 행동해야 하는지 가르치도록 설계한 코워킹의 사촌 격이다. 스테이트 팜State Farm, 구글, 스프린트, SAP 등은 조직 내에 코워킹과 유사한 공간을 운영한다. 브루클린의 자동차 기업 미니MINI가 연 A/D/O는 코워킹 스페이스와 카페, 상점, 제작연구실 등을 결합한 공간으로 그 목표는 지역 디자이너들에게 배우는 데 있다. 미시간주 그랜드래피즈에는 스틸케이스Steelcase(사무용 가구), 울버린Wolverine(신발 제조업체), 머시 헬스Mercy Health(건강관리), 마이어Meijer(식료품 가게) 같은 비경쟁기업이 이오니아 70번지에 작업장을 갖추고 있는데 전용 공간 외에 공동 사용하는 회의실과 부엌, 개방형 작업 공간 등으로 이뤄져 있다. 그리드70GRid70로 불리는 이곳은 새로운 사업 분야를 창출할 예상치 못한 대화를 촉발하기 위해 만든 것이다. 스틸케이스의 어느 임원은 "다양한 산업에서 온 창의적인 팀들을 배합하면 혁신과 신제품, 차별화한 사고방식을 고무하는 '행복한 우연'이 만들어질 것"이라고 말했다.

그러나 기술 분야에서 우연한 행운을 대규모로 설계하려는 단 하나의 야심찬 시도는 라스베이거스 스트립에서 리무진을 타고 10분가량 걸리는 곳에서 일어나고 있다. 45세의 버닝맨 단골참가자 토니 셰이는 오랫동안 가난했던 라스베이거스의 다운타운 지역에 3억 5,000만 달러를 투자해 그곳을 '충돌Collision, 코-러닝Co-learning, 유대감Connect-edness이라는 3C로 영감·기업 에너지·창의성·혁신·경제지위 상승·발견 등이 존재하는 장소'로 바꾸고 있다.

셰이가 블랙 록 시티에서 영감을 얻은 이 실험의 목적은 부동산 개발(2억 달러)과 기술 스타트업, 교육, 문화, 소규모 기업 투자(각 5,000만 달러씩)로 이웃 지역을 되살리고 기업가와 창조적 인재를 끌어들이는 데 있다. 셰이는 자포스Zappos의 특이한 CEO로 온라인 신발판매점 자포스를 창업해 2009년 아마존에 12억 달러에 매각했다. 2015년 자포스는 홀라크라시Holacracy라는 실험을 거행했다. 홀라크라시로 직함과 위계를 없애버린 자포스는 의사결정권을 분배하고 분노를 유발했으며 직원들이 대규모로 사퇴하도록 부추기기도 했다.

2013년 5월 나는 셰이의 실험이 막 뿌리를 내릴 무렵 처음 현장을 방문했다. 셰이는 자신의 미션을 설명하면서 "우리는 기술, 제조, 패션, 예술, 음악, 의료에 투자하고 있다"고 말했다.

"만약 배경이 전혀 다른 사람들이 함께 만든 전체 생태계가 어느 한 도시 생태계의 다양한 일부에 속한다면, 만약 우리가 공유와 협업에 따른 편견이 존재하는 문화를 구축하도록 돕는다면, 정말 멋진 혁신을 보게 될 겁니다. 아마 우리는 폭발적인 성장곡선 위에 있을 것입니다."

그는 그 매력적인 비전과 함께 RoC, 즉 지역사회수익률Return on Community을 얘기하며 현재 인구밀도인 1에이커(약 4,000㎡)당 14.5인을 100인까지 올리고 싶다고 설명했다. '충돌, 코-러닝, 유대감'으로 라스베이거스 다운타운은 '세계의 코-러닝과 코워킹 수도'가 될 예정이었다. 도시경제학자 에드워드 글레이저와 리처드 플로리다 같은 도시사상가Urban Thinker의 영향을 받은 셰이는 사회와 기업의 화합으로 장기적인 경제성장을 이룰 수 있다고 확신했다. 가령 시간당 렌트가 가능한 100대의 테슬라, 강연 시리즈 구성, 해커 스페이스와 공유 작업장 개설이 그 사례다.

그는 일반적인 투자 관점이 아니라 지역사회를 일으켜 세우기 위해 이런 사업에 투자하는 것이었다.

"이를테면 빵가게 주인은 단순히 빵을 굽는 것 이상의 일을 하거나 관심사가 같은 고객들을 연결하고 싶어 합니다."

그의 말이 더러는 모호하게 들렸지만("중요한 건 사람들 사이의 연결입니다." 그는 이 말을 여러 차례 반복했다) 대체로 미션을 행복하게 진행하는 듯했다.

다운타운 프로젝트는 셰이에게 창의적인 사회 모임을 설계하고 싶어 한 자신의 관심사를 자연스레 개발한 결과물이다. 자포스에서 그는 직원들이 서로 우연히 마주치도록 만드는 것에 몰두했다. 이를 위해 그는 2010년 출판한 저서 제목처럼 '수익, 열정, 목적'을 사용해 행복 그 자체를 선사하고 뛰어난 고객서비스를 제공하며 재미를 중심으로 한 기업 문화를 만들어갔다. 모든 신입사원은 의무적으로 4주간의 고객 서비스 훈련을 받다가 중간에 그만두고 싶으면 2,000달러를 받을 수 있는 것으로 유명했다. 이것은 회사에 충분히 헌신할 수 없는 사람을 솎아내기 위한 조치였다. 셰이는 다운타운 프로젝트가 자포스의 기풍을 반영한다고 설명했다.

"기업 문화가 강력한 기업은 다른 기업보다 돈을 더 번다는 것을 보여주는 연구 결과가 아주 많습니다. 회사에서 문화의 의미는 도시에서 지역사회의 의미와 같아요. 따라서 나는 생태계, 즉 지역사회에 돌아오는 수익률이 무엇인지 보고 있습니다."

그는 만일 도시가 아이폰이라면 자신이 투자하는 3억 5,000만 달러는 하드웨어와 운영체계를 확장하고 몇 가지 훌륭한 앱을 만들어낼 것이라고 덧붙였다. 생태계의 힘은 그 플랫폼 역할을 할 것이었다. 나는 셰이에게 프로젝트의 전망을 물었다.

"라스베이거스 다운타운이 기업가 에너지와 영감, 가속학습Accelerated Learning, 지역사회가 존재하는 장소가 된다면 이곳이 예전에 성장 가능성이 낮은 장소로 꼽혔던 만큼 다른 지역사회나 도시는 핑계를 댈 여지도 없겠지요."

그런데 그로부터 5년이 지난 2018년 10월 다시 방문한 그곳은 실험의 초기 정신 가운데 일부가 사라진 듯 보였다. 앞서 말한 100대의 테슬라는 오래전에 자취를 감췄고 2,300m² 크기로 야심차게 열었던 팩토리Factorli 역시 문을 닫았다. 나는 프로젝트에 참여했던 사람들에게 이상주의는 금세 소멸됐다는 얘기를 들었다. 소외감을 느끼는 현지 주민들의 항의와 경영 전반에 담긴 의문 때문이었다. 지역의 기술 기업을 지원하기 위해 세운 베이거스테크펀드VegasTechFund는 이제 VTF 캐피털로 바뀌어 주로 상거래 기업에 초점을 두고 있으며, 포트폴리오상의 기업 중 15%만 라스베이거스를 기반으로 하고 있다.

그러나 부동산 투자 측면에서 다운타운 프로젝트는 성공하는 듯했다. 현재 인근 지역에서 700개 이상의 주거 단위를 소유·운영하고 있는데 231개의 새로운 아파트와 1,400m²의 상점 개발 단지가 빠르게 채워지고 있다. 프로젝트는 18만 m² 크기의 토지를 개발하는 중이었고 낮에는 코워킹 스페이스지만 밤에는 거대한 파티장이 되며 그 외에 호텔과 레스토랑, 바를 갖춘 골드 스파이크Gold Spike 같은 기업을 소유하고 있다. 아파트 관련 마케팅 자료는 자신들이 "거주자에게 다운타운 기업과 가까운 공간을 제공할 뿐 아니라 다른 사람들과 어울릴 기회를 제공하는 설계와 입지를 갖추고 있습니다"라고 설명하고 있다. 버닝맨 기풍을 기회주의적으로 받아들인 이것은 기프팅이나 비상업화 원칙과 거리가 멀다.

나는 운영책임자 마이클 다운스에게 오늘날 이 프로젝트를 어떻게 이해하면 좋겠는지 물었다. 그는 자신들을 "호스피탈리티hospitality 기업으로 설명한다"라고 말했다.

"우리는 주점과 상점을 보유하고 운영합니다. 우리는 부동산 기업이자 투자 기업입니다."

프로젝트는 지난 2년간 확실히 수익을 올렸으나 그것은 창의력과 혁신을 내세우며 세운 도시 인프라의 새롭고 통찰력 넘치는 모델이 아니었다. 사실 그곳은 잘나가는 부동산 개발 지역이지만 영혼은 없어 보였다. 마치 자본주의가 다시 한 번 공유지를 강제로 끌어당긴 것 같았다. 내가 전해 들은 몇 가지 비판을 얘기하자 다운스가 말했다.

"물론 우리가 더 잘했어야 하는 부분도 있습니다. 자기반성이 필요한 여지는 늘 있지요. 하지만 여기에는 미묘한 균형이 존재합니다. 우리는 민간 영리기업인데 한때 우리가 노숙자 문제를 해결해줄 것이라는 기대가 있었어요. 그건 우리 기업의 책임이 아닙니다."

그 대목에서 나는 셰이가 5년 전 나와 대화할 때 실망스러울 정도로 추상적이었던 기억이 났다. 그는 라스베이거스 다운타운이 "세계에서 가장 지역사회에 초점을 둔 대도시가 될 것"이라고 말했지만 그것이 무슨 의미인지 거의 설명하지 못했다. 나는 자본주의가 이 거대한 실험의 발목을 잡았고 이제 부동산 가치를 최대한 높이는 것이 이 회사의 중심 목표임을 깨달았다. 실제로 내가 방문한 날 다운타운 프로젝트는 DTP 컴퍼니라는 새로운 브랜드로 공식 재탄생했다. 오늘날의 기업 운영 모습에 걸맞은 기업명을 지은 셈이었다.

최상의 코워킹 스페이스를
기획하고 운영하는 법

▼

충돌, 운 좋은 우연한 부딪힘 등 당신이 어떻게 부르든 생각이 다른 사람들과의 만남은 신선한 생각을 불러일으키는 강력한 자극이다. 그러한 상호작용을 가능하게 만드는 건축은 입증된 변화의 동인動因이다. 코워킹 스페이스, 심지어 코리빙 프로젝트 증가는 부분적으로 스타트업 사고방식에 접근하려는 기업의 수요를 반영한다. 그렇다면 우리는 무엇을 기대할 수 있을까?

1. 코워킹 스페이스의 가치는 기획에 있으며 그 공동체의 핵심은 매니저다. 이들은 잡지 편집자와 유사한 역할로 문화를 규정하고 공간을 정리하며 회원자격을 걸러내고 회원들을 한데 모으는 활동을 감독한다. 위치를 선택할 때 문화 활동에 헌신적이며 공간을 함께 사용하는 기업회원이 서로에게 이익을 주는지 확인하자.

2. 기업의 코워킹 스페이스는 기대를 명확히 정의하는 헌신적인 경영진의 후원이 필요하다. 팰로앨토 다운타운의 '지역사회 워크스페이스'인 SAP의 하나하우스HanaHaus는 SAP 공동창업자 하소 플래트너의 개인적인 지원을 받았다. 파리 오랑주의 빌라 본 누벨은 HR 경영진이 후원했다. 간

식이나 축구게임기를 제공하는 것만으로는 충분치 않다. 사내 후원자는 직원들이 그 공간을 외부인과 상호작용할 때 어떻게 사용하길 바라는지 명료하게 규정할 필요가 있다.

3. 그리드70은 미시간주 그랜드래피즈의 여러 CEO가 자신들이 동일한 근무 공간에서 함께할 때 집단 혜택을 볼 수 있다고 합의한 후 탄생했다. 이 개념은 달리 적용할 수도 있다. 물론 당신의 재무팀이 다른 기업 재무팀과 함께하는 것은 꺼려질지도 모른다. 이는 비경쟁 분야도 마찬가지다. 그러나 디자인팀이나 신제품팀, 마케팅팀, 전략팀은 다양한 산업을 대표하는 동료들과 사무실에서 공개토론을 할 때 예기치 않은 이익을 얻을 수 있다.

4. 회사 내의 사무실 재배치는 새로운 아이디어를 자극하는 대화를 이끌어내기도 한다. 크릭 연구소 건축에는 6억 6,000만 파운드(약 1조 46억 원)가 들었지만 전략적으로 배치한 소파 몇 개와 에스프레소 커피머신에 투자하는 것으로 내부의 벽을 허물 수도 있지 않을까?

11장

개를 산책시키면
티켓을 주는 항공사

RECONSTITUTION

호주 전체 인구의 절반이
회원으로 활동하는 '콴타스 로열티'

플라잉 캥거루Flying Kangaroo, 공식적으로 콴타스Qantas로 알려진 호주의 국영항공사는 정규직 스크럼 마스터Scrum Master(프로젝트와 팀을 이끌고 전반적으로 책임지는 관리자 – 옮긴이)를 구한다고 광고 중이다. 또 애자일 프로젝트 매니저Agile Project Manager와 반복시험 매니저Iteration Manager도 구하고 있다. 이러한 직위가 484석의 비행기와 무슨 연관이 있는지 의아해한다면 그 지원 요건은 더욱더 승무원을 혼란스럽게 만들 수도 있다. 이 새로운 채용에서는 심박수 리뷰Heartbeat Review(애자일 방법론에서 시스템 개발 생명주기를 평가하는 것 – 옮긴이)로 최소요건제품을 만드는 동안 백로그 그루밍Backlog Grooming/Refinement(프로젝트 수행 환경 변수 때문에 백로그를 정비하는 것 – 옮긴이)을 위해 스프린트 회고Sprint Retrospective(스프린트를 마친 후 평가하는 것 – 옮긴이)와 번다운 차트Burndown Chart(남아 있는 일 대비 시간을 그래프로 표현한 것 – 옮긴이)를 논의한다.

항공사 전문용어가 모두 '도어 사이드 스탠바이! 세이프티 체크!'와 관련된 것이라고 생각했다면 나와 함께 콴타스 로열티Qantas Loyalty 혁신 공간으로 들어가 보자. 밝게 노출한 천장에 포스트잇이 여기저기 흩뿌려진 이 협업 허브는 현대 항공사의 개념 자체를 처음부터 다시 만들어가고 있다. 이 항공사의 글로벌 본사에서 고작 우선탑승 고객용 대기선 길이 정도만 걸어가면 창고를 개조한 사무실이 하나 나온다. 여기에서는 150명의 직원이 비행과 전혀 상관없어 보이는 온갖 종류의 앱과 디지털 경험을 만들고 있다. 그곳에서 몹 프로그래머Mob Programmer, 연속 배포 리드Continuous Deployment Lead, 프로세스 엔지니어Process Engineer 같은 직함을 단 이들이 소프트웨어 스타트업이 '애자일 방법론'이라 부르는 방식으로 신제품 프로토타입을 신속히 만들고 피드백에 기반해 반복하면서 이를 출시하기까지 시험에 시험을 거듭한다. 이는 궁극적인 영웅, 즉 충성도 높은 콴타스 항공의 고객을 위해서다.

이 부서를 이끄는 브라이언 펀스턴은 완전히 개방된 근무 공간을 성큼성큼 지나치며 "개발자들은 2주간의 스프린트Sprint가 끝날 때마다 자신이 무엇을 만들고 있는지 전시 공간에서 보여준다"라고 말했다. 애자일 방법론에 따르면 스프린트란 한 팀이 작업을 끝내고 리뷰가 가능하도록 만드는 기간을 말한다.

"우리는 그 전시를 'QF1 데이'라고 부릅니다. 첫 콴타스 항공편 이름을 따서 부르는 겁니다. 이런 발표는 참여를 장려하고 사람들에게 엄청나게 동기를 부여합니다. 중요한 건 당신이 어떻게 문화를 움직이는가 하는 것입니다."

콴타스 문화는 1920년 취미비행과 곡예비행에 쓰이는 복엽비행기

2대로 퀸즐랜드 앤 노던 테리토리 항공서비스Queensland and Northern Territory Aerial Services 회사로 출발한 이후 엄청난 변화를 거듭해왔다. 그러나 최근 몇 년간 통제할 수 없는 여러 요인 때문에 사업이 난기류에 휩싸였다. 예기치 않은 항공연료 가격 폭등과 주요 고정비 상승, 저가항공사 등장에 따른 항공권 가격 인하 압력이 대표적인 요인이었다. 인터넷이 이윤을 카약Kayak이나 스카이스캐너Skyscanner 같이 난립하는 온라인 가격비교 사이트로 넘겨주면서 항공사가 전반적으로 상품화한 것도 여기에 영향을 미쳤다. 2010년대 초반에는 엄청난 금전손실로 기업의 미래 자체가 위협을 받았다.

콴타스 로열티 벤처스Qantas Loyalty Ventures로 불리는 브라이언 펀스턴의 부서는 대담하고 독창적인 전략으로 항공사의 경제 현실에 도전하는 것을 검토 과제로 삼고 사업상 가치가 있는 부분을 근본적으로 재해석한다. 만약 콴타스가 계산했듯 매년 5,100만 명의 승객이 비싼 항공기 312대를 타고 비행하는 것에서 돈을 버는 일이 너무 치열하고 어렵다면 자사 고유의 뛰어난 경쟁우위를 중심으로 미래 성장을 기획해보는 건 어떨까? 놀랍도록 지속적인 성장세를 보이는 회사의 내부 부서를 기반으로 항공사의 미래가치를 밑바탕부터 재구성해보는 건 어떨까? 그래서 나온 것이 항공사의 로열티 프로그램이다.

콴타스 로열티는 풍부한 데이터와 정서적 매력을 갖춘 마진 높은 우수고객 프로그램으로 현재 호주 인구의 절반에 해당하는 1,240만 명의 회원을 보유하고 있다. 회원들은 2017년 1,200억 점 이상 포인트를 적립했고 이것을 비행좌석 500만 개로 교환했다. 그렇지만 비행은 이 프로그램의 한 측면에 불과하다. 고객은 여행 외에도 다양한 일상 활동으로 포인트를 쌓을 수 있다. 예를 들면 옷을 드라이클리닝하거나 카페라테를 주문하거나 아기 놀이방에 가구를 채우는 일이 있다. 그 후 골프, 보험가입 등 비행과 상관없는 제품이나 서비스로 포인트를 '태워 없앨 수' 있다.

이 점은 콴타스 로열티를 전체 사업 가운데 매우 수익성 높은 부문으로 만들어주고 있다. 2018년에 이 프로그램은 기본 세전이익으로 3억 7,200만 호주달러를 벌어들였고 24.1%라는 놀라운 이익률을 보였다. 이는 항공사의 국제사업 전체 수입에 가까운 액수다. 사실 국제사업으로 3억 9,900만 호주달러를 벌었으나 이익 폭은 그리 크지 않았다. 뱅크 오브 아메리카는 로열티 부문이 브랜드 충성고객을 위해 새로운 비非항공 제품라인을 계속 출시하면서 2020년 콴타스의 수익에 가장 크게 기여할 것이라고 내다보았다. 당시 콴타스의 국제·화물 부문 CEO 가렛 에반스는 런던에서 열린 항공 페스티벌Aviation Festival에서 이렇게 말했다.

"왜 밖에 나가 다른 산업들을 파괴하지 않나요? 여러분에게는 그렇게 행동할 권리가 있습니다. 강력한 브랜드와 고객 기반은 성장으로 통하는 길입니다."

혁신 창고의 펀스턴팀은 로열티 플랫폼으로 출시하도록 기획한 새로운 사업 분야를 개발하고 프로토타입을 만들어 시장에서 테스트하느라 빠르게 움직이고 있다. 이처럼 가공하지 않은 반복 접근법은 미국 기업가 에릭 리스가 대중화했다. 그는 저비용의 최소요건제품을 프로토타입으로 만들고 고객 피드백에서 배우며 끊임없이 제품을 개선하는 한편 초기 접근법이 잘못된 것으로 밝혀질 때 이를 피버팅 Pivoting(기존 사업 아이템을 바탕으로 사업 방향을 다른 쪽으로 전환하는 것 - 옮긴이)하는 '린 스타트업'을 주장했다. 리스는 소프트웨어 엔지니어들이 애자일agile(기민한)한 개발 방법이라 부르며 선호하는 작업을 기반으로 삼은 것이었다. 그 엔지니어 17명이 2001년 2월 유타주 스노버드에서 만나 '애자일 소프트웨어 개발을 위한 선언서Manifesto for Agile Software Development'를 발표했다. 이는 유연성과 지속적인 개선, 속도를 우선시하는 방법론으로 가끔 '스크럼'으로 실행한다. 스크럼은 소프트웨어를 만들기 위해 1~2주 동안 스프린트로 일하는 작은 팀을 의미한다.

콴타스 로열티 벤처스는 고객충성도를 바탕으로 한 보험 회사 콴타스 인슈어런스Qantas Insurance, 금융 부문 콴타스 머니Qantas Money 등을 포함해 여전히 새로운 사업 분야에 뛰어들고 있다. 이들의 야망은 건물 입구에 세워놓은 루나 로버Lunar Rover(달 탐사 차량 - 옮긴이) 복제품에 그대로 담겨 있다. 펀스턴은 "우리는 소프트웨어 기업에 가깝다. 먼저 디지털식으로 생각하려 노력한다"라고 말했다. 프로젝트는 2주 스프린트로 나누고 각 팀은 스프린트 목표를 달성하기 위한 진척 정도를 공유하고자 매일 스탠드업 회의를 연다. 벽마다 새로운 제품 아이디어와 진행 업데이트를 적은 스토리 카드가 빼곡하다. 펀스턴은 "빈 벽이 없어서 새로 이동식 벽을 가져와야 했다"고 덧붙였다.

한쪽 벽에 폭포처럼 쏟아질 듯 붙어 있는 포스트잇은 건강보험 앱의 개선사항을 배치한 것이었다. 메모지에는 페이지 로드 시간 측정 결과와 고객만족도, 그리고 고객 조사를 바탕으로 한 '통점pain point' 등이 적혀 있었다. 또 다른 벽에 붙은 색깔별 인덱스카드는 앞으로 6개월간의 일정계획을 자세히 보여주었다. 예를 들면 여행 퍼널Travel Funnel(퍼널은 '깔때기'라는 의미로 고객이 위치한 단계에 따라 마케팅 메시지를 달리해 결국 구매에 이르게 하는 과정을 깔때기 모양으로 표현한 마케팅 용어 – 옮긴이) 스프린트나 애플 월렛 채우기 등이다. 펀스턴은 "우리는 이걸 로드맵이라 부른다"고 말했다. 그는 그 부서에서 쓰는 일부 공통어를 골라내 설명했다.

"스프린트 내에서의 이런 계획이 바로 에픽epic입니다. 일단 우리가 계획에 동의하면 그 에픽을 다른 벽으로 옮겨 붙이죠. 그게 '스크럼 오브 스크럼scrum-of-scrum' 벽이지요. 벽에 별이 붙으면 그건 우리가 고객의 손에 새로운 계획을 쥐어주었다는 의미입니다."

이 모든 포스트잇 다운 방식은 굉장히 조직적으로 들렸다. 펀스턴이 말했다.

"동료들과 벽 앞에 서서 카드를 들여다볼 때 문제를 함께 해결하고 성장을 위해 노력하게 됩니다."

나는 오히려 이 부분이 100년 된 회사가 스타트업처럼 생각하도록 돕는 데 문제가 될 것 같다는 의견을 밝혔다. 펀스턴은 내 말을 단호히 자르며 "이건 기업과 스타트업 간의 하이브리드"라고 말했다.

"그 조합이 커다란 요인입니다. 둘이 함께 춤을 추는 거지요."

쓰러져가던 항공사,
포인트 판매로 화려하게 재기하다

콴타스는 2014년 항공사가 28억 4,000호주달러의 손실을 기록한 직후 로열티 프로그램 매각 압력에 시달렸다. 그러나 CEO 앨런 조이스는 이를 그룹이 지속 가능한 수익을 창출하도록 20억 호주달러를 투자하는 대규모 변신 프로젝트 핵심으로 삼았다. 프로젝트는 비용을 줄이고 프로세스를 중앙화하는 것뿐 아니라 고객경험에 투자하고 직원 몰입도를 심화하는 데 초점을 두었다. 그 노력은 성과를 냈고 콴타스는 2018년 160억 호주달러라는 유례없는 세전이익 달성을 발표했다. 고객만족도와 직원 몰입도 기록 수준도 마찬가지였으며 로열티 사업 수익은 계속 증가했다. 2017년에는 이 수익이 그룹 전체 수익의 약 30%를 차지했는데 조이스는 2022년까지 이를 6억 호주달러까지 올리겠다는 계획을 세우고 있다. 신용평가 회사 무디스는 콴타스의 신용 등급을 2017년 5월 상향 조정하면서 로열티 프로그램의 강점이 주요 요인이라고 말했다.

이는 콴타스 로열티가 훌륭한 돈벌이 수단이자 브리티시 에어라인이나 루프트한자의 특별할 것 없는 포인트 제공 정책보다 훨씬 더 야망이 크기 때문이다. 이 과정은 로열티 '연합'에 속하는 협력사에 이익을 남기고 포인트를 팔면서 작동한다. 울워스Woolworths 마트, 호이츠Hoyts 영화관, 록풀Rockpool 레스토랑, 에어비앤비 그리고 우버 같은 협력사는 자사 고객에게 보상해주기 위해 콴타스 포인트를 산다. 2017년 콴타스는 국제선 항공권을 파는 것보다 포인트를 팔아 더 많은 돈을 벌었다. 그 비용은 콴타스가 포인트를 변제하는 것보다 더 적게 들기 때문에 각 포인트에서 돈을 벌 수 있다. 여기에다 포인트는 일반적으로 (적어도) 24개월 후 변제하므로 콴타스는 현금 보유로 수입을 창출한다.

일부 매출은 전통 판매경로에서 나온다. 2011년 콴타스는 온라인 판매점 위시리스트Wishlist를 인수해 애플이나 아디다스 같은 브랜드에 돈을 쓰고 포인트를 쌓는 온라인 몰로 바꿔놓았다. 이는 새로운 차원의 비즈니스로 위시리스트가 벌어들이는 수익은 더 큰 기회였다. 2011년 7월 로열티 프로그램은 에피큐어epiQure를 개시했는데 이는 회원들이 퍼스트클래스에서 제공하는 샴페인을 구입하고 뛰어난 셰프들과 개인맞춤형 저녁식사를 하도록 하는 식음료 클럽이다. 목표는 고객 몰입도를 강화하고 더 충성도 높은 공동체를 형성하는 데 있다. 그리고 2년 후 콴타스는 여행객이 해외에서 쓸 수 있는 현금카드를 출시했다. 2014년 12월에는 콴타스 골프 클럽을 열어 회원들이 경기를 하며 포인트를 벌고 토너먼트 경기나 행사, (어쩌다 홀인원을 할 경우 상금으로 100만 마일리지를 받는) 골프휴가 등에 참가할 수 있게 했다.

콴타스 인슈어런스는 NIB 보험 회사와 파트너십을 맺고 항공사와

투자를 유치하는 것 - 옮긴이)를 해야 했습니다. 2시간 동안 (항공사 임원들과) 질의응답을 계속했지요. 힘겨운 시간이었지만 오히려 그들의 피드백이 요긴한 도움을 주었습니다."

시간이 흐르면서 경영진은 금융 서비스가 변덕스러운 항공 사업보다 더 안정적인 수익모델이라는 점을 이해했다. 더구나 최소한의 마케팅 비용으로 도달할 수 있는 대규모 충성고객이 이미 존재했다. 이것은 인수에 드는 비용을 줄여주고 혹시 실패하더라도 신제품 시도를 덜 위험하게 해줄 것이었다.

콴타스의 뛰어난 통찰은 로열티 프로그램이 2가지의 훌륭하고 믿음직한 자산을 제공해준다는 점에서 나왔다. 그것은 고객행동과 관심사에 관한 막대한 양의 데이터다. 고객은 그 브랜드가 자신을 보호해줄 것임을 알고 신뢰했다. 콴타스 로열티의 CEO이자 예전에 정부 관계와 콴타스 브랜드 자체를 책임진 올리비아 워스가 설명했다.

"신뢰는 하룻밤 사이에 쌓을 수 없습니다. 신뢰는 우리에게 다른 수직 체계 시장을 뒤쫓을 기회를 안겨주었지요. 이제 브랜드들은 고객 유지와 또 다른 브랜드가 고객을 빼돌리는 일에서 도전에 직면하고 있습니다. 그 점에서 우리 로열티 프로그램은 매우 중요합니다. 고객 관계에서 중심 기둥이니까요."

페이스북과 구글 같은 기업은 풍부한 데이터를 바탕으로 고객과 직접 관계를 맺고 있으며 광고주가 그 고객에게 도달하는 데 특별요금을 부과한다. 콴타스 로열티 역시 비슷한 이점을 누리고 있다. 워스가 말했다.

"디지털 기업과 달리 우리는 실제 경험을 제공합니다. 비행이라는 경험이죠. 그것이 관계를 심화하고 차별화하는 기회를 줍니다. 100년 역사를 자랑하는 우리는 호주의 상징 같은 브랜드입니다. 호주인의 마음에 특별한 자리를 차지하고 있는 익숙한 이름이고 가족처럼 사랑과 유대감을 느끼는 그런 브랜드죠."

콴타스는 디지털 기업에 부족한 부가적인 고객 데이터에 접근할 수 있는데 그 데이터는 개인맞춤형 혜택 제공에 사용한다. 2014년 콴타스는 레드 플랜트Red Plant 사업을 시작했다. 고객충성도 관련 데이터를 발굴해 그룹과 사외 협력사가 매체 구매결정 과정, 애널리틱스, 연구조사 과정을 개선하도록 하기 위해서였다. 콴타스는 고객이 온라인 활동과 오프라인 활동을 결합해 전체 행동을 이해해야 한다고 주장했다. 다음 해에는 애널리틱스와 보험통계 전문기업 테일러 프라이Taylor Fry의 대주주가 되었고, 2016년에는 데이터 리퍼블릭Data Republic에 수백만 달러를 투자했다. 데이터 리퍼블릭은 안전한 환경에서 대기업들이 (마치 연합군처럼) 정보를 교환하도록 해주는 플랫폼이다. 워스는 "우리는 데이터와 애널리틱스가 로열티 사업 성장에 핵심이 될 거라고 예상했다"라고 말했다.

"디지털 플랫폼으로 전환해 고객을 더 많이 알수록 고객 정보를 훨씬 더 잘 겨냥할 수 있습니다."

이를 위해 우수고객 페이지상의 쿠키를 수집하거나 더 광범위한 웹상에서 그들의 행동을 모니터링할 수도 있다. 레드 플래닛은 회사 내에서 사용하고 있지만 아비스Avis와 아메리칸 익스프레스American Express 같은 협력사가 매출원가를 줄이고 고객 확보를 강화하도록 돕기도 한다. 물론 그 주요 수혜자는 바로 콴타스다.

실패할 수도 있는 실험을 견뎌내고 심지어 장려하는 회사

"몇 년 전 우리는 몇 걸음 뒤로 물러서서 생각했어요. 우리가 정말로 풍부한 고객정보에 어떤 가치가 있는지 이해한다면 우리는 무얼 할 수 있을까? 우리에게는 사업 확장을 위해 어떤 분야와 시장에 들어갈 권리가 있는 것일까?"

사업파트너 간의 연합은 회원들이 영화표, 레스토랑 식사, 식료품을 살 때 로열티 포인트를 쌓거나 변제하고 싶어 한다는 것을 증명했다. 이것은 비행과 전혀 상관없는 거래였다. 따라서 콴타스는 신용카드 사용 시 포인트를 적립해주는 은행과 협력했고 그렇게 울워스 고객은 ANZ 신용카드로 계산할 때 포인트를 2배로 적립했다. 에피큐어는 얼마나 많은 고객이 음식과 와인에 신경 쓰는지 깨닫고 나서 나왔다. 그 결과 기내식을 기획하는 닐 페리Niel Perry와 파트너십을 맺었고 회원들은 그가 운영하는 록풀 레스토랑에서 포인트를 쌓거나 사용했다. 워스는 웃으며 말했다.

"우리는 '어떻게 하면 우리가 호주 경제 전반에 연합을 형성하고 콴타스 포인트를 두 번째 화폐처럼 만들 수 있을지' 생각했습니다. 어쩌면 비트코인과 유사한 개념인지도 모르지요."

이에 따라 마치 기회처럼 보험이 등장했을 때 NIB 같은 기존 보험회사와 함께 일하며 정책을 만들고 제도를 변경하는 것은 타당해 보였다. 워스는 "건강보험 사업의 핵심은 고객의 건강"이라고 말했다.

"고객이 비행할 때뿐 아니라 더 건강한 삶을 살도록 돕는 겁니다. 파트너십 접근법으로 이 시장에 독특한 것을 제안할 수 있었지요. 고객이 자신을 돌볼 때 포인트로 보상해주는 거예요."

이것은 성과를 거두고 있다. 웰빙 프로그램은 강력한 고객참여를 끌어내 콴타스가 이 변덕스러운 분야에서 순식간에 높은 성장과 만족도를 달성한 이유를 설명해주었다. 그 후 건강은 생명보험의 일부가 되었다. 워스는 이렇게 덧붙였다.

"다음에는 어떤 일로 이어질지 나름대로 가정할 수 있습니다. 미래와 관련해 유연성이 생기는 거지요."

또 다른 성장 분야는 콴타스 로열티 기반의 금융 서비스로 이것 역시 대형은행과 파트너십을 맺고 진행한다. 펀스턴팀은 사내 스타트업으로 콴타스 머니를 운영하고 있다. 이미 호주에서 쓰는 신용카드의 35%가 4개 주요 은행과의 협정 덕에 콴타스 포인트로 적립되고 있다. 2013년 이 기업은 콴타스 캐시Qantas Cash를 출시했다. 복수통화가 가능한 마스터카드의 여행용 현금카드가 72만 번 활성화하면서 35억 호주달러의 자금이 쌓였다(펀스턴팀은 최신 우수고객카드에 캐시칩을 합쳐 회원이 그 옵션을 쉽게 사용하도록 하는 아이디어를 생각해냈다). 지금은 시티은행과의 협력으로 자체 신용카드를 선보였고 콴타스는 그 경험과 제안을 조정하고 있다. 우선 2017년에는 콴타스 플래티넘 신용카드를 출시해 높은 포인트 적립률(8만 점의 가입 보너스도)과 라운지 입장권 같은 여행 특전을 제시했다. 6개월 후 여기에 에브리데이 카드를 추가해 더 낮은 연회비에 더 적은 특전(4만 점의 가입 보너스도)을 제시하며 시장의 양 끝단까지 아울렀다. 2018년 일사분기 성과에서 회사는 전체 시장이 0.05% 증가한 것에 비해 신용카드 사업은 5.3% 성장했다고 밝혔다.

나는 대담한 디지털 변혁 사례를 탐사하며 종종 '인접시장 성장' 전략으로 더 빠른 수익을 달성한 기성기업을 찾아보려 애썼다. 핵심 수입 흐름에서 벗어나 새로운 사업 분야를 구축한 사례 말이다(비록 항공사가 운영하는 건강보험과 신용카드는 '인접'의 정의를 왜곡했지만). 나는 콴타스를 만난 뒤 여러 분야에 걸친 종합 과정에는 변화의 긴급함을 인지하는 일관성 있는 리더십과 독특한 기업 문화라는 확실한 기반, 자율성을 느끼는 다양하고 의욕적인 사내 팀, 수립 과정에서의 정기적인 외부인사 감독, 실패할 수도 있는 실험을 견뎌내는(심지어 장려하는) 기민한 스타트업식 사고방식이 필요함을 배웠다.

변화를 이끌어가는 CEO 앨런 조이스는 그 이전에도 자신의 사업을 창조적으로 파괴한 적이 있다. 2003년, 그러니까 조이스가 콴타스에 합류한 지 3년 뒤 그는 자체 저가항공사인 제트스타 출범을 책임졌다. 당시 버진 오스트레일리아는 콴타스의 운임을 자꾸 낮추도록 만들어 매출에 큰 타격을 입혔다. 그때 회사 대응은 제트스타를 '매일, 하루 종일, 낮은 운임'을 제안하는 더 저렴한 국내선 항공사로 포지셔닝해서 매출을 희생하는 위험을 감수하자는 것이었다. 콴타스의 풀 서비스full service와 경쟁하는 상황이긴 했으나 제트스타는 의도적으로 시드니보다 멜버른에서 운영됐고 대부분 모기업과 독립적으로 관리됐다. 결국 성공한 제트스타는 후에 국제선까지 아우르는 제트스타 그룹으로 성장했다.

보스턴 컨설팅 그룹 시드니 지사의 시니어파트너이자 제트스타 출범에 관여한 항공전문가 톰 폰 외르첸은 다음과 같이 말했다.

"안정적인 기존 회사에서 무언가 새로운 것을 시도하려면 언제나 항체가 공격해오기 마련이고 전통 사고가 제트스타 프로젝트를 엎어버릴 수도 있었습니다. 앨런은 이 사업을 일으켜 세우며 순수하게 독립적인 경쟁 비행사로 존재하도록 보장했죠. 그것은 대담한 첫걸음이었고 성과를 거뒀어요. 콴타스는 가장 성공적인 현지 저가항공사를 사내 조직으로 둔 세계 유일의 항공사입니다. 나는 위험에 효과적으로 보상받는 거래를 진행하면서 어떻게 해야 실패를 두려워하지 않을지 배웠어요. 예를 들어 제트스타 홍콩은 실패했지만 괜찮았습니다."

중국동방항공과 조인트 벤처를 형성한 제트스타 홍콩은 운행허가를 받지 못해 2015년 운영을 중단했다. 조이스는 2008년 그룹 CEO로 승진했다. 폰 외르첸이 설명했다.

"그는 제트스타 경험을 바탕으로 자신이 스피드보트처럼 빠르게 달리고 민첩하게 변화를 일궈낼 수 있을 거라고 생각했습니다."

조이스는 본사를 재구성했고 여러 차례 경영진을 솎아냈으며 기업 문화를 바꿨다. 그의 전략은 처음부터 끝까지 사업 부문을 권한이 있는 팀 중심으로 구성하고 협업 문화 아래 건설적인 토론을 장려하며 집단 결정을 모두가 지지하도록 보장하는 것이었다.

"이전의 경영은 주로 명령과 통제로 이뤄졌습니다. 앨런은 사람들이 위험을 자초하거나 감수하도록 격려했어요. 로열티 책임자 레슬리 그랜트가 그 사업을 2배로 키우고 싶다고 하자 그는 그렇게 하라고 했습니다."

고객경험을 디지털 자산으로 만들기

보스턴 컨설팅 그룹 디지털 벤처BCGDV 소속의 폰 외르첸 팀은 콴타스 로열티가 새로운 사업을 개시하도록 돕는 중요한 역할을 맡고 있다. 브라이언 펀스턴은 "BCGDV가 MIT와 실리콘 밸리에서 데려온 글로벌 인재들과 함께 실험과 학습을 계속했다"고 말했다.

"우리가 하는 일은 과정 중에 순열 40번을 시도해보는 식입니다. 어떤 것은 그냥 실패했지요."

올리비아 워스는 "그들은 다양한 생각을 제시하고 우리가 스스로를 파괴하도록 돕는다"고 덧붙였다. 톰 폰 외르첸은 "나는 콴타스 사람들의 생각에 이의를 제기하면서 그들이 전략을 정량화하고 정확히 묘사하도록 돕는다"라고 했다. 보험 아이디어는 BCGDV 혼합팀이 참여한 혁신 스프린트 과정에서 콴타스가 혁신 사업을 시작할 만한 12개 시장을 들여다보다가 나온 것이었다.

"우리가 보험에 진출할 줄은 정말 몰랐습니다. 수많은 자기분석이 이뤄졌지요. 브랜드를 얼마나 광범위하게 확대할 수 있는지 콴타스 내에서 계속 토론을 했습니다. 많은 사람이 여전히 회사를 항공사로 보고 싶어 했으니까요."

폰 외르첸은 항공사 문화 중 일부는 꽤 긍정적이라고 했다. 콴타스는 새 비행기에 대규모로 투자하는 데 익숙했고 상대적으로 보험처럼 가벼운 자금 투자는 매력적으로 보였다.

"회사는 매일 1%씩 발전하자는 아이디어를 받아들였습니다. 보유한 데이터를 활용해 구매 퍼널purchasing funnel을 다듬고 건강 앱을 개선하려는 회사의 지속적인 개선 의지가 느껴졌지요. 콴타스는 다른 항공사에 비해 미래의 사업 형태를 생각하는 방식에서 몇 광년 떨어져 있습니다."

또한 콴타스는 전략과 실행에서 도움을 얻고자 액센츄어 컨설턴트들을 초빙했다. 2014년 콴타스 로열티가 콴타스 골프 클럽을 만들기로 했을 때 호주 PGA 챔피언십이 끝날 때쯤 끼워 팔기를 하도록 4개월 안에 시작해야 한다는 압력이 있었다. 액센츄어는 웹사이트와 예약 시스템 개발에 애자일 방법론을 도입했고 여덟 번의 2주 스프린트와 3주 스프린트 동안 개발자들과 함께 작업했다. 이때 데브옵스 DevOps라는 소프트웨어 개발 방법론을 사용했는데 이것은 시간 절약을 위해 코드 작성, 시험, 실행에 개발과 운영을 통합하는 것이다. 프로젝트는 약속 기한 내에 끝마쳤고 첫날 1만 2,000명이 넘는 회원이 콴타스 골프 클럽에 가입했다.

사내 인재뿐 아니라 외부 인재 다양성은 기업 변혁의 중심이다. 올리비아 워스는 "우리는 반드시 새로운 작업 방식을 기반으로 세운 다양한 기술을 도입해야 했다"고 말했다.

"새로운 사업은 디자인 싱킹과 완벽한 애자일 인력에 초점을 두고 있고 기술과 개발에 크게 의지하고 있습니다. 본질적으로 이건 신속하게 되풀이하는 능력이 필요한 디지털 사업이니까요. 그것이 우리의 경쟁력 있는 장점 가운데 하나입니다. 고객경험은 언제나 마음속에서 1순위지요. 비행기에서든 라운지에서든 마찬가지입니다. 그러한 기대를 디지털 자산화하는 것이 결정적이에요."

콴타스 인슈어런스와 콴타스 머니는 각자 직원 60여 명을 고용하고 있는데 그중 절반이 개발자다. 그리고 도급업자는 프로젝트상 필요에 따라 350명까지 늘어난다(세일즈, 재무, 마케팅 인력은 2곳 모두에서 일한다). 무엇보다 인재를 두고 은행이나 기술 기업과 경쟁해야 하므로 콴타스는 개발자와 데이터 과학자를 초빙하기 위해 수평적 사고를 한다. 가령 경쟁사가 데려가기 전에 참신한 인재를 찾기 위해 대학과 협력을 맺고 있으며 자체 스타트업 프로그램 내에서 잠재직원을 식별하기도 한다.

콴타스는 2017년 3월 슬링샷Slingshot과의 파트너십으로 스타트업 액셀러레이터를 만들었다. 슬링샷은 초기와 중기 단계 기술 기업과 후원 기업을 연결해주는 곳이다. 12주간의 아브로Avro 프로그램(콴타스의 첫 항공편 아브로 504K에서 따온 이름)에서 선발한 회사에는 최대 15만 호주달러를 비롯해 콴타스 멘토와 그룹 데이터, 익명 처리한 고객 통찰, 잠재적인 미래 자금, 항공사 계약 등을 지원한다.

워스는 수많은 기업의 액셀러레이터가 기업 홍보를 목표로 삼는다고 본다. 그러나 아브로는 진정 고객과 운영상의 문제를 해결하기 위해 'CEO를 비롯해 모두가 참여하는' 방식을 취한다고 강조했다. 예를 들어 고객 3명 가운데 1명이 애완동물을 키운다는 것을 알아낸 콴타스는 애완동물을 위한 에어비앤비인 매드 포스Mad Paws에 투자했다. 이런 투자는 잠재적인 금전 수익을 넘어 개를 키우는 고객에게 콴타스 항공권을 예약받는 또 하나의 이유가 된다.

파괴당하는 것이 아니라 파괴하는 조직이 돼라

콴타스는 새로운 아이디어를 초창기에 받아들이는 편이다(1965년 공기 주입형 비상탈출 슬라이드를 발명한 것은 콴타스다). 1987년부터 도입되기 시작한 현대적인 항공사 우수고객 프로그램을 콴타스는 1987년 1월 시작했고 초기 마일리지 상품 중에는 대형 괘종시계도 있었다.

고객충성도를 이끄는 콴타스의 접근 방식을 돋보이게 만드는 것은 융통성, 실용적인 방식, 그리고 일관성 있는 브랜드로 데이터 기반의 고객 중심으로 확장한다는 점이다. 어떤 경우에는 40억 호주달러의 가치가 있는 틈새사업을 구축하기도 했다. 하지만 올리비아 워스는 이를 혁신이라 부르려 하지 않는다.

"혁신이란 말은 너무 남용되고 있습니다. 지나치게 정치화해서 의미마저 사라졌어요. 중요한 것은 우리가 계속 변화하는 세상에 어떻게 적응할 것인가 하는 점입니다. 어떻게 경쟁하고, 어떻게 이기고, 어떻게 살아남을 건가요? 시장은 움직이는데 어떻게 하면 돈을 버는 지점보다 더 앞서갈 수 있을까요?"

유류비는 어느 해든 수억 달러씩 달라질 수 있기에 비용 절감은 지속 가능한 답일 수 없다.

"사람들이 뭔가 차별화된 것을 찾아내도록 만들어야 합니다."

그렇다면 다른 산업은 콴타스의 로열티 주도 개선 활동에서 무엇을 배울 수 있을까? 워스는 "고객에게 애정이 없으면 아무런 혁신도 생겨나지 않는다"라고 말했다.

콴타스는 강박적일 정도로 고객 데이터를 수집하고 분석해 새로운 수익창출 제품을 끌어낸 통찰력을 얻었다. 그와 함께 이 회사의 데이터-과학팀은 활주로 위에서 모든 비행기와 예인차, 케이터링 트럭, 가방, 예비부품의 움직임을 추적하는 방식을 배웠다. 이 모두가 효율적인 운전에 도움을 주는 측정점이었다. 워스는 이것이 '혁신팀'이 할 수 있는 역할은 아니라고 말했다. 이는 한 회사의 핵심 정체성이자, 사장과 이사회의 지지가 필요하다.

"콴타스에서 혁신은 생존 문제였어요. 어떤 것은 직접 시도해보고 가끔은 실패할 수도 있음을 깨달아야 합니다. 우리는 여러 차례 크루즈선과 호텔을 보유했고 항공기와 엔진을 제작하기도 했습니다. 그 과정에서 시행착오도 많았지만 시도하고 실패하고 또다시 시도하는 것이 기업 문화에 완전히 뿌리내려야 합니다. 그리고 그것은 고위층에서부터 내려와야 해요."

나는 그녀에게 그러한 확장에는 어떤 것이 있는지 물었다.

"확실한 건 브랜드와 긴밀히 연결되어야 한다는 거예요. 우리는 새로 수직적 기회를 들여다볼 때면 위험요소와 신뢰를 두고 아주 많은 토의를 합니다. 에스노그래피 연구를 굉장히 많이 해서 고객에게 어디까지가 한계인지 이끌어냅니다."

그럼 민첩함을 높이고 새로운 가치를 찾는 능력을 최대화하고자 하는 다른 기업에게 브라이언 펀스턴은 어떤 조언을 할 수 있을까? 그는 "이미 그렇게 하는 사람들을 방문해 대화하고 그들의 모습을 보라"고 대답했다.

"우리는 실리콘 밸리와 이스라엘, Y 콤비네이터Combinator 같은 모든 스타트업 액셀러레이터, 테크스타스Techstars, LA다저스, 스탠퍼드 등을 방문했어요. 기업과 대화를 하십시오. 그러니까 사람들의 능력과 사업 속도 같은 걸 봐야 합니다."

그런데 그는 변화 동기는 반드시 회사 지도부에서 나와야 한다고 강조했다.

"기업가적인 사람들이 필요합니다. 다른 누군가가 당신에게 뭔가를 시작하자고 요청하기를 기다리지 마십시오. 그건 사내에서 나와야 하는 겁니다. 콴타스 포인트를 콴타스 머니라는 선불식 여행카드에 넣자는 제안은 우리 팀에서 나왔어요. 우리는 생각했죠. '쉬운 결정은 아니지만 그냥 시작해보자.' 콴타스는 걸림돌을 제거하는 데 점차 능숙해지고 있습니다. 그것은 사람들의 훌륭한 아이디어를 뒷받침해줍니다."

콴타스의 혁신 노력을 가장 크게 위협하는 존재는 무엇일까? 그의 답은 아마존, 구글, 익스피디아처럼 고객 데이터가 넘쳐나고 빠르게 움직이며, 항공사를 배제하면 안 된다는 것을 모르는 선천적 디지털 기업들이다. 펀스턴은 "오히려 그래서 스스로에게 계속 솔직해질 수 있다"고 말했다.

"우리는 커다란 위협을 코앞에 두고 있는 거니까요. 그러니 스스로의 장점을 어느 부분에서 유지할 수 있는지 알아야 합니다."

앨런 조이스는 2016년 콴타스 연례평가에 이렇게 썼다.

"스마트폰, 연중무휴의 연결성, 우버나 에어비앤비 같은 새로운 사업모델은 사람들에게 더 많은 선택권과 함께 서비스·정보·오락에 더 큰 접근성을 제공해준다. 또한 세심하고 안전하게 사용하는 빅 데이터는 기업에 고객을 이해할 기회와 좀 더 개인적이며 딱 맞아떨어지는 방식으로 대응할 기회를 안겨준다."

그는 항공사 관점에서 도전과제란 '파괴당하는 것이 아니라 파괴하는' 그 나름대로의 경쟁우위를 찾아내는 것이라고 덧붙였다. 그들에게 한 세기 동안 쌓인 신뢰와 충성도는 가장 좋은 출발점이었다.

위계적인 조직에
애자일 사고방식을 도입하는 법

▼

매체 산업에 뿌리를 둔 나는 몇 년 동안 아름답고 번쩍이는 종이 위에 소비를 조장하는 말과 사진을 공들여 새기는 일을 해왔다. 스크린이 청중의 몰입도를 지배하고 광고주가 잡지 값이 무료 콘텐츠와 경쟁하기 어렵다는 사실을 깨달으면서 극도로 개인화한 타깃팅을 더 많이 요구하는 이 시대에 매체는 분명 도전받는 사업모델이다. 〈와이어드〉에서 일한 나는 처음부터 진정한 수익모델을 발견해 언론 브랜드로서의 입지를 강화하고 진정성을 유지하면서도 재무 상황을 보호해야 한다는 것을 알았다.

우리는 야심찬 컨퍼런스 사업을 시작했고 이로써 네트워킹과 교육, 즐거움을 위해 우리 공동체를 하나로 모았다. 와이어드 머니Wired Money부터 와이어드 헬스Wired Health까지 우리는 황홀한 장소를 섭외해 고품격 연사들의 강연 스케줄을 짰고 후원과 입장권 판매로 수익을 끌어올렸다. 그러면서 우리의 기업독자 중 다수가 스타트업의 사고방식을 이해하고 싶어 한다는 것을 깨달았다. 결국 우리는 와이어드 컨설팅Wired Consulting이라는 별도의 사업을 시작해 필요한 인맥을 연결해주고 우리의 네트워킹을 십분 활용했다. 호주의 어느 보험 회사는 블록체인 기업가나 건강 스타트업 창업자를 소개

받아 자신들의 질문에 답을 찾고자 우리에게 월 회비를 지불했다. 독일의 한 은행은 자사 고객 행사를 기획하기 위해 우리에게 돈을 지불했다. 우리는 편집 독립성 침해를 명백히 거절했다. 그러나 우리가 훌륭한 잡지로 어떻게 돈을 벌 수 있는지 재구성하는 데는 아무런 반대도 없었다.

우리 조직에 애자일 사고방식을 도입하는 일에 비행기가 필요한 것은 아니다. 높은 매몰비용과 유류비 변동성을 겪을 필요가 없으니 그저 그것이 얼마나 큰 행운인지만 생각하자. 그러니까 콴타스의 변신이 주는 다음 교훈을 애써 무시할 필요는 없다는 얘기다.

1. 자사 조직의 근본 가치와 기풍을 규정한다. 이것은 현재와 미래에 우리가 정면으로 부딪쳐야 할 사업상의 어려움이 무엇인지와 상관없이 타협할 수 없는 가치와 기풍을 말한다.
2. 고객이 원하는 것이 무엇인지 이해한다. 물어보고 시험해보고 에스노그래피를 잘 활용하되 반드시 고객욕구로부터 시작하자.
3. 자사 고유의 뛰어난 경쟁우위가 무엇인지 규정한다. 그 장점은 신뢰일 수도 있고 특정 전문지식일 수도 있다. 전체 가치사슬상 자사가 고객에게 혜택을 주도록 새로운 방식으로 활용할 수 있는 장점에는 무엇이 있을까?
4. 애자일 소프트웨어 개발방법론을 익혀 팀이 짧은 기간 내에 프로토타입으로 만들고 시험하고 반복하고 신제품으로 출시하는 데 이를 어떻게 사용할지 생각해본다. 그리고 애자일은 소프트웨어 개발만의 문제가 아니

라는 점을 기억하자. 중요한 건 사고방식이다.

5. 변화의 긴급성을 인식하고 위에서부터 진정성 있게 추진한다. 역설적으로 경영진은 더 많은 팀에 권한을 위임해 아이디어를 표현하고 탐색하도록 만들어줘야 한다. 위계질서에 따른 의사결정 시대는 끝났다.

6. 시선을 밖으로 돌려 협력사를 찾는다. 콴타스 로열티 회원제는 포인트를 적립해 협력사의 판매점, 은행, 그 외의 사업에서 이를 사용하도록 파트너십 연합을 구축한 후에야 급성장했다.

7. 관점과 배경, 능력의 다양화를 추구한다. 새로운 아이디어는 의견이 충돌할 때 생긴다. 조직에 기존에 없던 이질적인 과정을 끼워 넣도록 외부 에이전시나 컨설팅 회사와 함께 일할 필요도 있다.

8. 새로운 실험을 격리 조치해 지배적인 기업 문화 때문에 처음부터 질식하지 않도록 한다. 만약 제트스타가 멜버른이 아닌 시드니의 모기업 옆에 본사를 세웠다면 제트스타만의 경쟁우위를 분명히 드러내기 어려웠을지도 모른다.

9. 접근할 수 있지만 사용하지 않는 데이터가 어디에 존재하는가? 그 데이터를 어떻게 자사 고유의 뛰어난 경쟁우위로 바꿔놓을 수 있는가?

10. 외부의 도전에 직면한 사업을 창조적으로 파괴하면 그다음에 어떤 종류의 사업으로 변화할 수 있을까?

12장

460개 스타트업과 공생하는 생태계를 만들다

ECOSYSTEM

새로운 죽순이 빠르게 올라오는
대나무 숲을 만들라

대규모로 수익을 창출하는 중국은 서구에 무언가 신선한 가르침을 줄 수 있을까? 중국은 서구의 사업모델이 우려하는 부분을 혁신할 수 있을까? 나는 이러한 의문을 안고 베이징 하이뎬구 북쪽의 마오핑에 자리하고 있는 샤오미 본사를 찾아갔다. 이 회사의 고품질 기기들이 중국의 치열한 스마트폰 시장에서 특가품으로 인정받는 것은 당연하지만 그 생태계 성장은 놀랍고도 독창적인 방식으로 이뤄졌다.

샤오미의 CEO 레이 쥔은 "우리는 차별화한 중국기업이다. 모든 제품의 고품질을 보장하기 위해 비용을 아끼지 않는다"라고 말했다. 그는 애플과 달리 샤오미는 '스마트폰과 컴퓨터 기업'이 전혀 아니라고 강조했다. 대신 그는 다른 모든 인터넷 연결 제품과 서비스를 더 많이 팔기 위해 고객 기반을 구축하려고 스마트폰을 활용하는 인터넷 기업으로 보이길 원했다. 레이는 샤오미를 사물인터넷이 급부상하는 시대에 스마트 커넥티드 디바이스에 민주적으로 접근하는 회사로 봐야 한다고 주장했다.

"우리는 모든 사람에게 연결된 라이프스타일을 만들도록 도와주는 고품질 제품에 주안점을 둡니다. 지금은 기술혁신의 새로운 시대로 접어든 시점이니까요. 이는 스마트폰, 태블릿, TV, 라우터 같은 것만 의미하지 않습니다. 우리는 소위 생태계를 형성하는 스타트업에 투자합니다. 우리에게는 소비자를 위한 라이프스타일을 구축해주는 수백 가지 제품이 있죠."

그러한 스타트업들은 배터리 충전기부터 웨어러블 기기, 공기정화기, 정수기까지 다양한 제품을 만들고 이것은 상점을 비롯해 2015년 4월 샤오미가 360만 달러를 지불한 'Mi.com'에서 판매한다. 회사가 공격적으로 해외진출을 추구하면서 샤오미는 세계 고객이 발음하기에 '미Mi'가 더 쉬울 것이라고 판단했다.

또한 레이는 중국 기술 기업이 단순히 서구 제품을 따라 한다는 편견을 타파하고자 애쓰고 있다. 최근 몇 년간 샤오미의 미션은 중국 제품을 향한 세계의 시각을 바꿔놓는 것으로 발전했다. 그는 "중국에서 서구가 따라잡을 수 없는 수많은 혁신이 일어나고 있다"고 강조했다.

"예를 들어 사람들은 위챗을 단순히 메신저 앱으로 여기지만 실은 게임, 결제, 인터넷 서비스를 포함한 플랫폼으로 성장하고 있습니다. 마찬가지로 샤오미에도 독특한 사업모델이 있지요. 우리는 스마트폰 기업으로 알려져 있지만 동시에 중국에서 세 번째로 큰 전자상거래 사이트 'Mi.com'을 운영하는 전자상거래 기업입니다. 또 게임을 출시하는 인터넷 서비스 기업이기도 합니다. 우리의 모토는 '적을수록 더 좋다'는 겁니다. 이것은 우리가 더 많은 일을 하도록 도와줄 다른 기업이 필요하다는 의미입니다. 따라서 우리는 다른 기업에 투자하고 더 많은 제품을 만들도록 생태계를 구축합니다."

이 생태계의 규모는 보기 드물게 방대하다. 레이 쥔의 투자펀드 순웨이 캐피털Shunwei Capital에 따르면 2017년 중반까지 샤오미는 5,500개의 미Mi 배터리 충전기와 2,300개의 피트니스 트래커, 5,500만 개의 전원 연장용 코드, 3,300개의 카메라를 팔았고 공기청정기 분야에서 중국 최대 판매업체로 부상했다. 〈포브스〉는 미 생태계를 구축하기 위해 순웨이와 샤오미, 레이 쥔이 인터넷 기술 기업에 적어도 460번 투자했다고 계산했다. 상장 전까지 회사는 재무 데이터를 공개하지 않았지만 2016년 12월 차이나 모바일 월드와이드 파트너 컨퍼런스China Mobile Worldwide Partner Conference에서 레이는 미 생태계에서 나오는 연매출이 150억 위안(240억 달러)이라고 밝혔다. 적어도 이들 스타트업 가운데 4개는 자력으로 10억 달러 매출의 유니콘이 되었다. 4,500개의 스마트 웨어러블 기기를 판매한 후아미Huami나 미국 기업 세그웨이Segway를 사들인 모터스쿠터 제조업체 나인봇Ninebot이 대표적이다.

샤오미는 두 번째로 큰 시장인 인도에 유사한 협력업체 네트워크를 형성하기 위해 10억 달러를 투자할 계획이라고 했다. 또 전 세계에 2,000개의 미 홈 스토어Mi Home Store 브랜드를 만들고 있다. 샤오미 대변인에 따르면 샤오미는 '9-9-6기업'이다. 이는 직원들이 적어도 아침 9시부터 저녁 9시까지 일주일에 6번 일한다는 얘기였다.

샤오미의 다섯 번째 창립기념일을 축하하는 연설에서 레이 쥔은 이렇게 말했다.

"우리는 고객을 친구로 대합니다. 또한 제품을 제작하고 업그레이드하기 위해 고객의 모든 가치 있는 피드백을 고려합니다."

샤오미의 생태계 제품 책임자로 온라인 서점 조요닷컴Joyo.com을 만들어 2004년 아마존에 7,500만 달러에 판매한 리우 더는 엔젤 투자자로 나섰다. 그는 영상 기반의 SNS인 YY와 의류판매업체 판커vancl.com 같은 뛰어난 기업을 후원했고 2010년 4월에는 샤오미를 시작하기로 결정한 뒤 7명의 공동창업자를 더 모집했다. 리우는 레이 쥔을 만나기 전까지 그의 이름조차 들어본 적이 없다고 했다. 당시 그는 37세의 산업디자인 교사였고 그의 아내는 또 다른 공동창업자 홍펑의 아내와 대학기숙사 친구였다.

"샤오미의 공동창업자들은 구글, 모토로라, 킹소프트 같은 곳에서 일했던 사람들로 모두 초면이었습니다. 레이 쥔이 나를 처음 만났을 때 스마트폰의 잠재력을 말하며 함께 창업하지 않겠느냐고 물었는데 나는 거절했습니다. 그 뒤 나는 그 큰 기회를 두고 1달 동안 고민했어요."

이제 40대 중반으로 부서원 70명을 책임지는 리우 더는 샤오미 제품으로 가득한 사무실에 앉아 내게 "600가지 아이템을 판매한다"고 말했다. 여기에는 휴대전화 액세서리, 스마트 웨어러블 기기, 인터넷 커넥티드 디바이스, 스쿠터 같은 라이프스타일 제품도 포함되어 있다.

"지난 2년간 샤오미는 600개 스타트업을 평가했고 그중 54개 기업에 투자했습니다, 우리는 그들이 제품 특성을 명확히 하고 샤오미 플랫폼에 합류하도록 회사 전략 수정을 돕습니다. 그 후 판매경로나 공급사슬, 브랜딩, 재무 등 우리가 도와줄 수 있는 장점을 활용합니다.

그들은 우리의 특수부대처럼 움직이고 우리는 지휘관 역할을 하는 거지요."

놀랍게도 투자 결정은 재무 전문가가 아니라 20명의 엔지니어로 이뤄진 팀이 내렸다. 이들이 얼마나 빠르게 움직이는지는 "보통 회의 1번으로 모든 걸 결정한다"는 리우의 말이 단적으로 보여준다.

"일단 팀이 그 회사를 깊이 이해하면 전통 투자자보다 훨씬 빠르게 반응합니다. 이는 하이테크 혁신에서 완전히 새로운 방식이지요. 대다수 벤처 자본가와 투자자는 소프트웨어와 인터넷 기업 경험은 있지만 하드웨어는 아닙니다. 따라서 유명한 벤처캐피털이 샤오미의 판단에 의존하고 또 우리의 투자를 따라갑니다."

왜 샤오미는 서구의 일반적인 사례처럼 사내에 제품 개발 인재를 유치하지 않는 걸까? 샤오미는 결국 뛰어난 제조업체가 아닌가. 리우가 설명했다.

"우선 작은 회사가 우리보다 훨씬 더 빨리 움직입니다. 우리는 효율성을 갉아먹을 만큼 큰 회사가 되고 싶지는 않습니다. 직원 규모를 2배 늘리면 어떤 결정을 내리는 것이 힘겨워질 겁니다. 더구나 스타트업은 독립적으로 움직이면서 빠르게 반복시험을 진행할 수 있어야 합니다. 날렵하게 남아 변화를 빨리 받아들일 수 있어야 하지요."

리우는 거리에 나타나는 빠른 욕구 변화를 얼마나 잘 간파하느냐에 따라 죽고 사는 스타트업과 협력해야 감각을 잃을 위험을 최소화할 수 있다고 믿는다.

"현재 인터넷 기업은 말도 안 될 정도로 빠르게 성장하고 있어요. 전통 기업은 나무와 같습니다. 자라는 데 시간이 오래 걸리죠. 그러나 넘어질 때는 한 방에 무너집니다."

그는 샤오미의 접근법이 대나무 숲을 세우는 것과 비슷하다고 말했다.

"대나무 숲이 죽는 걸 본 적 있나요? 없을 겁니다. 언제나 새로운 죽순이 빠르게 자라나 계속 보충하거든요. 포트폴리오 기업에 투자하는 것은 우리가 우리만의 죽순을 키우는 것이나 마찬가지입니다. 우리는 생태계를 만들어가고 있습니다."

리우의 투자 전략을 결정짓는 것은 단기 금융수익률이 아니라 이러한 생태계의 건강이다.

"투자할 때 우리는 기업 평가는 신경 쓰지 않습니다. 중요한 것은 최고 제품과 팀을 보유했는가 하는 점입니다. 20명으로 구성된 우리 팀은 회사 이사회에 참석하지만 절대 반대표를 던지지 않아요. 우리는 창업자와 그들이 품은 꿈을 존중합니다."

월 2억 명의 활성화된 사용자에게 접근할 기회를 얻는 것이 스타트업에게도 나쁠 것은 전혀 없다. 샤오미가 투자한 지 1년 만에 배터리 충전기 스타트업 지미Zimi는 해당업계에서 세계 최대 기업으로 부상했고, 미 밴드의 제조업체 후아미는 6개월 안에 1,000억 단위를 판매했다.

샤오미는 커넥티드 디바이스를 두고 10년을 내다본 베팅을 하고 있다. 리우는 사물인터넷은 스마트폰과 모바일인터넷보다 시장이 훨씬 클 것이라고 단언했다.

"우리가 일상생활에서 사용하는 모든 것, 즉 웨어러블 기기, 시계, 체중계, 가전제품은 앞으로 10년 동안 연결될 거고 그 연결점은 당신의 스마트폰입니다. 우리는 이 기회를 잡아야 합니다. 생태계는 미래를 위한 우리의 베팅입니다."

이는 일부 벤처자본가에게 시장과 반대로 움직이는 것으로 보일 수도 있는 대담한 전략이다. 가령 초기 웨어러블 트래킹 밴드를 대대적으로 홍보한 광고는 관심을 받지 못했고 한때 기업가치가 10억 달러에 달한 웨어러블 기기 스타트업 조본Jawbone은 업계 밖으로 밀려났다. 그러나 샤오미는 수요가 발생하자마자 시장을 장악할 수 있는 위치를 차지하고 있고 운영체계와 온·오프라인 유통경로도 지배하고 있다. 또 중간 정도의 재정 투자만 할 수 있는 수백 개 독립 스타트업에 막강한 영향력을 행사한다.

샤오미의 포트폴리오 기업 가운데 하나가 만든 나인봇 미니는 시속 16km까지 달릴 수 있는 셀프 밸런싱 스쿠터다. 커다란 호응을 얻은 이 제품은 엄청난 수익창출 품목으로 떠올랐다. 나인봇의 CEO이자 창업자인 루이 가오는 내게 샤오미가 "보통의 투자자 관계보다 훨씬 더 많이 개입하고 있다"고 말했다.

"그들은 피드백을 주고, 제품 디자인을 반복시험하도록 도와주고, 공급 협력업체를 소개해주고, 판매경로를 제안합니다. 우리가 직접 그 일을 할 때보다 매출액이 5배는 차이가 나지요."

레이 쥔은 개인적으로 미니의 외형에 피드백을 주어 기존 디자인에 안정성을 더해주었다고 한다. 또 샤오미팀은 2015년 나인봇이 세그웨이를 인수하도록 도와주었고 덕분에 나인봇은 풍부한 지적재산과 수많은 특허를 보유하게 되었다. 가오가 말했다.

"개인 이동수단 이후 우리는 서비스 로봇을 검토하면서 계속 연구하고 있습니다. 중국에는 장비만 있으면 느리게 움직이는 것이 사실은 빠른 것이라는 말이 있어요. 충분히 시간을 들여 반복시험하면 제품이 시장에서 폭발적인 반응을 일으킬 때 그 수요와 규모를 빠르게 충족해줄 수 있습니다. 지체했다가 유행이 죽어버리는 킥스타터 모델과는 달라요. 나인봇 미니의 사전등록 숫자는 기대 이상이었습니다. 물론 고객이 제품을 제 시간에 받도록 보장하는 것은 우리에게 또 다른 도전입니다."

———

미 커뮤니티의 강력한 소속감과
높은 충성도의 비밀

———

한때 구글 임원이었고 지금은 페이스북에서 근무하는 42세의 휴고 바라는 2013년부터 2017년까지 샤오미 글로벌 사업부 부사장으로 있으

관련 없는 분야에서도 사업을 구축해가는 잠재력을 드러냈다. 콴타스 인슈어런스는 2015년 11월 190억 호주달러 규모의 호주 민간 건강 보험시장에 첫발을 내딛는다고 발표했다. 처음에는 2~3% 시장점유율을 목표로 삼았다. 이때 NIB는 보험·위험심사·인수심사 등을 담당하고 콴타스 로열티는 마케팅과 데이터, 고객 보유 전문지식을 제공하기로 했다. 또 기민한 반복시험으로 꾸준히 제품을 개선할 예정이었다. 이를 위해 펀스턴팀은 팀원 절반 이상이 개발자로 나서서 보험 혜택 개선을 위해 끊임없이 작업하고 있다. 예를 들어 고객은 달리기나 개와 함께 산책하는 것 같은 육체 활동을 기록할 경우 웨어러블 기술을 이용해 콴타스 포인트를 쌓을 수 있다. 이 혜택은 잠재고객을 대상으로 한 수백 시간의 에스노그래피 연구를 거쳐 제시한 것이다. 첫 2년 동안 고객은 2,250억 걸음을 걸었다. 이것은 1억 8,000만 km로 환산이 가능하며 2억 점의 콴타스 포인트를 벌어준다. 이는 시드니부터 멜버른까지 날아가는 이코노미 항공권 2만 7,000장을 예약하기에 충분한 점수다. 2017년 콴타스 인슈어런스는 호주에서 가장 빠르게 성장하는 민간 건강보험 브랜드로 부상했다.

하지만 항공 사업 내부에 건강보험 기업을 세우는 데 동의하기까지 경영진에게는 커다란 개념 도약이 필요했다. 펀스턴이 당시를 회상했다.

"우리는 콴타스 인슈어런스의 승인을 얻기 위해 샤크 탱크Shark Tank (캐나다의 리얼리티 쇼로 사업 아이디어를 샤크라는 심사위원들 앞에서 설명하고

면서 전 세계 사업 확장을 책임졌다. 그는 중국 인터넷 기업의 관점에서 성공의 궁극적 요소는 "어마어마한 사용자를 확보하는 것"이라고 설명했다. 처음에 사용자들이 의미 있는 수익을 안겨주지 않더라도 마찬가지다. 만약 이 접근법을 일부 서구 기업이 받아들였다면 그 이점을 누렸을 것이다. 예를 들어 이베이가 판매자에게 수수료를 부과하는 동안 중국의 알리바바는 몸집을 빠르게 키우려고 거래비용을 없앴다. 이제 알리바바는 금융 서비스 업계의 거인이 된 알리페이Alipay처럼 지배적이고 수익성 있는 제품 개발에 그 규모를 활용하는 반면 이베이는 매출에 곤경을 겪고 있다.

바라는 "샤오미가 오늘날 판매하는 모든 제품과 함께 신경 쓰는 단 하나는 모바일인터넷 플랫폼"이라고 설명했다. 샤오미의 우선순위는 전화기 판매가 아니라 사용자 숫자를 최대화하는 것이다. 이 경우 게임 사업, 영화·음악·뉴스 콘텐츠 사업, 모바일 가상통신망, 금융 서비스 등으로 확장할 수 있다.

"이들 사용자는 플랫폼에 몰리는 트래픽에서 나옵니다. 사람들은 샤오미를 스마트폰 회사라고 여기지만 실은 인터넷 회사입니다. 우수한 스마트폰을 넘어 더 멋진 제품을 제때 내놓아 사람들이 계속 웹사이트와 상점에 찾아오게 해야 합니다. 이 스마트 기기 생태계는 샤오미의 사용자 획득과 보유 전략에서 중요한 요소입니다."

바라는 샤오미가 이 모든 것을 '인터넷'적 사고방식에 반영한다고 언급했다. 그는 이것이 '놀라운 제품으로 사용자를 확보하고 그들의 충성도를 계속 유지하며 고객참여를 강화하면서 시간이 흐름에 따라

이를 수익화하는 방식'이라고 했다. 바라는 일부 서구 국가가 이와 유사하게 인터넷적 사고를 터득한다고 보았다(그는 이를 '수익화가 뒤따르는 플랫폼'이라고 규정했다).

"중국에는 꽤나 독특한 점이 있어요. (알리바바의) 마윈과 (텐센트의) 마화텅 그리고 레이 쥔 같은 사람들은 영역 없는 사고를 합니다. 이들이 몇 주 안에 아이디어를 실행하고 어마어마하게 만드는 것을 보면 믿기지 않을 정도예요. 인터넷적 사고를 소비재에 적용하려면 집중과 규모라는 2가지 요소가 필요합니다. 샤오미는 무슨 제품이든 딱 1가지 모델만 만들기 때문에 아무리 연구비용이 많이 들어도 단가는 다른 기업보다 훨씬 낮습니다. 여기에다 규모가 엄청나서 시간이 갈수록 단위당 비용이 떨어집니다."

특히 미Mi 고객의 충성스러운 '커뮤니티'가 막대한 이점을 안겨준다.

"이들은 (제품을 시험하고 홍보하는) 봉사에 엄청난 시간을 투자하고 가장 좋은 콘텐츠를 만들어냅니다. 세상 그 어떤 마케팅 전략으로도 이 커뮤니티를 대체할 수는 없어요."

샤오미의 채팅보드에는 회원 약 4,000만 명이 가입해 있고 그중 1만 명은 언제든 활성화 상태인 '미 팬'이다. 커뮤니티 책임자 리 밍의 일은 이들이 계속 행복감을 느끼도록 팬의 말에 귀를 기울이는 것이다. 샤오미의 초창기 멤버인 그는 포럼을 진행하고 팬 이벤트를 운영하며 팬들의 피드백을 수집하기 위해 20명 남짓한 팀을 이끌고 있다. 해마다 샤오미는 팬들을 초대해 전국 20~30개 도시에서 광신도 모임 같은 미팝 '팝콘 파티'를 연다. 이곳에서는 300~400명의 팬이 모여 춤을 추고 즐기며 아직 출시하지 않은 제품을 먼저 접해보는 기회를 얻는다. 잡스처럼 검은 터틀넥과 청바지를 입은 36세의 리가 말했다.

"우리는 그들을 고객이 아닌 친구로 여깁니다. 진심으로요. 이러한 행사는 정말로 풍부한 경험을 안겨줍니다."

미 커뮤니티 회원들은 샤오미가 관여하지 않아도 120개 도시에서 1년에 600~700번의 작은 행사를 연다. 이렇게 퍼져 나간 입소문은 당연히 제품 판매에 커다란 도움을 준다. 리는 자사가 SNS 플랫폼에서의 양방향 커뮤니케이션을 중요시한다고 강조했다.

"SNS에서 신제품을 광고할 수는 있지만 누군가가 회사 페이스북 페이지에 적극 글을 올리지 않으면 그 사람이 샤오미 사용자인지 알 수 없습니다. 미 커뮤니티는 동아리이자 소속감을 주는 모임입니다. 이는 미 팬들이 우리를 위해 시간을 들여 선물을 만들어주는 이유를 설명해주죠. 그 가치는 무한합니다."

이 접근법은 샤오미만의 독특한 방식이 아니다. 중국의 휴대전화 제조업체 원플러스OnePlus 역시 제품을 반복시험할 때 팬 커뮤니티를 활용하며 SNS 채널로 팬을 출시 행사에 초대한다. 리가 여기에 경멸스러운 말투로 반응했다.

"아마 우리의 전략에서 몇 가지 팁을 얻었을 겁니다. 중국 스마트폰 회사는 모두 샤오미의 커뮤니티 참여 방식을 베끼려고 합니다. 하지만 성공하기는 아주 어렵지요. 직원을 몇 명 채용한다고 되는 일이 아니거든요. 이것은 레이 쥔을 정점으로 회사 전체로 퍼져 나간 문화니까요."

샤오미의 그 유명하고 효과적인 플래시 세일은 어떨까? 샤오미는 입소문으로 휴대전화 신제품의 구입 가능 대수를 제한하는 '희소성 마케팅'을 펼친다. 리는 이 마케팅이 절대 의도적으로 만든 것이 아니라고 주장하며 가전제품은 와인처럼 오래 보유할수록 더 가치가 생기는 게 아님을 지적했다.

"누구도 엄청난 재고를 깔고 앉아 헝거 마케팅hunger marketing(한정된 물량만 판매해 소비자의 구매욕구를 더 자극하는 기법 - 옮긴이)을 진행하지는 않을 겁니다. 단지 우리 회사의 규모가 작아 한정된 수량을 제조할 수밖에 없어서 일부 사람들이 휴대전화를 사지 못하는 것뿐입니다. 우리의 규모가 더 커져도 그 수요에 맞추기는 어려울 겁니다."

샤오미는 재고가 있으면 이를 빨리 처분하고 싶어 한다. 어느 정도로 '빨리'인가 하면 2014년 한 세일에서 4.2초 만에 10만 대의 휴대전화를 판 적도 있다.

"나는 그들이 계속 창업자로 남아 있기를 바란다."

1차 세계대전이 벌어진 어느 날 밤 아서 탠슬리Arthur Tansley는 자신이 한 아열대 나라에서 야만인들에게 둘러싸여 있는 꿈을 꿨다. 꿈속에서 친구들과 멀어진 탠슬리 주변에 창을 휘두르는 원주민들이 있었는데 그때 하얀색 옷을 입은 아내가 그에게 다가왔다. 어느 순간 그는 총을 쏘았고 그다음에 무슨 일이 벌어졌는지 정확히 기억나지 않았지만 잠에서 깨어난 그는 의문에 빠졌다. 그 꿈은 아내를 총으로 쏴서 죽이고 싶은 심오하고도 억눌린 욕망을 나타내는 것일까?

캠브리지대학교의 뛰어난 식물학자로 당시 탄약부에서 일한 탠슬리는 전쟁이 끝난 뒤 지그문트 프로이트에게 정신분석을 받기 위해 빈으로 향했다. 만약 프로이트가 주장하듯 인간의 뇌가 에너지가 흐르는 상호연결된 체계의 일부라면 전체 자연과도 마찬가지가 아닐까? 탠슬리는 마치 통합된 기계처럼 식물이 날씨, 공기, 흙, 동물, 사람의 행동과 상호작용하는 자율규제 체계의 일부일지도 모른다고 생각했다. 1935년에 쓴 논문에서 그는 이처럼 '인식 가능하고 자기충족적인 독립체'를 묘사하는 데 새로운 단어를 사용했다. 그 단어가 바로 '생태계'다.

탠슬리의 이 언어 창작품은 플랫폼이나 수익화만큼이나 많이 쓰이는 인터넷 기업용 유행어로 자리 잡았다. 생태계 사업모델을 갖췄다고 주장하는 기술 기업은 보유 자원을 넘어 규모를 확장하는 동시에 잠재적으로 독점의 손아귀가 뻗치지 않도록 막아주는 문지기가 될 수 있음을 암시한다. 중국의 알리바바는 2014년 기업공개 투자설명서에서 왜 자신들이 가치 있는지 묘사할 때 '생태계'를 160번이나 사용했다. 애플의 애플 스토어는 '개발자 생태계'를 기반으로 지었고 전자화폐 스타트업들은 '블록체인 생태계'로 향하는 관문이 되겠다고 주장한다. 샤오미는 수익을 창출하기 위해 외부 공급업체로 이뤄진 생태계를 육성한 첫 기술 기업과는 거리가 멀다. 이베이와 텐센트, 아마존 모두 다양한 접근법으로 동일한 방식을 보여주었지만 말이다.

그렇다고 오직 기술 기업만 공생관계 네트워크를 중심으로 비즈니스 생태계를 구축해서 혜택을 보는 것은 아니다. 이 생태계는 공동 이익을 위해 다양한 형태의 성숙한 기업을 스타트업, 공급업체, 유통업체와 이어준다. 이것은 비공식 연합이나 좀 더 구조화한 상호의존 형태를 포함한다. 그리고 이 협업은 일반적으로 모든 당사자에게 점차 증가하는 가치를 안겨준다. 예를 들면 P&G가 이노센티브InnoCentive 같은 '개방 혁신' 플랫폼에서 신제품을 공동으로 만들거나 음악가들이 후원금을 기부하고 싶은 팬을 찾기 위해 웹사이트 패트레온Patreon 을 이용하는 것 등이 있다.

다음은 전통 기업의 각성을 위해 생태계 모델을 어떻게 적용할 수 있는지 보여주는 3가지 다른 접근법이다. 성숙기에 있는 어느 식품 제조업체는 건강한 식생활을 중심으로 생태계를 구축해 감을 잃지 않았고, 3D프린터의 선구자는 고객 문제를 신선하고 포괄적 방식으로 해결하려 투자했다. 그리고 거대한 산업계의 유산 같은 한 기업은 가치 있는 고객 연구를 공급받기 위해 크라우드펀딩 플랫폼을 사용했다.

신호Shinho는 유기농 간장을 만드는 중국 최대 제조사로 쑨 더샨이 1992년 사업을 시작한 이래 7,000명의 직원과 11개 공장, 된장·꿀 등 11가지 브랜드를 보유한 규모로 성장했다. 그러나 중국 농업의 공급사슬은 여전히 신뢰감이 낮다. 오염 식품, 라벨을 잘못 부착한 위험한 식품 등의 문제가 자주 발생하고 정부조차 작물을 키우는 지하수의 5분의 4가 오염되었다고 말할 정도다. 중국의 식품 공급사슬에 좀 더 신뢰를 쌓고 싶어 한 쑨 가족은 바람직한 농업의 실례實例로 인식을 높이려는 운동을 전개했다.

이들은 식품의 질과 공급사슬의 투명성을 개선하기 위해 설계한 생태계를 만들어 이를 해냈다. 2014년 10월 남매인 안마오 쑨과 한 쑨은 상하이에 전국 체인으로 뻗어갈 헌터 개더러Hunter-Gatherer 레스토랑의 첫 지점을 열었다. 이곳은 중국 최초로 음식을 만드는 곳을 보여주고, 식료품점이 함께 있는 '농장에서 식탁까지', 즉 팜 투 도어Farm to Door 식당이다. 신호 가족은 유기농 식품을 공급받기 위해 산둥과 상하이 2곳에 각각 60만 m² 넓이의 선라이즈 하베스트 농장을 소유하고 있다. 2015년에는 팜 투 도어 온라인 농산물 시장 이미시지Yimishiji를 후원했으며 2018년에는 요리에 지속 가능한 접근법을 향상시키기 위해 요리학교를 세웠다. 이들 계획이 모두 공개적으로 신호와 연계된 것은 아니지만 전체를 보면 신호가 판매하는 고급식품 수요를 끌어올리려는 의도가 얼마간 담겨 있다. 물론 그것은 그 자체로도 수익성 높은 사업이다.

또한 신호는 식품 공급과 유통 방식을 재고하는 스타트업에 투자하고 있다. 스타트업 액셀러레이터이자 투자펀드인 비츠×바이츠 Bits×Bites와 함께 초기 단계 기업에 120일간의 훈련, 코워킹 스페이스와 공유주방kitchen lab 제공, 3,000억 달러 투자 등을 진행하고 있는 것이다. 유전자편집 기업 트로픽 바이오사이언스Tropic Bioscience, 동물세포를 배양해 육류를 생산하는 예루살렘 기반의 퓨처 미트 테크놀로지 Future Meat Technology, 그리고 중국 소비자를 위해 누에로 간식을 만드는 계획을 세운 벅솔루틀리Bugsolutely 등이 그 수혜자다. 예전에 IDEO에서 레스토랑 체인 개설을 도왔고 지금은 비츠×바이츠와 이미시지를 설립·운영하는 마틸다 호는 "이 모든 것이 신호 그룹의 장기 비전과 관련이 있다"고 말했다.

"우리는 식품 기업에서 식품기술 기업으로 변신하려는 열망을 품고 있습니다. 10년 안에 꼭 조미료 회사에서 벗어날 겁니다. 우리에겐 엄청난 데이터 세트가 있고 경쟁자를 넘어설 기계학습과 블록체인 지식을 보유하고 있어요. 결국 우리는 다른 모든 인터넷 기업을 벤치마킹하고 싶습니다."

EOSElectro Optical Systems는 신호보다 3년 먼저 세워졌다. 독일 뮌헨 외곽의 크라일링 인근 숲에 자리 잡은 이곳은 레이저 소결이라고 알려진 적층가공(또는 3D프린팅)의 선구자다. EOS는 1년에 1,000대의 기계(시작가는 10만 유로)를 만들어 제조사가 폴리아미드, 스테인리스스틸, 티타늄, 알루미늄, 코발트, 크롬, 니켈합금, 청동, 폴리스티렌, 금과 은 등으로 맞춤형 프린트를 하게 해준다. 30년 역사에 직원이 1,200명인 EOS는 고객욕구 변화 속도에 맞춰 움직이는 데 실패하는 것이 가장 큰 위험임을 알고 있다.

EOS는 컴퓨터로 설계할 수 있는 것이면 무엇이든 출력 가능하게 만드는 미래 '디지털 공장'의 선두주자다. 그러나 잠재고객은 가끔 이 기술력에 만족하지 않거나 자신의 프로세스를 적층가공에 적용할 만한 지식(과 인재)을 갖추지 못하고 있다. 이에 따라 EOS는 타깃 고객층의 구매 가능성을 높이기 위해 협력사, 스타트업, 자체 신사업으로 구성한 생태계를 만들어가고 있다.

사내에도 일부 확실한 기회를 추구하기 위한 여러 신사업 부서를 개설하고 있다. 애딕티브 마인즈Addictive Minds는 고객에게 유료 교육을 제공하고 이들이 공장에서 적층가공을 시행하도록 돕는 자문부서다. 또 AMCMAddictive Manufacturing Customized Machines은 산업계 고객이 필요에 따라 기계를 개조할 수 있도록 함께 연구한다. 고객이 EOS 기계를 사용하는 범위를 확장하기 위해 새로운 금속과 다른 재료를 개발하는 사업도 있다. 그 밖에 핵심적인 EOS 재무상태표에서 지원하는 야심차고 광범위한 투자기금을 출시하기도 했다.

AM 벤처스AM Ventures는 차별화한 기업주도형 벤처캐피털이다. 이들의 목표는 궁극적으로 더 많은 기계와 함께 적층가공용 원료인 분말을 팔기 위해 업계 내 성장을 촉진하는 데 있다. 산업용 3D프린팅 분야에서 세계적인 투자자를 자처하는 AM 벤처스는 새로운 재료와 하드웨어, 후처리 기술, 소프트웨어, 자동화 등을 개발하는 기업에 자금을 지원한다. 기업의 초기 단계에 5~100만 유로를 투자하는 것이 일반적이며 2015년 뮌헨의 다이맨션DyeMansion, 베를린의 3유어마인드3YOURMIND 등을 지원했다.

EOS 이사회 의장이자 13명으로 구성된 벤처펀드를 운영하는 에드마르 알리츠는 "우리의 목표는 적층가공 수요를 확대하는 것"이라고 말했다. AM 벤처스는 평균 1달에 하나씩 스타트업에 투자하고 있으며 멘토링과 소프트웨어 조언, 고객 접근성을 제공한다. 알리츠가 설명했다.

"나는 내가 벤처자본가라고 생각하지 않습니다. 그보다는 비즈니스 에인절Business Angel(벤처 기업의 창업 자금난을 해결해주는 개인투자자 – 옮긴이)에 가깝죠. 우리는 적층가공을 가속화하기 위해 우리를 도와줄 수 있고 또 우리가 도울 수 있는 기업에만 투자합니다."

이 기금은 모기업이 이전까지 경쟁력에서 무시당하던 새로운 기술에 더욱 개방적이도록 만들었다고 한다. 그러나 그는 모기업 안에 스타트업을 통합하는 것에는 반대하는 입장이다. 그는 "나는 그들이 계속 창업자로 남아 있기를 바란다"라고 말했다.

"우리는 조언을 할 뿐 강요하지는 않습니다. 우리 회사의 생각을 전달하지 않아요."

여기에는 또 다른 혜택도 있다. 투자는 지금까지 1년에 40%라는 재무 수익을 안겨주었다.

가끔 기업은 스스로 생태계를 만들기보다 현존하는 제3의 생태계를 활용할 수도 있다. 켄터키에 있는 60억 달러 규모의 제조기업 GE 어플라이언스GE Appliances는 몇 년간 잠재고객이 씹기 좋은 자잘한 얼음을 만들어주는 냉장고를 원한다는 사내 연구를 묵살해왔다. 매년 연구부서의 열정은 영업팀의 저항에 부딪혀 사그라졌다. 새로운 기능으로 시장에 혼돈을 주거나 매출목표 달성을 위협할 수 있다는 이유에서였다. 결국 씹기 좋은 얼음은 그저 아이디어 상태에서 벗어나지 못하고 있었다.

그러다가 2015년 여름 GE 어플라이언스의 한 엔지니어가 자회사 퍼스트빌드Firstbuild에 제안해 그 아이디어를 인디고고Indiegogo라는 크라우드펀딩 플랫폼에 제출했다. 인디고고는 2008년부터 기업가 100만 명 이상이 후원자 1,000만 명 이상에게 자금을 지원받은 플랫폼이다. 오팔 너겟 아이스 메이커Opal Nugget Ice Maker는 단순히 물을 정사각형 모양으로 얼리는 게 아니라 차갑게 식은 스테인리스스틸 실린더 내부에서 얼음조각을 긁어내 씹기 좋은 얼음조각으로 밀어내는 기계다. 6,000명 이상의 후원자가 이 프로젝트에 현금 지원을 약속했고 모금 목표보다 17배 높은 276만 650달러가 모였다. 그러자 GE 어플라이언스의 영업팀은 갑자기 관심을 보이기 시작했다.

인디고고의 공동창업자 슬라바 루빈은 이렇게 말했다.

"사람들이 씹기 좋은 얼음을 좋아한다는 이 연구를 20년 동안 그냥 쥐고만 있었던 겁니다. 매년 긍정적인 가능성보다 불리한 위험성만 쳐다보면서요. CEO가 '우리는 씹기 좋은 얼음이 나오는 냉장고를 만들어야 합니다. 고객이 원하니까요'라고 말할 때까지 말이죠."

애플의 20년을 7년 만에 따라잡다

2018년까지 샤오미가 아이춘미iCHUNMi(스마트 부엌기기), 로보록Roborock(AI 로봇진공청소기), 엑스지미XGIMI(홈 시네마 프로젝터) 등의 기업에 투자한 것은 모두 성공했고 자체 연구와 개발을 위해 투자한 프로젝트 역시 성공을 거뒀다. 이들은 거의 6,000건에 달하는 특허를 취득했으며 그 생태계 접근법은 대규모 고객을 운영체계로 끌어들였다. 샤오미는 자사를 세계에서 세 번째로 큰 스마트폰 판매 기업이자 인도 최고의 스마트폰 공급사로 묘사한다. 2018년 2월 레이 쥔은 1만 8,000명의 직원에게 보내는 편지에서 자사가 막 '높은 도약의 해'를 경험하고 있다고 말했다.

"2017년 10월 우리는 연초에 설정한 1,000억 위안(16억 달러)의 수익 목표를 초과했습니다. 확인해보니 이 중대 시점에 도달하기까지 애플은 20년, 페이스북은 12년, 구글은 9년, 알리바바와 텐센트는

17년, 화웨이는 21년이 걸렸더군요. 샤오미는 고작 7년을 넘긴 시점에 이를 달성한 것입니다."

그는 전체 스마트폰 시장이 침체기로 향해도 샤오미는 전년 대비 96.9% 출하량 성장률을 유지하고 있다고 덧붙였다.

샤오미는 어떻게 흑자전환을 달성한 것일까? 이는 독자 개발한 서지 S1Surge S1 칩세트 같이 전화기 품질을 개선한 기술 발전으로만 이룬 것이 아니다. 샤오미의 성공 비결은 생태계 구축에 있다. 먼저 전술상 투자한 수백 개의 작은 스타트업에 시장 수요의 위험성을 이전하고 신선한 방식으로 재고를 최소화했으며 공급사슬을 최적화함으로써 비용을 절감했다. 또 고객을 '팬'으로 만들어 함께 디자인하고 샤오미의 전도사가 되게 했다. 여기에다 이윤이 남지 않을 만큼 낮은 가격에 고품질 기기를 판매하고 서비스, 콘텐츠, 액세서리에서 수익을 올리는 방식으로 업계 최고 자리에서 급진적으로 혁신을 주도했다.

긍정적인 면은 여전히 남아 있다. 사모펀드 회사 퓨처X 캐피털Futu-reX Capital의 설립자 신시아 장에 따르면 샤오미는 2017년 10억 달러 이상의 수익을 올렸는데 이는 한정된 사업 분야에서 나온 것이었다. 장은 2018년 4월 차이나 머니China Money 팟캐스트에서 다음과 같이 말했다.

"샤오미의 하드웨어는 현재 그 수익에 그리 기여하지 못하고 있습니다. 그러나 플랫폼과 인터넷서비스는 아주 빠르게 성장하고 있습니다. 게임과 전자상거래, 데이터에서 돈을 벌 수 있어요. 그 어떤 앱보다 사용자 데이터를 많이 갖고 있지요. 그들이 샤오미의 전화, 컴퓨터,

TV, 공기청정기, 그 밖에 다른 많은 제품을 사용하니까요. 나는 수익 측면에서 샤오미에 여전히 엄청난 가능성이 있다고 봅니다."

레이 쥔은 이런 말을 했다.

"우리는 앞으로 5년간 인도의 100개 기업에 투자할 계획입니다. 중국에서 가장 성공한 생태계 사업모델을 인도에 복제하려고 합니다. 우리는 모든 유형의 서비스와 제품을 확보하고 이를 통합할 것입니다. 그게 바로 샤오미의 사업모델이죠."

그는 '샤오미의 미래는 무엇인가'라는 제목의 강연에서 샤오미는 1970년대 일본에서 소니가 이룬 것, 1990년대 한국에서 삼성이 이룬 것과 같은 가치를 지닌 제조업체가 될 것이라고 설명했다.

결국 중국은 캘리포니아의 실리콘 밸리와는 완전히 다른 곳이다. 휴고 바라는 이렇게 예측했다.

"세계에서 중국이 맡고 있는 역할은 앞으로 몇 년간 더 많이 이해받을 겁니다. 무엇보다 기업가정신과 집중, 규모가 가장 중요해질 거고요. 세계는 중국의 인터넷적 사고에서 한두 가지 교훈을 배울 거예요."

자, 이제 중국을 베낄 준비가 됐는가?

외부 조직과의 협업으로
상호이익을 얻는 법

▼

샤오미의 성공이 보여주는 몇 가지 교훈을 배우기 위해 54억 달러 규모의 거대 기술 기업을 운영하는 억만장자가 될 필요는 없다. 스마트하고 야심찬 외부와의 협업이 대규모 상호이익을 얻게 해준다는 개념에서 시작해보자.

1. 공급업체, 협력업체, 기타 제3자와 어떻게 새로운 공생관계를 형성할지 고민한다. 협업자에게 제시할 수 있는 핵심 이점은 무엇인가? 그 대가로 어떤 이득을 얻길 기대하는가? 그 생태계는 궁극적으로 얼마나 광범위해질 수 있는가?

2. 경쟁이 치열하고 가격에 민감한 시장에서 기업을 경영하는가? 그렇다면 대표가격을 경쟁자보다 낮게 책정해 고객을 끌어들이고 부수적인 제품과 서비스로 수익을 창출하는 다른 핵심 강점을 활용할 수 있는지 분석해보자.

3. 어떻게 하면 고객을 브랜드 전도사로 바꿔놓을 수 있을까? 샤오미는 오랫동안 이를 핵심 마케팅 전략으로 삼아왔다. 그 바탕은 고객(또는 사용자)을 행복하게 만들고 싶다는 진정성 있는 욕구다. 레이 쥔은 말했다.

"우리가 혁신적이고 뛰어난 제품을 고품질과 훌륭한 디자인, 정직한 가격으로 제공하는 한 사용자의 지속적인 신뢰를 얻을 수 있을 겁니다. 사용자의 지속적인 신뢰를 얻는 것은 우리에게 가장 중요한 일입니다."

4. 기업이 스타트업과 함께 일하거나 투자할 때는 가능한 한 스타트업의 독립성을 보장해줘야 한다. AM 벤처스의 에드마르 알리츠는 이렇게 설명했다. "우리는 기업이 우리에게 사업을 의존하는 것을 원치 않습니다. 그러면 우리가 해야 할 일이 너무 많아집니다." 스타트업은 설사 실패할 위험이 있어도 자체 문화를 개발해야 한다. 궁극적으로 더 넓은 시장에서 경쟁하려면 내공을 기를 필요가 있다.

5. 스타트업과 함께 일할 때는 빠른 의사결정이 핵심이다. 비츠×바이츠의 마틸다 호는 이런 고백을 했다. "우리는 의사결정을 하는 데 3개월이나 걸리는 바람에 여러 차례나 좋은 거래 기회를 잃었습니다." 기업 내 처리 과정은 시장 속도에 맞도록 재조정해야 한다.

6. 시작하기 전에 위험을 편안하게 받아들일 수 있어야 한다. 인디고고의 슬라바 루빈은 플랫폼에서 제품을 시험해보고 싶어 하는 기업고객과 함께 일하는 사례가 점차 늘고 있다며 중요한 아이템으로 실험을 시작하지 말라고 조언했다. 그는 제안했다. "조직이 준비를 마쳤는지 확인하고 수익률과 위험성이 낮은 제품으로 시작하세요."

13장

대화하는 냄비와
블록체인 전화기

NEW TECHNOLOGY

냄비나 프라이팬도 혁신할 수 있을까?

나파 밸리 포도밭 동편의 완만한 언덕에 있는 어느 식당에서 6명의 미슐랭 스타 셰프가 미래의 가정식 요리를 준비하느라 분주하다. 이들은 45명의 직원을 둔 푸드 스타트업 헤스탄 스마트 쿠킹HSC, Hestan Smart Cooking을 위해 작업 중이다. HSC의 미션은 누구나 집에서 단 몇 분 만에 미슐랭급 요리를 준비하도록 해주는 것이다. 우리는 그저 아이패드 앱을 이용해 그 조리법을 따라가기만 하면 된다. 앱은 순서에 따라 블루투스로 연결된 냄비에 정확히 지시를 내린다. 철판 내부에 열 센서가 있는 이 냄비는 근처에 있는 핫플레이트에서 전기유도를 사용해 요리에 필요한 정확한 온도로 요리해준다. 이 과정을 '가이드 쿠킹Guided Cooking'이라고 부른다. 이는 손길이 닿는 곳은 어디든 모두 뒤흔든다는 인터넷의 영향력을 보여주는 추가적인 증거다. 심지어 냄비와 프라이팬이라는 아날로그 세계조차 예외는 아니다. 알루미늄 냄비를 만들던 회사가 갑자기 인터넷시대의 새로운 사업모델을 갖춘 기술 기업으로 변신한 것이다.

빈센트 쳉은 그 기회를 재빨리 감지했다. 홍콩에 기반을 둔 쳉은 가족 소유의 요리기구 회사 메이어 인더스트리 유한회사Meyer Industries Limited에서 근무하던 2015년, 디지털 기기가 부엌을 장악하면서 자사가 만들던 아날로그 도구인 냄비로는 경쟁력을 갖출 수 없음을 확신했다. 그는 자동차와 온도조절장치, 자물쇠가 인터넷 연결성으로 변화하는 모습을 보고 부엌 식기도 그렇게 되리라고 판단했다. 그는 냄비가 얼마나 '스마트'하게 작동할지 확신할 수 없었지만 자신이 속한 업계가 이를 알아보려 노력조차 하지 않는 것에 좌절했다. 쳉이 말했다.

"조리기구 산업에서 '혁신'이란 매년 새로운 색상을 출시하거나 아니면 10년마다 새로운 제작 과정을 거치는 것 정도입니다."

현재에 만족하는 것은 누구보다 잃을 것이 많은 메이어에 위험요소였다. 메이어는 미국 시장에서 단일 기업으로 가장 큰 조리기구 회사고 전 세계에서는 두 번째로 큰 곳이다. 이 회사는 매년 4,200만 개 이상의 팬을 써큐론Circulon, 아놀론Anolon, 파버웨어Farberware, 실버스톤SilverStone 등의 서브 브랜드로 출시한다. 쳉이 내게 말했다.

"새로운 스마트 쿠킹의 장에서 살아남으려면 주요 설비 기업뿐 아니라 스타트업에 대항하기 위해 기술 기업만큼 민첩해야 한다는 것을 알았습니다."

언제나 '탁월한 사용자경험을 선사하기 위해' 소프트웨어와 하드웨어를 매끄럽게 통합하는 기업을 선망해온 36세의 그는 아버지 스탠리에게 자금을 전액 지원해주는 사내 스타트업을 설립해 전통 요리 산업을 뒤흔들자고 제안했다. 스탠리는 메이어를 수십억 달러 규모의 기업으로 키워낸 주인공이다. 결국 HSC는 조리기구와 관련된 사람뿐 아니라 아마존의 옛 엔지니어와 미슐랭 스타 셰프를 채용해 소위 '가이드 쿠킹 시스템'을 만들기 시작했다. 가이드 쿠킹 시스템은 센서 부착형 조리기기와 열원, 조리법으로 빼곡히 채운 요리 앱 간의 조합이다. 메이어는 얼마든지 실험해보도록 모든 것을 직원에게 맡겨두었다.

새로 부상하는 기술이 현재의 주력사업을 훗날 어떻게 바꿔놓을지, 심지어 무효화할지 탐색하는 데 상당한 금액을 투자하려면 대담한 기업 경영진이 필요하다. 처음에 그런 기술은 유행이나 속임수로 치부당해, 혹은 눈에 띄는 실망으로 하향곡선을 그릴 가능성이 있는 후보자로 인식돼 투자를 거절당할 수 있다. 분명 장기적으로 재무 가능성이 불확실한 초기 도구를 연구하는 데 자원을 투입할 경우 단기 수익은 기대할 수 없다. 그러나 데스크톱에서 모바일로, 디젤자동차에서 전기충전차로 변화하는 현실이 보여주듯 의미 있는 기술 주도 변화를 수용하는 데 실패하는 것도 마찬가지로 위험할 수 있다.

세상에는 현실에 안주하느라 새로운 기술을 가볍게 무시함으로써 몇십억 달러 가치를 다 까먹은 기술 기업 임원으로 가득한 불명예 전당이 존재한다. 2007년 스티브 잡스가 아이폰을 발표한 지 1주일 후 마이크로소프트의 CEO 스티브 발머가 이를 CNBC TV에서 생방송으로 비웃은 적이 있다.

"500달러라고요? 요금제 선택에 따라 전액 보조를 받을 수 있다고요? 그건 세상에서 가장 비싼 전화지만 비즈니스 고객은 아무런 매력도 느끼지 못할 겁니다. 왜냐하면 키보드가 없으니까요. 딱히 좋은 이메일용 기계가 아니라는 거죠."

아이쿠야! 2010년 12월 넷플릭스가 세계적인 비디오 스트리밍 서비스를 시작하고 몇 주 후 미디어 대기업 타임 워너Time Warner의 CEO 제프 뷰케스는 넷플릭스의 포부를 조롱거리로 삼았다.

"그러니까 그건 알바니아 군대가 세상을 정복한다는 식 아닌가요? 잘될 것 같지 않은데."

타임 워너는 2018년 대략 넷플릭스의 절반에 미치지 못하는 가격에 AT&T로 넘어갔다.

진정한 혁신 조직이라면 적어도 떠오르는 기술을 숙지하고 사업모델과 고객 혜택, 전략을 개선하기 위해 그 가능성을 시험해보아야 한다. 성공은 누구도 보장하지 못하며 대개는 투자 시점이 너무 이르거나 늦기 십상이다. 전화기 제조업자인 당신이 네트워크화한 커뮤니케이션에서 블록체인이 어떤 의미를 지닐지 파악하는 데 실패했든, 산업 제조업자인 당신이 자율주행차량이 글로벌 유통경로에 어떤 영향을 미칠지 무시했든, 잔인하게 짓밟힐 위험성은 틀림없이 존재한다. 센서로 작동하는 사물인터넷을 도외시한 냄비 회사도 말이다.

다시 나파 밸리의 식당으로 돌아가 보자. 그곳에서 나는 바삭한 껍질의 연어구이를 어떻게 15분 내로 마련하는지, 어떻게 섭씨 230도에서 90초간 재빨리 구운 뒤 온도를 섭씨 180도로 신속히 떨어뜨리는지 보았다. 이것은 지름 28cm의 삼중바닥 스테인리스스틸 팬이 정확한 온도를 전송해 아이패드에 나타나게 한 뒤, 1,600와트의 휴대용 인덕션 가열기가 각 조리 단계에 맞는 온도로 조절하라고 지시하기 때문이다. 헤스탄 큐Hestan Cue라고 부르는 이 팬과 가열기, 앱의 콤비네이션은 현재 499.95달러에 팔리고 있다. 가격이 비싸 대중화하는 데 제한이 따르긴 하지만 HSC는 주방설비 제조기업 GE 어플라이언스(12장 참조)뿐 아니라 자매회사 헤스탄 커머셜Hestan Commercial과 협력해 두 기업의 설비에 이 시스템을 통합하려 하고 있다. 나는 완벽하게 요리한 맛있는 연어구이에 찬사를 보냈다.

HSC는 흔치 않은 회사로 과학조사 연구실, 매체 산업, 사용자경험 아카데미, 하드웨어 제조업체, 소프트웨어 개발자로 이뤄진 글로벌 기업 내부의 스타트업이다. 미국의 유명한 셰프이자 레스토랑 경영자인 필립 테시에는 영상 촬영팀과 디자이너, 펌웨어 엔지니어, 마케터와 함께 이곳에서 조리법을 고안하는 요리팀을 구성했다. 전자공학 인재가 없었던 HSC는 시애틀의 멜드Meld라는 킥스타터 기업을 인수했다. 전체 팀을 이끄는 독일의 셰프 출신 크리스토프 밀츠가 나를 식당의 요리과학부서로 데려가며 오븐의 사용자 인터페이스가 결함투성이라고 말했다.

"보통 조리대에서는 '중간'으로 설정해놓도 온도를 확인조차 할 수 없습니다. 그러나 수비드sou-vide(진공 저온 조리 방식 – 옮긴이)를 하려면 셰프는 물의 온도를 0.1도까지 맞출 수 있어야 합니다. 이게 어떻게 가능할까요?"

이곳에서 팀은 온도 측정기로 찔러보지 않고도 스테이크가 언제 미디엄 레어로 익는지 예측하는 알고리즘 모델을 개발했다. 이는 당연히 센서 덕분이다. 더구나 알고리즘이 이것을 자동 모니터링하기 때문에 팬 옆에 서 있을 필요조차 없다. 그가 말했다.

"우리는 이걸 '서비스화한 부엌'이라고 생각합니다."

15세에 셰프가 된 밀츠는 유고슬라비아 전쟁 동안 독일 국방부 장관의 개인 셰프로 있었고 대학에 진학해 분자의학을 배우며 요리에 도움을 주는 과학연구실 도구의 가능성에 몰두했다. 그리고 2015년 밀츠는 헤스탄 스마트 쿠킹을 공동창업했는데 전년도에는 스탠리 쳉의 회사에서 컨설턴트로 일하며 팀을 보충하기 위해 킥스타터를 샅샅이 뒤졌다. 아마존과 핀터레스트의 옛 엔지니어로 구성한 멜드팀이 만드는 것은 기존 장치를 개조한 스마트 스토브 손잡이였다. 이 장치는 취사도구에 부착한 온도감지 센서와 무선으로 연결되어 필요에 따라 자동으로 가스나 전력 수준을 조절한다. 이들의 킥스타터 캠페인은 처음 세운 5만 달러 목표를 훌쩍 넘어선 20만 9,688달러를 모금했고 이 기금은 헤스탄이 그해 9월 멜드를 사들이면서 환불했다. 밀츠는 당시를 회상했다.

"사람들은 소프트웨어가 세상을 장악할 거라고 생각합니다. 하지만 우리가 곧 모든 소프트웨어를 먹어치울 겁니다."

스탠리 쳉은 메이어 인더스트리 유한회사가 언제나 스스로를 혁신자로 본다고 설명했다. 80개 이상의 특허를 보유하고 최고급 레스토랑이나 뒤뜰에서 요리하기를 좋아하는 이들을 위한 제품을 만드는 이 기업은 계속 진화하고 있다. 최근에는 티타늄을 사용한 조리기구 나노본드NanoBond 제품군을 선보였다. 이 제품은 몇 년 동안 사용해도 스크래치가 나지 않고 스테인리스스틸보다 400% 강하다고 광고한다.

엔지니어인 스탠리 쳉은 아들 빈센트가 민첩하고 기술집약적이며 별도의 자체 문화와 공정, 사업모델을 갖춘 HSC를 설립하자고 제안했을 때 이를 귀담아 들어야 한다는 것을 알았다. 물론 빈센트는 스마트 키친을 논하기엔 조금 이르다는 것을 알고 있다. 그러나 그는 실험하는 것에 찬성하며 아직도 스타트업을 모기업에서 격려해야 한다고 스탠리를 설득하고 있다. 빈센트가 말했다.

"이렇게 하든 저렇게 하든 음식은 조리 과정이 필요합니다. 미래에 어떤 형태를 취하든 우리는 그 중심에 자리하는 사람들이 즐거움을 느낄 수 있는 방식으로 음식을 섭취하도록 돕고 싶어요. 우리 중 누구도 단순한 조리기구 회사가 되겠다는 생각에 묶여 있지 않습니다."

그렇다고 이것이 그저 너그럽기만 한 엉뚱한 실험은 아니다. 메이어가 존속하려면 돈을 벌어야 하니 말이다. 스탠리가 덧붙였다.

"나는 혁신가일지도 모르지만 그 이전에 분명한 사업가입니다. 이건 열정일 수는 있어도 게임은 아닙니다. 우린 아주 진지해요. 우리의 경쟁자들은 가만히 좌시하고 있지 않습니다. 하지만 스마트 쿠킹은 단거리 달리기가 아니라 마라톤이에요. 고객은 아직 자신에게 가이드 쿠킹이 필요하다고 생각하지 않을 겁니다. 우리가 길을 찾기 위해 GPS가 필요하다는 것을 알기 전에 종이지도를 펴놓고 행복해했던 것처럼 말이죠."

기술은 이미 작동하고 있다. 지금 필요한 모든 것은 지속적인 사업모델뿐 아니라 강력한 입소문 마케팅이다. 크리스토프 밀츠는 HSC를 잠재적인 구독 사업으로 본다. 물론 그 장기 가치는 집에서 요리하는 사람들과의 관계에 달려 있다. 그들은 수백 개의 가이드 조리법에 접근하고자 매달 구독료를 지불할 것이다. 하드웨어 자체는 심지어 더 낮은 가격에 제시할 수도 있다. 기민한 기술 스타트업은 그처럼 대담한 결정을 내리고 시장 현실 변화에 따라 빠르게 반복시험하는 것이 가능하다.

나는 스탠리에게 HSC가 어느 정도 규모로 커질지 물었다. 그는 "10억 달러 규모나 아니면 제로가 될 수 있다"고 말했다.

"성공하기보다 실패하기가 더 쉬울 겁니다. 그렇지만 주어진 옵션이 '높게', '중간으로', '낮게'밖에 없고 당신이 조절할 수 있는 게 아무것도 없을 때 요리를 하는 것은 미친 짓입니다. 온도를 완전히 조절하는 능력은 요리에서 정말 중요합니다. 아마 고객은 그런 능력이 필요하다는 걸 알게 될 것입니다."

———

바다를 누비는 자율항해선박

———

나는 노르웨이의 일간신문 〈아프텐포스텐Aftenposten〉이 주최한 기술 페스티벌에서 비료 업계에 종사하는 스베인 플라테베를 만났다. 그는 모든 것이 1903년 시작되었다고 설명했다. 당시 오슬로의 옛 이름 크리스티아니아에서 태어난 물리학자 크리스티안 베르켈란Kristian Berke-land은 비료를 만들기 위해 공기에서 니트로겐을 추출하는 방법을 발견했다. 나는 예의 바르게 귀를 기울이며 일부러 연어알을 몇 개 집어들었다. 베르켈란의 발견으로 결국 유럽 전역의 기근을 막는 데 도움을 주고 오늘날 150개국에서 판매해 3억 명을 먹여 살리는 회사 야라 인터내셔널Yara International이 탄생했다.

그런데 니트로겐을 원료로 한 비료 회사 중 세계 최고인 야라는 해마다 헤로야의 공장에서 브레비크와 라르비크 항구까지 트럭 4만 대분을 수송할 기사를 구하느라 고생했다. 더구나 육로 수송은 비용이 비쌀 뿐 아니라 회사가 추구하는 지속 가능성 목표와 거리가 멀었다. 플라테베는 이것이 배기가스가 제로인데다 자율항해가 가능한 화물선을 개발하는 출발점이었다고 말했다.

야라 이사회는 세계 최초로 자율항해 배터리 동력 화물선을 개발하기 위해 4,000만 달러를 투자하는 데 동의했다. 재밌게도 야라가 2017년 5월 이 프로젝트를 발표한 이후 자율항해 전기선박에 중화물을 싣고 피오르드와 연안 해역을 횡단하고 싶어 한 다른 노르웨이 회사들의 전화가 빗발쳤다고 한다. 그들에게는 이것이 대단히 흥미로운 사건이었나 보다.

나는 플라테베에게 자율주행 교통은 그의 비료 회사에 더 큰 기회를 줄 치열한 투자 분야라고 넌지시 전했다. 그는 미국 투자금융 기업 모건 스탠리가 알파벳의 웨이모(4장 참조)에 1,750억 달러까지 가치를 매겼다는 이야기를 들어봤을까? 우버가 겨우 7개월 된 자율주행 트럭 기업 오토Otto를 6억 8,000만 달러에 인수했다는 얘기는? 제너럴모터스가 2016년 인수한 크루즈 오토메이션Cruise Automation이 지금 수십억 원의 가치를 지녔다는 것은? 이런 사례는 육지 기반 자율주행일 뿐인데 대다수 국제무역이 바다에서 이뤄진다는 점을 고려하면 얼마나 엄청난 사업기회가 해양 자율주행 분야에 있는 것일까? 플라테베는 살짝 웃으며 어깨를 으쓱하더니 내가 페테르 외스트베를 만나 왜 그가 배터리 동력의 금광을 쥐고만 있는지 물어보면 좋을 것 같다고 제안했다.

야라의 28개 생산 공장을 책임지는 외스트베는 38세로 학문 쪽으로는 경제학자였고 훈련이나 기질상으로는 맥킨지의 베테랑다웠다.

"맥킨지 덕에 다양한 툴과 사고방식을 갖추게 되었습니다. 무엇보다 책임지는 법을 배웠지요. 비행기가 늦었을 때 더 이른 비행기를 타지 않은 건 당신의 책임입니다."

자율항해선박은 외스트베가 아니라 야라의 포르스그룬 공장에서 재무와 물류 관리자로 있는 비에른 토레 오르비크의 아이디어였다. 자신을 혁신가라기보다 '콘셉트 개발자'로 보는 오르비크는 재생 가능한 기술이 야라의 탄소발자국을 절감해줄 수 있는지 생각해왔다. 이에 따라 그 아이디어는 CEO 스베인 토레 홀스더에게 전해졌고 홀스더는 단 2분 만에 고개를 끄덕여 이를 승인했다.

2015년 9월 CEO로 취임한 홀스더는 지휘통제 문화를 끝내고 모든 직원이 보다 적극적인 문제해결사가 되도록 권한을 위임하기로 했다. 먼저 그는 직원들이 각 부서에서 구체적인 개선점을 제안하도록 장려하기 위해 온라인 '아이디어 뱅크'를 시작했다. 그다음 해에는 외스트베를 승진시켜 그가 공장을 방문하는 데 업무시간의 절반을 쓰게 해 '문화 변화를 이끌도록' 했다. 여기에는 맥킨지다운 '4차원 변화 매트릭스' 같은 과정도 있었다. 가령 핵심성과지표를 설정하고 롤 모델링으로 관리자가 본보기가 되는 것이었다. 외스트베가 회상했다.

"이것을 처음 달성한 곳이 비료 회사라는 점은 조금 이상하죠. 이 회사는 정말 보수적이지만 계속 성공하려면 문화 변화가 꼭 필요했습니다."

야라 베르켈란은 그러한 문화 변화의 핵심 상징이다. 노르웨이 물리학자 크리스티안 베르켈란의 이름을 딴 79.5m 길이의 선박은 현재 노르웨이 선박 회사 바드Vard가 소유한 루마니아 공장에서 건조되고 있다. 이 프로젝트는 협력을 바탕으로 하는데 친환경 에너지를 장려하기 위해 자금을 지원하는 노르웨이 정부는 1억 3,300만 노르웨이 크로네(1,600억 달러)를 약속했다. 마린 테크닉Marin Teknikk이 이를 설계했고 개량 순항미사일을 만드는 콩스베르그Kongsberg는 센서와 전기 구동, 배터리, 추진 제어장치, 기타 자율항해 시스템을 연구하고 있다. 또 하역설비를 전문으로 하는 칼마르Kalmar는 포르스그룬항의 새로운 무배출 터미널에서 자율화물처리 서비스를 전적으로 제공하고 있다. 선박은 2020년 초까지 바드의 브레비크 조선소에 입항할 예정이며 남쪽으로 헤로야와 브레비크(약 7해리) 사이, 헤로야와 라르비크(30해리) 사이를 항해한다. 초기에는 선원이 승선하지만 야라 베르켈란은 2022년까지 완전 자율항해를 구축할 계획이다.

배터리와 근접각 센서, 광선레이더, 레이더, 적외선 카메라, 기타 첨단기술로 무장한 화물선은 비쌀 수밖에 없다. 일반 배를 건조할 때보다 비용이 3배가량 더 들지만 궁극적으로 임금과 연료를 절약할 수 있다는 점에서 상쇄가 가능하다. 그리고 당연하게도 야라는 소음과 교통 혼잡, 분진을 줄이고 도로를 더 안전하게 해주며 온실가스 배출도 감축한다. 선박 배터리는 하역 중에 청정한 노르웨이 수력에너지로 충전하며 이로써 해마다 대기 중으로 배출하는 이산화탄소 700톤을 줄일 것으로 예상하고 있다. 여기에다 매일 100대의 디젤 트럭이 길 위에서 사라진다. 야라는 더 먼 장거리 자율주행 여정까지 구상하고 있다. 현재 발트3국으로 나가는 엄청난 양의 비료를 전기선박으로 운반할 예정이며 궁극적으로 대서양을 건너 브라질까지 가는 항로를 논의하고 있다.

이 선박을 진수하면 무게가 3,150톤으로, 120개 선적 컨테이너를 싣는다. 2017년 9월 트론드하임 수조에서 길이 6m에 무게가 2.4톤인 모델의 시험을 거쳤는데 그 유튜브 영상을 공개하면서 언론의 열렬한 흥미를 끌었으나 외스트베는 결코 홍보 목적이 아니었다고 주장했다. 물론 그러한 관심은 자질이 뛰어난 기술직 지원자를 모집하는 데 도움을 준다.

"혁신적이라는 명성은 비즈니스에 중요한 영향을 미칩니다. 우리에게 자율항해선박을 배우고 싶어 하는 다른 기업이 많이 연락을 해왔죠. 어떤 회사는 이 프로젝트가 자사 수송경로에서도 가치가 있는지 보고 싶어 했습니다."

이 프로젝트는 여전히 많은 위험을 내포하고 있다. 국내외에서 자율항해선박을 규제하는 일이 우후죽순 생기고 있고 사고나 난파에 따른 신뢰도도 불확실하다. 만약 항해 시스템이 사이버공격 대상이 된다면? 기계학습 알고리즘은 확실한가? 배터리는 더 먼 장거리 항해에도 버틸 수 있을까? 미래의 생계를 걱정할 선원뿐 아니라 그 외에 한두 가지 골치 아픈 사회적 장애물도 잠재적으로 남아 있다.

내가 함께 일하는 야심찬 스타트업은 위험을 대담하게 감수할 때 더 큰 재정 보상을 받는다는 것을 이해한다. 자율항해 전기선박이 규모 면에서 비용을 절감해준다면, 야라의 프로토타입 모델을 광범위하게 채택한다면, 야라는 결국 비료 회사 가치를 뛰어넘는 스핀오프 기업이 될지도 모른다. 야라가 세계의 화물선주들이 자율항해를 예약하는 플랫폼을 구축해보는 것은 어떨까? 그게 아니면 새로 발견한 전문 지식을 활용해 선박 대여를 추진해보는 것은 어떨까? 야라가 바다의 크루즈 오토메이션이 될 기회가 여기에 있지 않을까?

외스트베는 그런 건 야라의 목표가 아니라고 말했다. 현재 야라는 자금을 지원하는 개발업무 외에 지적재산을 상업화하는 데는 흥미가 없다는 얘기다. 그가 말했다.

"그런 일이 가능하도록 지불해야 하는 자금을 생각해봐야 합니다. 내비게이션을 장착한 화물선대를 원할 경우 엄청나게 투자해야 합니다. 우리는 자율항해선박 분야로 진출하고 싶은 게 아닙니다."

나는 그것이 결국 비싼 실수로 밝혀지지 않을지 물었다. 외스트베는 "그건 우리 미래 계획의 핵심이 아니다"라고 말했다.

"플랫폼을 소유하고 싶다면 자연스럽게 맞는 부분이 있어야 합니다. 플랫폼 소유주가 되는 건 우리에게 자연스럽지 않아요. 우리는 이겨내지 못할 겁니다. 우리에겐 더 높은 가치의 핵심 프로젝트가 많습니다. 예를 들어 우리는 비료를 만드는 태양열 발전 시범공장을 함께 지을 협력사를 찾고 있어요."

나는 비장의 카드로 '연쇄혁신가' 노키아를 언급했다. 자율항해선박은 야라가 아이폰이 될 기회를 의미하지 않을까? 외스트베는 참을성 있게 "가능한 일"이라고 대답했다.

"그러나 우리의 차기 프로젝트 포트폴리오를 보면 그건 우리를 가장 크게 성공으로 이끌 프로젝트가 아닙니다. 다른 프로젝트의 가치가 더 클 수 있어요. 어쩌면 이건 최악의 실수일지도 모릅니다. 하지만 우리는 그렇게 생각하지 않아요."

바닥까지 추락한 HTC가
재기를 위해 뛰어든 분야는?

HTC의 CEO 왕쉐훙에게는 문제가 있었다. 2011년 애플이나 삼성보다 먼저 미국 시장에서 1위 자리를 차지한 대만 스마트폰 기업 HTC가 상업성을 잃고 있었기 때문이다. 세계 시장점유율은 2018년 봄까지 1% 미만으로 떨어졌고 전년 대비 매출은 68%나 떨어졌다. 가장 최근 발표한 분기손실이 3억 3,700만 달러였다. 2,000명의 연구 인력을 11억 달러에 구글에 넘기고 몇 달 후 추가로 1,500명의 직원을 내보냈음에도 불구하고 21년의 역사를 자랑하는 이 기업은 생존 자체를 위협받고 있었다. 한때 최초의 윈도스와 안드로이드 전화기, 널리 호평받은 구글 픽셀보다 앞섰던 혁신가 HTC가 자리를 지키는 데 실패한 셈이다.

그 원인은 어느 정도 경쟁에 있었다. 화웨이, 샤오미, 원플러스처럼 급부상한 경쟁자가 고객욕구에 더욱 기민하게 반응했으며 브랜드 구축에도 분명 더 능했다. 마이크로소프트와 구글 같은 제3자를 위해 보이지 않는 제조업체가 되어가는 상황은 훗날 소비자의 무관심을 초래했고 HTC 자체의 브랜드 마케팅 캠페인은 희한했다(사실 상상을 초월할 정도로 끔찍했다). 피트니스 트래커나 카메라처럼 커넥티드 디바이

스와 웨어러블 기기로 확장을 꾀했지만 이는 자사의 페이스북폰만큼이나 처참하게 실패했다. 전략은 혼란스러웠고 소프트웨어는 자주 문제를 일으켰으며 경쟁사들은 더 훌륭한 기능을 내세웠다. 2011년 4월 1,300타이완달러였던 주가는 2018년 9월 40% 이상 떨어졌다.

HTC는 앞으로 생산할 하이테크 컴퓨터High Tech Computers에서 따온 이름으로 이 회사는 1998년 첫 윈도 CE 개인 휴대정보 단말기를 생산했다. 2007년에는 첫 제스처 인식 스마트폰, 2008년 첫 구글 안드로이드와 와이맥스 4G 전화기, 2013년 첫 메탈바디 휴대전화를 출시했다. 2010년 HTC는 2,500만 개의 휴대전화를 판매했고 그다음 해에 노키아를 따돌리고 애플과 삼성의 뒤를 이어 세계 세 번째 휴대전화 제조업체 자리에 올라 시장가치를 35억 달러로 평가받았다. 왕쉐홍은 "우리는 전혀 마케팅을 주도하지 못했고 단지 사람들을 위해 최고의 제품을 만들고 있었다"라고 말했다. 그런데 머지않아 바로 그 점이 문제가 되어버렸다.

2014년 미국 시장에서 애플과 삼성, LG에 뒤처진 HTC는 시장점유율이 고작 6%에 머물렀다. 회장이던 왕은 공동창업자 피터 추의 자리를 대신하기 위해 CEO로 복귀했다. 그녀는 회사가 표준 안드로이드 전화기를 넘어설 한 방을 찾지 못하면 미래가 없을 것임을 알고 있었다. 회사에서 5년간 함께 일한 그녀의 조카 필 첸이 잠재기회 하나를 제안했다. 그는 팔머 러키를 만났는데 러키는 실감형 VR 헤드셋 오큘러스 리프트Oculus Rift를 위해 도발적인 킥스타터 캠페인을 벌였고 나중에 자사를 30억 달러에 페이스북에 넘겼다. 여기에 감명을 받은 첸은 왕이 당시 스팀VR을 개발한 게임회사 밸브(1장 참조)를 만나도록 자리를 마련했다. 그리고 2015년 3월 바르셀로나에서 열린 모바일 월드 콩그레스Mobile World Congress에서 그는 HTC가 밸브와 함께 HTC 바이브Vive라는 VR 헤드셋을 만들기로 했다고 발표했다. 이렇게 이 기업은 다시 본 경기에 등장하는 듯했다.

한때 아프가니스탄과 가나에서 학교를 세우고 비영리조직 원 라이브러리 퍼 차일드One Library Per Child를 설립해 학습 자료를 디지털화하는 작업을 한 첸은 28세 때 HTC의 최고콘텐츠책임자Chief Contents Officer로 이모인 왕쉐홍의 휴대전화 회사에 합류했다.

HTC는 처음에 VR제품을 리 바이브Re Vive('소생하다'라는 의미의 re-vive와 발음이 똑같다 – 옮긴이)라는 이름으로 시장에 판매했다. 아마도 회사 내에 조성된 커다란 기대감에 호응한 이름이었을 것이다. 나중에 HTC의 미래개발연구실Future Development Lab로 바뀐 부서에서 대망을 품고 개발한 바이브는 기술 측면에서 첨단제품이었다. 무엇보다 머리에 부착한 디스플레이로 고해상도 트래킹Tracking이 가능하면서도 고객이 매력을 느낄 만한 가격(시작가 799달러)을 제시했다. 이것은 동작제어와 룸 스케일room-scale(VR 환경에 알맞은 크기의 현실공간을 가상에 할당해 몰입도를 높이는 기술 – 옮긴이) 트래킹이 즉각 가능한 유일한 VR 헤드셋으로 출시되자마자 평론가들을 열광하게 만들었다. 그러나 여전히 접근 가능한 콘텐츠가 제한적이었고 제품의 대중화를 촉진하는 수준으로 가격이 떨어지기까지는 시간이 걸릴 것이었다. 회사는 판매량을 공개하지 않았지만 처음에 바이브는 재정 상황을 바꿔놓을 것처럼 보이지 않았다.

2015년 말 첸은 홍콩 갑부 리카싱의 벤처펀드 호라이즌스 벤처스와 함께 투자자로 나서기 위해 회사를 떠났고 펀드를 운용해 VR과 AR에 투자했다. 2017년 말 그는 블록체인 기술로 탈중앙화 클라우드 컴퓨터를 구축하는 스위스 기업 디피니티DFinity를 만났다. 탈중앙화 클라우드 컴퓨터는 아마존이나 구글의 클라우드 서비스에 대항하는 경쟁자로 단일한 중앙 소유권자가 없는 방식이다. 블록체인은 비트코인과 이더 같은 암호화폐 거래를 기록하는 안정적이고 탈중앙화한 방법으로 잘 알려져 있다. 디피니티의 야망은 크립토폰crypto phone, 즉 소유자의 디지털 신분을 안전하게 저장해주는 스마트폰이 블록체인 사용자와 네트워크로 연결되고 여기에서 수익을 얻는 새롭고 가치 있는 방식을 제시해줄 것이라고 첸이 믿게 만들었다.

전 세계인의 손에 '디지털 지갑'을 쥐어주다

첸은 여기에 실제로 어떤 의미가 있는지 정확히 알지 못했고 블록체인은 여전히 좁은 범위의 사람들에게만 주요 관심사였다. 그의 데이터에 따르면 전 세계에서 오직 3,000만 명만 암호화폐를 저장하거나 거래하기 위해 블록체인 기반의 디지털 지갑을 사용하고 있었다. 하지만 그는 자신이 첨단장치를 구축하며 축적해온 지식을 처리하는 과정에서 여기에 엄청나게 파괴적인 기회가 있음을 감지해냈다. 인터넷은 지식공유나 협력 같은 개방 문화를 기대하게 만들었고 위키피디아와 비트토렌트bitTorrent 파일공유 프로토콜, 비트코인에 이르는 놀라운 P2P 프로젝트를 만들어냈다. 그런데 인터넷의 개방 프로토콜은 폐쇄적이고 영리를 추구하는 기업이 온라인 참여를 대부분 장악하는 것을 막지 못했다. 특히 페이스북이나 구글이 광고주에게 온라인 개인 데이터를 판매하는 것에서는 더욱 그랬다. 데이터 소유권과 통제력이 다시 시민의 손으로 돌아갔을 때 탈중앙화한 교환행위가 힘을 부여해 줄 새로운 가치와 부의 재분배, 창의적인 표현 등을 상상해보자. 첸은 사람들이 그 교환행위에 참여하도록 만드는 가장 쉬운 방식은 먼저 기기를 손에 쥐어주는 것이라고 생각했다. 이것은 단순한 스마트폰이 아니라 블록체인에 특화한 스마트폰이어야 했다.

블록체인을 다룰 때 대부분의 주류 미디어는 암호화폐의 요동치는 교환가치나 암호코인, '토큰'을 팔아 블록체인 관련 프로젝트 기금을 마련하려는 기업가가 내놓은 비논리적이고 가끔은 사기성 있는 주장만 다루는 경향이 있다. 일반적으로 그런 보도는 왜 그 많은 투자자와 기업가가 오늘날 이 기술 때문에 신이 났는지 더 근본적인 이유는 무시한다.

이쯤에서 인터넷 역사를 한번 생각해보는 것은 유용한 출발점이다.

1989년 월드 와이드 웹World Wide Web을 고안한 팀 버너스-리는 개방형 프로토콜을 바탕으로 누구도 소유하지 않는 세계적인 정보공유 네트워크가 가능해지도록 만들었다. 그는 개인 신분이나 소유권을 확인하고 그들의 자산을 안정적인 방식으로 전달하도록 프로토콜을 암호화하는 것을 무시했다. 이에 따라 웹 2.0으로 알려진 변화 속에서 많은 민간기업이 웹을 구축해 개인정보를 모은 덕분에 막대한 이익을 얻었다. 특히 네트워크 효과, 즉 하나의 기업이 메시지, 사진공유, 사회정보 갱신 등을 좌우하고 더 많은 사람이 여기에 기대는 경향으로 인해 더욱 많은 중앙집중적·폐쇄적인 웹이 등장했다. 이때 사용자는 자신의 디지털 정체성이 상업화하는 과정에서 통제권에 제한을 받았다.

이는 버너스-리가 추구한 것과 달랐고 훗날 그는 웹 중앙화가 "인류를 돕는 대신 실패했다"고 불평했다. '페이크 뉴스'부터 캠브리지 애널리티카Cambridge Analytica(데이터분석 기업 캠브리지 애널리티카가 2018년 초 페이스북 가입자 8,700만 명의 프로필을 동의 없이 수집해 정치 홍보에 사용하면서 논란이 일었다 - 옮긴이)의 개인정보 남용까지, 페이스북이나 구글 같이 신뢰할 수 없는 독점 기업이 장악한 웹은 소위 '인간에 反하는 대규모 창발현상'이 되어버렸다. 이 시점에 소위 웹3Web3는 초기 웹 이상주의자들에게 희망을 준다. 현재 구축 중인 웹3는 네트워크를 탈중앙화하고 데이터 소유권을 (페이스북 등) 중앙화한 앱에서 개인에게로 돌려주기 때문이다. 네트워크로 내 신분과 자산을 안전하게 인증해주는 개방형 프로토콜이 처음 등장한 셈이다. 이는 개방형 프로토콜 덕에 내 이메일이 올바른 주소로 찾아가고 내 넷플릭스 계정이 올바른 영화를 재생해준다는 얘기다.

이것이 왜 중요한지 이해하려면 나카모토 사토시라는 필명의 프로
그래머(또는 프로그래머'들')가 암호 방식을 다룬 논문을 읽어볼 필요가
있다. 이 논문 '비트코인: P2P 전자화폐 시스템Bitcoin:A Peer-to-Peer Elec-
tonic Cash System'은 믿을 만한 디지털 화폐를 발행하는 독창적인 방식
을 제안하며 중앙은행에 의지할 게 아니라 거래 인증에 디지털 원장
ledger(거래를 계정별로 기록하는 장부 - 옮긴이)을 사용하는 P2P 네트워크
에 의존하자는 내용이다. 원장은 네트워크 자체의 처리 능력으로 유
지한다. 원장에 최신 정보를 업데이트하고 보안을 유지할 경우 내 컴
퓨터의 처리 능력을 공유하는 대신 통화로 소액결제를 받는다. 이것
이 바로 흔히 알려진 '채굴'이다. 그 후속 연구로 당시 19세의 프로그
래머 비탈릭 부테린이 앱 출시를 승인하는 중앙화한 앱스토어 없이
앱을 구축할 수 있는 프로토콜 이더리움을 제안했다. 아직은 초기 단
계지만 이미 수백 개의 디앱DApp, Decentralized Application (탈중앙화한 앱)
이 존재한다. 네트워크상의 누구에게나 사용하지 않는 하드드라이브
저장 공간을 빌려주는 파일코인Filecoin, 크라우드펀딩을 쉽게 만들어
주는 웨이펀드WeiFund, 아무런 단일 개체도 지배하지 않는 마인크래프
트와 유사한 가상의 게임세계 에테리아Etheria 등이 그 예다.

여기에서 HTC를 위한 기회를 포착한 필 첸은 왕쉐홍에게 전화를
걸어 이렇게 말했다.

"내가 정말 끝내주는 아이디어를 생각해냈어요. 그냥 듣기만 해요."

그는 하드웨어 주도권, 정확히 말해 칩세트를 보유한 HTC가 디앱 세계를 위해 특별히 설계한 전화기를 최초로 만들 수 있을 것이라고 전했다. 전화의 안전한 오프라인 부분은 소유자 신분과 데이터를 저장해주는 디지털 '지갑' 역할을 하고 전화기는 매끄러운 사용자경험이라는 점에서 탈중앙화한 앱을 지원해줄 것이었다. 왕쉐홍은 "처음엔 조카가 무슨 말을 하는지 이해할 수 없었지만 계속 들었다"고 말했다.

"나는 곧바로 다양한 블록체인 커뮤니티 사람들에게 배우기 시작했어요. 그들은 정말 열정적이고 아는 게 많은 사람들입니다. 온라인에서 나를 어떻게 감추는가? 어떻게 내 정보를 보호하는가? 블록체인이 그걸 할 수 있어요."

2018년 봄 HTC는 이것을 범용 하드웨어 이상으로 움직일 기회로 보고 프로젝트 진행을 결정했다. 그러나 이를 확실하게 운영할 사람이 없자 첸은 자신의 벤처캐피털 일을 그만두고 최고탈중앙화책임자 Chief Decentralized Officer라는 새로운 직함을 만들어 회사로 돌아왔다.

그해 5월 열린 블록체인 컨퍼런스에서 첸은 HTC가 블록체인 실행 스마트폰 엑소더스Exodus를 제작하는 중이라고 발표했다. 일부 기술 비평가가 보기에 이는 이미 죽음의 길로 접어든 기업이 유행에 편승하는 것 이상도 이하도 아니었다. 분명 첸은 블록체인 스타트업이 수상쩍은 크라우드펀딩을 추구할 때 전형적으로 사용하는 혁명적 언어를 썼고 여기에 목사 특유의 메시아적 믿음까지 심어주었다. 그는 발표문에 인터넷은 우리가 국경 없는 세상에 살 수 있을 것이라고 약속했지만 오늘날 기업군주들이 인류를 여러 개의 '담장을 친 정원Walled

Garden', 즉 폐쇄형 네트워크로 분리해버렸다고 썼다. 덧붙여 우리는 탈중앙화의 주체인 엑소더스와 함께 "모바일인터넷을 위한 길의 끄트머리에 서 있고 이제 크립토 인터넷의 새벽이 밝아오고 있다"고 했다. 이제 이렇게 말할 시간이 왔다는 얘기다.

"내 데이터를 그냥 떠나보내 줘."

첸은 스마트폰 엑소더스를 연구하는 12명의 엔지니어와 2명의 프로덕트 매니저, 2명의 마케팅 담당자, 2명의 SNS 담당자와 함께 일한다. 그는 최신 암호화폐 생태계crypto ecosystem를 그린 커다란 포스터가 가득한 사무실에서 내게 말했다.

"이걸 스타트업처럼 운영하고 있습니다. 애자일 개발법에 반복시험 과정까지 모두 말이죠. … HTC가 이런 식으로 일한 건 처음이에요."

그는 블록체인을 사용한다는 건 우리가 안전한 생체 정보로 자신의 신분증을 전화기 속에 갖고 있는 것과 같다고 말했다. 예를 들어 이것은 은행에 예금하지 않은 사람들이 대출을 받을 때 도움을 준다. 또 누가 내 데이터를 사용하고 있고 왜 사용하는지 통제할 수 있다. 어느 시점에 HTC는 누구나 탈중앙화한 교환행위를 할 수 있는 디앱 스토어를 만들 예정이다. 장기적으로 보면 전화기 소유자는 자기 기기의 센서와 저장 공간을 네트워크에서 사용하도록 내줌으로써 암호화폐, 이를테면 'HTC 코인'을 번다.

여기에는 급진적인 아이디어가 하나 더 있다. 바로 전화기를 사용해 네트워크로 '채굴'하는 것이다. 현대 스마트폰에는 약 15개의 내장 센서가 들어 있다. 그것은 가속도계, 자이로스코프Gyroscope(항공기나 선박 등의 평형 상태를 측정하는 기구-옮긴이), 카메라, 기압계 등이다. 또한 스마트폰에는 사용하지 않는 저장 용량과 처리 능력이 있다. 센서에서 나오는 데이터와 컴퓨팅 능력, 저장 용량 등은 제3의 기업에 물질적 가치가 있으며 이들은 여기에 접근하기 위해 소유주에게 암호화폐를 지불할 수 있다. 예를 들어 cm 단위까지 정확한 3D 지도를 만드는 회사는 상세한 실내외 지도를 제공하는 카메라와 자이로스코프, 가속도계 등에 접근하기 위해 소액결제를 한다. 지진연구가는 지각운동을 모니터링하고자 당신 전화기의 가속도계를 사용하겠다고 돈을 지불한다. 자동차보험 회사는 당신의 운전을 모니터링하려고 당신의 전화기를 사용하게 해주면 여기에 사례한다. 의료보험 회사는 활동을 공유할 때 보험료를 할인해주고 매체 기업은 당신의 넘치는 전화기 저장 용량이나 대역폭을 빌린다.

나는 그러한 채굴로 전화기 소유주가 어느 정도 돈을 벌 수 있는지 물었다. 첸은 "아마 한 달에 5달러 정도일 것"이라고 대답했다. 그러나 이것은 다음에 나올 모델에 한해서만 그렇다. 첫 엑소더스 전화기는 표준 하이엔드 안드로이드 스마트폰과 전혀 달라 보이지 않았다. 다만 투명한 플라스틱 외장 덕에 일부 센서가 노출되어 있을 뿐이었다(어느 정도는 데이터 투명성을 암시하는 것이리라). 진정한 차이는 칩에서 나왔다. 사용자는 그 칩에 개인암호 키를 안전하게 저장할 수 있다. 후속 버전은 보안지갑에 연결된 별도의 두 번째 소형 스크린을 장착한다. 첸이 말했다.

"지갑이라는 표현은 잘못된 은유입니다. 미래에는 그곳에 내 신분, 건강 등 모든 데이터를 보관할 겁니다. 그리고 내가 누구와 그 데이터를 사적인 방식으로 교환할지 결정할 수 있습니다. 바로 그 점이 파괴적인 창조 아이디어입니다."

메이어의 가이드 쿠킹, 야라의 자율항해선박처럼 HTC가 블록체인 전화기에 진입해 훗날 경제가치를 누릴 수 있을지는 아직 알 수 없다. 첫 엑소더스 전화는 2018년 말 출시됐다(선주문은 비트코인과 이더리움으로만 지불이 가능하다). 나는 왕에게 블록체인 전화기가 HTC에 어느 정도 중요한지 물었다.

"이건 미래를 위한 투자입니다. 단기적으로 이 전화기가 우리 사업에 영향을 미칠 거라고 생각하지 않아요. 하지만 투자해야 하는 중요한 영역입니다. 중요한 건 현재의 블록체인 커뮤니티에서 멀리 떨어져 있는 사람들, 그러니까 고객에게 블록체인을 어떻게 사용하는지 교육하는 것입니다. 우리는 하드웨어 제작 기업에서 AI와 AR, 5G, VR, 블록체인 등을 이용해 모든 경험을 디자인하는 기업으로 바뀌어가고 있습니다. 그리고 최종 사용자가 어떻게 느끼는지도 생각하고 있지요."

한마디로 HTC는 전화기 생산업체가 아닌 '종합 경험'을 제공하는 기업이 되려는 것이다.

기하급수적으로 등장하는 혁신기술 속에서
헤매지 않는 방법

▼

AI부터 퀀텀 컴퓨팅Quantum computing(양자컴퓨터), 자율주행차량까지 기하급수적인 혁신기술은 분명 오늘날 수많은 사업모델을 뒤집어놓고 새로운 승자를 만들어낼 것이다. 그러나 이것이 예측 가능한 기간에 일어나거나 우리가 그 기술을 활용할 준비를 갖췄다고 느낄 때 벌어지는 것은 아니다. 어떻게 하면 그 최신 기술을 유리하게 사용할지, 그 기술을 적절히 활용할 줄 아는 졸부에게 당하지 않을지 고심해보자.

1. 아마존은 2016년 12월 계산대 없는 첫 매장 아마존 고Amazon Go를 시애틀 본사 캠퍼스에 열면서 이것이 컴퓨터 비전computer vision(컴퓨터에 부착한 카메라나 스캐너 등 시각매체로 이미지를 분석해 유용한 정보를 생성하는 기술 - 옮긴이), 근접센서, 다양한 AI로 고객이 매장 밖으로 걸어 나갈 때 자동으로 구입 품목을 청구하는 시스템이라고 설명했다. 2년 후 아마존은 미국 전역에 3,000개 매장을 열 계획이라고 했고 이는 가까운 미래의 구매경험을 바꿔놓을 것이었다. 다시 한 번 동작이 굼뜬 유통업계 경쟁자들은 뒤처질 위험을 감수해야 할 판이다. 설사 당신이 투기성이라 생각해 외

면하고 싶은 기술일지라도 계속 여기에 귀를 기울여야 한다. 일단 많이 읽자. 그리고 당신의 컴포트존에서 벗어난 행사에 참석해 '인싸'들이 커넥티드 디바이스, 블록체인, 기계학습, 차세대의 무언가가 주는 기회를 어떻게 이해하고 있는지 알아보자.

2. 얼리 무버Early Mover(선도주자 – 옮긴이)는 급부상하는 기술의 특정 사용 사례를 지켜낼 지적재산권 보호를 확보한다. 물론 이것이 성공을 보장해주지는 않지만 투자비용을 상각하는 하나의 방식일 수는 있다.

3. 입소문에 휘둘리지 않아야 한다. 경영진이 자사의 현실과 문화를 기반으로 신기술이 얼마나 구체적으로 현재의 공정과 제품을 위협하는지, 어디에서 새로운 가치를 창출할 수 있는지 공개적으로 생각해보도록 장려해야 한다. 적어도 이것은 예상하는 위험과 잠재 전략 투자를 규정하는 데 도움을 준다.

4. 직원들이 새로운 기술 주도적 업무 방식을 받아들이도록 격려하려면 위에서부터 강력한 신호를 보내야 한다. 야라에서 롤 모델링을 언급한 페테르 외스트베는 자신이 AI 같은 기술의 기본을 숙지하고 있음을 직원들에게 보여주었다. 그는 말했다. "나는 AI와 관련해 책 10권을 읽고 수업을 들은 덕분에 적어도 내가 지금 무슨 말을 하고 있는지는 압니다." 이런 자세는 잘못된 판단에 따른 투자결정 실수를 줄여주고 팀의 신뢰를 얻을 가능성을 높여준다.

5. 실험적인 기술 주도 프로젝트와 주력사업 간에는 문화 보호를 위한 물리적 거리가 필요하다. 헤스탄 스마트 쿠킹은 모기업의 보수주의에 전혀

방해받지 않았고 그 나름대로 독특한 문화를 구축했다. 스타트업인 이곳은 더 적극 움직이고 더 빠르게 진행하며 필요한 경우 외부 투자자를 끌어온다. 또한 왕쉐훙은 팀과 관련해 "가장 중요한 것은 자유롭게 숨을 쉬고 알아서 결정하도록 내버려두는 것"이라고 말했다.

6. 신기술이 주는 혜택과 관련해 고객뿐 아니라 내부 이해관계자를 신나게 만들어줄 매력적인 서사가 필요하다. 스탠리 쳉은 "세상의 최고 기술을 보유해도 이야기를 만들어내지 못하면 비참하게 실패하고 말 것"이라고 했다.

14장

역발상으로 사업모델 확장에 성공하다

EXTEND

단 한 번의 투자로 만들어낸
51만 2,000%의 수익률

누가 봐도 망한 사업모델을 보유한 스타트업 사이에 유명한 전략이 바로 피벗Pivot이다. 피벗이란 경험에 근거해 시장적합성Product-Market Fit을 탐색하다가 방향을 급격히 전환하는 것을 의미한다. 민첩한 농구 선수가 한 발을 바닥에 붙인 채 슛을 하려고 자세를 바꾸는 모습을 떠올려보자. 이는 공을 자유롭게 던질 미래를 향해 대담하게 움직이면서도 안정적이고 여전히 게임 규칙 안에서 행동하는 자세다.

실패로 돌아간 비디오게임 글리치Glitch를 만든 팀은 2012년 자사 내부의 협업 툴을 슬랙Slack이란 독자 제품으로 출시하는 데 생존 가능성이 달려 있음을 깨달았다. 2018년 슬랙은 자금을 조달하면서 70억 달러 이상의 가치를 인정받았다. 팟캐스트 서비스업체 오데오Odeo는 애플의 아이튠이 2005년 팟캐스트를 제공하면서 살 길이 막막해보였다. 오데오의 창업팀은 마지막 주사위를 던지는 심정으로 브레인스토밍을 했고 결국 단문메시지 앱 '트위터'가 탄생했다.

현대경영사에서 가장 눈요깃거리가 될 만한 피벗 사례를 보고 싶다면 1962년 케이프타운 포쇼어 지역에 세운 22층짜리 고층건물로 여행을 떠나보자. 이곳에 100년 된 남아프리카 친민족주의 신문사로 출발해 1915년 내스퍼스라는 브랜드로 거듭난 거대 미디어 기업이 있다. 2001년 내스퍼스는 수익을 내지 못하는 중국의 어느 메신저 스타트업 주식 46.5%를 취득하기 위해 3,200만 달러를 투자하기로 했다. 그리고 2018년 3월 일부 주식을 매각할 때쯤 그 투자는 1,640억 달러의 가치를 안겨주었다. 이 스타트업은 바로 폭발적으로 성공한 위챗과 QQ 메신저 서비스를 만든 텐센트다. 단 한 번의 투자로 만들어낸 51만 2,000%의 수익률은 내스퍼스를 세계에서 가장 위대한 기술투자 기업이자 아프리카에서 가장 규모가 큰 기업으로 끌어올렸다. 저물어가던 전통 인쇄출판 기업이 어떻게 수익을 올리지 못하던 사업모델에서 그토록 급진적인 효과를 낼 수 있었을까?

텐센트는 그저 수십억 달러를 투자한 성공담 중 하나이며 내스퍼스의 포트폴리오에는 러시아의 메일닷루Mail.ru, 인도의 플립카트Flipkart, 독일의 딜리버리 히어로Delivery Hero 같은 거물급 기업이 들어 있다. 2018년 3월 당시 내스퍼스가 텐센트 지분율을 33.3%에서 31.2%로 정리하면서 10억 6,000만 달러의 이익을 실현했을 때 나는 그 성공의 내막을 알고 싶었다. 내스퍼스 문화의 어떤 점이 신문 산업과 아파르트헤이트라는 정치권력 양쪽의 쇠퇴를 유익하게 극복하도록 해준 것일까?

나는 먼저 2014년 내스퍼스의 CEO에 오른 밥 반 다이크와 통화를 했다. 당시 암스테르담에 머물던 반 다이크는 텐센트 투자는 아무것도 모른 채 막연히 저지른 일이 아니라고 설명했다.

"30년 전 우리는 출판업으로 수익의 90%를 창출했습니다. 그 후 유료TV 산업으로 전환했고 이어 아프리카의 첫 모바일 전화기술 기업을 설립했죠. 최근 10여 년간 우리는 다시 소비자 인터넷 기업에 초점을 맞추고 있습니다."

이 반복적인 발전의 공통 요인은 '성장에 초점을 둔 상당히 급진적인 문화'다. 특히 이들은 최신 기술이 성숙하기 훨씬 이전부터 위험한 베팅을 해왔다.

반 다이크는 내가 1980년대 유료TV 산업으로 이동하기로 한 내스퍼스의 결정을 이해해야 훗날 중국 기술 기업에 기꺼이 투자한 의지를 파악할 수 있다고 했다. 남아프리카에 TV가 상륙한 것은 고작 1976년의 일이다. 당시 정부 통제를 받던 남아프리카 방송공사SABC, South African Broadcasting Corporation가 독점권을 부여받았고 이들은 곧 신문 광고를 쓸어갔다. 내스퍼스는 1984년 전 정치기자이자 편집자였던 티오니슨 '톤' 보슬루를 전무이사로 임명했다. 그는 소규모 신문사일수록 수익 감소로 고통받을 것으로 보았고 아파르트헤이트와 소수 백인 지배의 종말을 예상해 여기에 대비해야 한다고 생각했다.

보슬루가 부임하고 나서 몇 달 후 기회가 왔다. 뉴욕 컬럼비아대학교에 다니는 30세의 MBA 학생이 한밤중에 팩스를 보내왔는데 거기에 흥미로운 제안이 담겨 있었던 것이다. 이 학생, 즉 쿠스라는 이름으로 통한 제이콥 페트스 베커는 MBA에서 조사의 일환으로 미국의 유료TV 채널 HBOHome Box Office를 연구했다. 그는 이미 HBO에서 계열사 관련 업무를 맡아달라는 제안을 받은 상태였다. HBO는 1972년부터 케이블TV 구독 서비스를 제공해왔는데 베커는 케이블이 아닌 위성방송으로 변경한 모델이 남아프리카에서 성공을 거둘지 궁금해했다. 그는 아프리카에서 지상파 방송이 인쇄매체 수익을 잠식하고 있음을 알고 있었다. 그는 팩스에 사업에 도움을 줄 아이디어가 있다고 썼고 이를 보여주기 위해 케이프타운으로 가는 비행기표를 직접 마련했다. 손해 볼 게 없었던 보슬루는 내스퍼스 이사회를 소집했는데 매체 경험은 전혀 없지만 패기로 가득 차 있던 베커는 116명의 이사에게 발표할 구식 슬라이드 데크를 가지고 나타났다. 그의 제안은 비싸고도 위험천만 했으나 보슬루와 이사회는 감명을 받았고, 보슬루는 베커에게 남아프리카로 돌아와 프로젝트를 맡아보지 않겠느냐고 제안했다. 지금은 은퇴한 보슬루가 이렇게 회상했다.

"나는 그가 무슨 말을 하는지 곧바로 알아들었고 우리가 진창에서 벗어나는 데 도움을 받을 수 있겠다고 생각했습니다. 결국 나는 이사회에 5,000만 란드(약 3,500만 달러)를 초기자금으로 주자고 했고 베커를 임명하겠다고 말했어요. 그렇게 시작한 그것은 우리에게 가장 중요한 결정이었죠."

기업가적 직관이 뛰어난 보슬루는 소위 손끝 감fingertip feeling이 있었고 언제나 다음 기회를 모색했다.

"내 좌우명은 영국의 위대한 기자 아서 크리스티안센Arthur Christiansen이 한 말입니다. '내게 배부른 기자를 주시오. 그럼 당신에게 형편없는 신문을 보여줄 테니.' 나는 이 말을 '배부른 전무를 주시오. 그럼 당신에게 암적인 존재를 보여줄 테니'로 바꿨습니다."

이 나라 최초의 유료TV M넷M-Net은 CEO로 취임한 베커와 함께 개국했다. 1985년 M넷은 방송면허를 신청했으나 SABC는 이를 거부했고 보슬루는 당시 대통령이던 P. W. 보타를 찾아갔다.

"그에게 지금 광고수입을 갉아먹는 TV가 계속 독점하도록 내버려 두면 이 나라 모든 신문사가 문을 닫을 것이라고 경고를 했습니다. 대통령이 지원하는 신문사를 포함해서 말이죠. 결국 전문가로 구성한 위원회가 나섰고 우리가 이겼어요."

위원회는 M넷에 뉴스를 방송할 수 없다는 것과 다른 모든 남아프리카 일간지 발행인과 소유권을 공유해야 한다는 2가지 조건을 내걸었다. 방송은 1986년 시작했지만 이들은 온갖 우여곡절을 겪었고 1990년이 되어서야 흑자로 돌아서면서 요하네스버그 증권거래소에 상장할 수 있었다. 그리고 사하라사막 아래 지역 전체로 확장해 나가기 시작했다.

보슬루는 당시 소위 '지축을 흔드는 또 하나의 모험'에 착수했다. 1990년대 전후로 보슬루가 회장으로 있던 유료TV 컨소시엄은 모바일폰 네트워크를 개설하는 데 필요한 면허 때문에 규제기관과 접촉하고 있었다. 상당한 지체 끝에 면허를 발급받았지만 여기에는 또 다른 조건이 붙었다. 정부 소유 통신 회사가 컨소시엄 사업에서 한 해의 시작을 담당해야 한다는 것이었다. 통신 회사 MTN은 아프리카와 중동 전역을 아우르는 엄청난 수익 사업이 되었다. 그러나 1997년 내스퍼스의 사장으로 취임한 베커는 TV사업을 우선순위에 두고 재원을 집중하기 위해 MTN을 매각했다. 그는 1998년부터 미디어24Media24

라는 브랜드로 웹 콘텐츠에 투자했고 'Page24.com', 'News24.com', 'Fin24.com' 등의 사이트와 온라인 서점 'Kalahari.com'을 만들었다. 또한 베커는 자신의 미래를 위해서도 현명한 투자를 했다. 봉급을 받는 대신 오직 스톡옵션으로만 받겠다고 요청한 것이다. 그 결정 덕에 그는 두 차례나 억만장자 반열에 올랐다.

―――

"중국에서 돈을 잃은 것은
우리에게 생긴 최고의 일이었어요."

―――

2018년 11월 나는 영국의 사우스 서머싯에서 쿠스 베커를 만났다. 작은 장이 서는 캐슬캐리 마을 외곽에 있는 1.21km² 넓이의 에밀리 에스테이트Emily Estate에서였다. 쿠스 베커와 나는 공사장 진흙이 묻지 않도록 조심하며 호화로운 스파가 들어설 곳과 실내수영장, 아직 완성하지 못한 30여 개의 스위트룸, 어마어마하게 큰 사과주스 제조소, 방문객센터, 영국식 정원, 수생식물원과 복원한 빅토리아시대 온실 그리고 세심한 다층구조 정원을 지났다.

2014년 초 영국 등록문화재 2급에 해당하는 17세기 맨션건물 해드스펜 하우스Hadspen House 토지가 팔렸을 때 언론에서는 조니 뎁이 이사 올 것이라고 호들갑을 떨었다. 사실 베커와 그의 아내 캐런 루스가 이 할리우드 배우를 들먹인 것은 제멋대로 뻗어 있는 이 땅을 영국식 바빌론스토렌Babylonstoren으로 바꿔놓을 계획이었기 때문이다. 바빌론스토렌은 이들이 2010년 케이프타운 동쪽의 와인 생산지역에 문을 연 위풍당당한 호텔과 레스토랑으로 기존 농장을 스파와 수영장, 비평가의 극찬을 받은 메뉴를 갖춘 호사스러운 여행지로 바꿔놓은 곳이다. 한때 남아프리카 〈엘르 데코레이션Elle Decoration〉의 편집자였던 루스는 2019년 봄에 열기로 가득한 서머싯 프로젝트를 둘러보고 있었다. 서머싯 남부지역위원회에 제출한 계획안에 따르면 호텔과 스파 옆에 있는 역사적인 공원, 정원, 농산물 가게는 1년에 최대 10만 명까지 관광객을 유치할 수 있다.

나는 차를 마시며 이제 65세가 된 베커에게 물었다. 어떻게 세상에서 가장 신중한 기술투자를 하게 됐을까? 애초에 남아프리카 신문사는 중국까지 가려는 용기를 어디에서 얻었을까?

베커는 이를 이해하려면 회사가 아프리카 밖으로 확장할 원동력을 얻었던 1990년대 초의 M넷 급성장기로 거슬러 올라가야 한다고 설명했다. 1992년 유료TV 컨소시엄은 명품 판매기업 리치몬트Richemont와 함께 스칸디나비아와 베네룩스3국에서 유료TV 필름넷FilmNet을 사들였고 이탈리아의 유료TV 텔레피우Telepiù에도 투자했다. 그런데 1997년 프랑스 미디어 그룹 비방디Vivendi의 CEO 장 마리 메시에는 이 지주회사를 자신이 소유한 카날플뤼스Canal+와 합병하기 위해 지나치게 통 큰 제안을 했다. 베커는 짓궂게 씩 웃으며 말했다.

"그는 우리에게 현금 22억 달러와 카날플뤼스 지분을 넘기겠다고 했습니다. 지분은 그다지 가치가 없었지만 말이죠. 우리는 고맙다고 하고 돈을 챙겼어요. 유료TV시대는 막을 내렸고 이제 우리에게 가야 할 곳은 없는데 호주머니에는 돈이 있었습니다. 그걸로 무얼 할 수 있을까요? 그때 일이 벌어지고 있던 곳은 딱 하나 인터넷이었어요."

베커는 지난 3,000년 역사 중 대부분의 세월 동안 세계 경제 중심지였던 중국에서 인터넷 기회를 찾기 시작했다. 그는 베이징과 홍콩으로 팀을 보냈고 그들은 베이징의 인터넷 서비스 제공 기업, 상하이의 재무 포털, 한때 중국에서 가장 컸던 스포츠 포털 그리고 온라인 서점 등에 다양하게 투자했다. 하지만 이 모든 투자는 실패했다. 인터넷 서비스 제공 기업 건만 계산해도 18개월 동안 4,600만 달러를 잃었다.

"그 기업들은 모두 회생불가였고 우리는 돈을 모두 잃었습니다. 엄청난 돈을 잃은 것이 처음은 아닙니다. 브라질에서는 잡지 회사에 투자한 4억 달러를 잃었지요. 우리는 미래를 예측할 수 없으므로 손실에 대비해야 합니다. 중국에서 돈을 잃은 것은 우리에게 생긴 최고의 일이었어요. 기업에 가장 위험한 순간은 모든 것이 잘 풀리고 우리가 완벽이라는 허상을 키워갈 때입니다. 가장 장래성 있는 순간은 우리가 막 실패했을 때고요."

이들은 실패의 원인이 일을 주도한 서구 출신 임원들의 오만한 사고방식에 있음을 깨달았다. 거만하게 굴다가 현지 사업 문화를 이해하는 데 실패한 것이다.

"우리는 생각했습니다. 완전히 반대로 해보는 건 어떨까? 가장 능력 있는 중국 경영팀을 찾아 그들에게 무언가를 하라고 말하는 대신 우리는 입을 다물고 그들이 스스로 꾸려가도록 하는 건 어떨까? 실제로 우리는 텐센트에 투자하면서 그렇게 했어요."

인터넷 경제가 무너지면서 베커는 그것이 내스퍼스가 감당할 수 있는 마지막 투자라는 것을 알았다. 그가 인정했듯 당시 내스퍼스에는 마지막으로 주사위를 한 번 더 던져볼 기회가 있었지만 위험천만한 순간이었다. 만약 이번에 실패하면 앞으로 4~5년간 그 무엇에도 투자할 수 없을 것이었다.

베커가 처음 텐센트의 설립자 마화텅을 만났을 때 이 회사에는 매출이 전혀 없었고 30명의 팀원 중에는 영어를 할 줄 아는 사람이 하나도 없었다. 사무실마저 선전의 어느 우중충한 건물에 처박혀 있었으나 텐센트의 인스턴트 메시지 시스템 QQ에는 거의 200만 명의 사용자가 있었다. 마화텅은 5명의 선전대학교 공학도를 회사로 데려왔고 이들의 기술 능력은 뛰어났다. 베커는 "그들에게서 열정이 느껴졌다"고 말했다.

"계획을 세우고 시작한 것은 아니었습니다. '우리가 사람들이 흥미로워할 만한 무슨 일을 할 수 있지? 일단 우리에게는 사용자가 있으니 그들에게 게임을 하게 할 수 있어. 그 게임에서 돈을 받자. 황금칼 하나에 2페니씩 받는 거야.' 이런 식이었죠."

또한 베커는 그들이 코딩을 즐기는 걸 눈여겨보았는데 그에 따르면 이는 성공하는 팀의 특징이었다.

"헨리 포드는 부_富도 행복과 마찬가지로 직접 노려서 얻을 수는 없지만 유익한 서비스를 제공한 결과로는 얻을 수 있다고 했습니다. 인터넷 가치도 똑같아요. 확고한 의도 아래 MBA식으로만 접근하면 성공할 수 없습니다. 성공하는 기업가는 무언가 더 위험하지만 유용하거나 재미있는 걸 하려고 합니다."

결국 그는 3,200만 달러로 그 회사의 절반을 인수했다. 그에게 텐센트가 지금만큼 성장하리라고 예상한 적이 있는지 묻자 그는 주저 없이 그렇지 않다고 대답했다.

"그건 텐센트의 관리자들도 전혀 예상하지 못한 겁니다. 근본적으로 이는 예측 불가능한 일이에요. 2003년에 트위터가 필요해질 거라고 생각한 사람이 있을까요? 영상메시지를 보내는 시대에 140자 단문 메시지로 회귀하다니요. 말이 안 되죠. 반대로 내게는 성과가 있어야 했는데 실은 생각대로 진행되지 않은 일이 많습니다. 미래를 예측하는 건 어려운 일입니다. 그리고 경직된 신념은 기업에 독이지요."

내스퍼스는 20세기에 남아프리카 시장과 정치 현실이 근본적으로 변화하면서 기존의 경직된 신념을 극복하고 생산성 높은 결과를 이뤄냈다. 그러나 가끔 관습적인 사업모델은 선례를 훨씬 뛰어넘을 정도로 확장되어 기업을 시작한 여정의 처음부터 이점을 부여하기도 한다. 마화텅이 깨달았듯 역발상으로 접근하는 창업팀은 창의적인 아이디어를 바탕으로 회복력 있고 수익성 높은 사업을 구축할 수 있다.

철도회사가 부동산 개발의 천재?

간혹 어떤 기업은 시작부터 이상하리만치 직관에 반하지만 수익성 좋은 사업모델을 발견한다. 그 사례 중 하나인 홍콩의 대중교통 네트워크 회사 MTRMass Transit Railway은 런던, 스톡홀름, 멜버른, 시드니, 베이징, 항저우 등에서 철도와 지하철 노선 운영에 관여하고 있다. 아시아의 한 도시에서 여객열차를 운영하는 이 회사는 어떻게 세계적인 교통 프로젝트를 도맡는 신뢰받는 기업이 된 것일까? 나는 그 대답을 MTR의 근거지인 홍콩 국제금융센터 제2타워 33층에서 들었다. 핵심은 국가보조금이나 높은 운임에 의지하는 업계의 전통 사업모델을 과감히 거부하는 데 있었다.

1979년 첫 노선을 개설하고 현재 홍콩 지하철역 93개를 운영하는 MTR은 놀랍도록 단순한 아이디어로 운임은 낮고 수익은 높게 유지하고 있으며 99.9%의 신뢰를 받고 있다. 새로운 지하철역을 계획할 때 MTR은 주변 지하철역과 정류장 주변에 지을 수 있는 새로운 사무실, 쇼핑몰, 아파트 가치의 지분을 확보하기 위해 부동산 개발업자들과 협상한다. 무엇보다 MTR은 자사가 쉽게 해결하지 못할 위험성을 떠안을 수도 있는 실질적인 개발업자 역할은 맡지 않는다. 대신 토지소유자로 활동하면서 개발업자가 공사에 입찰하도록 초대하며 그 대가로 현물자산을 받아낸다. 예를 들면 홍콩역 바로 위로 솟은 88층짜리 고층타워 18개 층의 소유권 같은 것이 있다. 이는 철도운영사 입장에서 프로젝트로 창출하는 부동산 가치의 일부를 획득하는 역발상 전략이다. 곰곰이 생각해보면 이는 굉장히 명확한 일이라 나는 왜 더 많은 도시가 이렇게 하지 않는지 이해할 수 없을 지경이다.

MTR의 부동산 기획 수석고문 스티브 이우가 이 독창적인 '철도+자산R+P, Rail Plus Property' 모델이 어떻게 MTR을 고수익 330억 달러(2,610억 홍콩달러)를 버는 회사로 바꿔놓았는지 설명했다. 현재 MTR은 93대의 8량 차를 교체하는 데 8억 달러, 40대의 경량철도LRV 구입에 9,500만 달러, 231km 길이의 철도를 따라 신호를 업그레이드하기 위해 4억 2,000만 달러 등을 지출하고 있다. 런던이나 뉴욕 같은 대다수 도시철도 체계와 달리 홍콩의 도시철도는 재정이 안정적이고 정부 지원금을 받지 않으며 유지·보수와 재개발을 지속적으로 진행한다. 그 결과 매우 효율적이고 놀랄 만큼 신뢰를 받으면서 한 번 타는 데 평균 1달러에 불과한 운임을 유지하고 있다. 이는 운송사업자가 기업가처럼 생각함으로써 더 넓은 일반 시장에서 간과하는 개발가치를 얻을 때 가능해진다.

중년의 사나이 이우는 창문 너머로 빅토리아항 건너편에 있는 118층의 국제상업센터International Commerce Center를 가리켰다. 카오룽역 개발지 위로 우뚝 솟은 홍콩에서 가장 높은 그곳은 2010년 완료한 역사 개발의 일부로 2개의 특급호텔, 6,400개의 주거 단위, 컨벤션 센터와 사무실, 상업매장 등으로 구성된 총 190만 m² 넓이의 새 건물이다. MTR 측의 조건은 장기투자로 쇼핑몰의 81%를 소유하는 것이다. 그런데 1994년 허가받은 이 프로젝트에는 '매끄럽게 협조하고 통합해' 조성한 공원과 어린이 놀이터, 조경정원, 주거와 사무실 지역에서 역까지 이어지는 포장한 보도 등이 포함되어 있다. 결국 철도 출입구만으로 끝나버릴 수 있던 이 프로젝트는 번화한 새로운 공동체를 만드는 일이 되었다.

이우는 부동산 개발이 MTR 수입의 절반 이상을 차지한다고 설명했다. 그러나 MTR의 대주주인 정부는 더 큰 목표를 달성하기 위해 다른 혜택을 제시하고 있다. 우선 R+P 프로젝트는 경제를 활성화하고 주요 입지에 주거와 사무실 밀도를 높이고 있다. 또 역사 위쪽에 사적·공적 공간을 통합하면서 사회적 이익이 발생하는 한편 추하고 시끄러운 교통 인프라를 감추는 환경상의 이득도 생긴다. 물론 정부 입장에서 재정 이점은 MTR이 '수송 주도 개발'이라 부르는 사업에 자금을 지원할 필요가 없다는 것이다. 현재 45개 MTR 역과 정류장에서 부동산 개발이 이뤄지고 있다.

건물이 빽빽하게 들어선 홍콩은 다른 비슷한 크기의 도심 교통 허브와 차별화가 필요하다. 4.5가구당 한 가구가 자동차를 소유하고 이동의 90%는 대중교통에 의지하는 상황에서 효율적이고 매력적인 철도 서비스는 정부의 우선순위일 수밖에 없다. 그럼에도 불구하고 그 부지 위에 세운 개발 단지의 가치를 확보하는 MTR의 아이디어는 다른 도시에도 쉽게 적용이 가능하다. 새로운 역사를 지을 때마다 MTR

팀은 마스터 설계도를 만들어 기획을 승인받은 뒤 미개발 부지의 가격을 바탕으로 정부에 '토지 할증료'를 지불한다. 이우가 그 이유를 설명했다.

"개발 전의 부지는 1,000만 홍콩달러(130만 달러)의 가치가 있지만 개발하면 100억 홍콩달러(13억 달러)가 되어버리니까요."

MTR의 엔지니어링 전문가들은 빈틈없이 통합한 상층부는 하층부에 있는 역사에 구조적으로 조금도 위험을 떠안기지 않으면서 필요한 환기 상태나 접근 지점을 제공한다고 했다.

"우리는 이점을 만들어내면서 정부 수익에 아무런 해도 끼치지 않습니다. 역 위에 뭔가를 짓는 것은 말이 되는 일이니까요. 중요한 건 입지, 입지, 입지예요!"

그 결과 MTR은 뜻밖의 금전적 이득뿐 아니라 설계부터 운영까지 철도 확장의 모든 측면을 파악해야 할 필요성 때문에 여러 전문기술까지 보유하게 되었다. 덕분에 MTR은 런던의 엘리자베스 라인 같은 국제 계약을 확보하는 것은 물론 해외 철도 전문가들을 위한 훈련 중심지 MTR 아카데미도 홍콩에 세울 수 있었다. MTR은 R+P 모델을 홍콩 바깥에도 공고히 하는 것을 넘어 그 아이디어가 여러 곳에 뿌리내리게 했다. 인도 델리와 하이데라바드에서는 철도 회사가 새로운 지하철 노선을 계획하면서 부동산 개발을 함께 실험해보고 있다. 뉴욕의 MTA Metropolitan Transportation Authority(메트로폴리탄교통공사)는 허드슨 야드 Hudson Yards(뉴욕 맨해튼의 재개발 복합단지 – 옮긴이) 프로젝트로 이어지는 철도 확장을 위해 개발업자들과 함께 작업하고 있다.

스티브 이우는 현재 자신이 확보한 커다란 프로젝트에 강한 열정을 보였다. 이는 칭콴 오 선Tseung Kwan O Line상의 로하스 파크 스테이션(건강하고 지속 가능한 라이프스타일Lifestyle of Health and Sustainability의 약자에서 따온 이름)을 개발하는 프로젝트로 주거 빌딩 50동, 쇼핑센터 4만 5,000㎡, 유치원 2개, 초등학교 3개, 중학교 2개, 이동 통로, 노인과 장애인을 위한 집, 공원 1만 9,000㎡를 포함한다.

"철도 정류장과 역사 위로 6만 8,000명을 수용할 수 있는 마을이 들어서는 겁니다. 우리는 이곳을 '꿈의 도시'라고 부릅니다."

8년 안에 이곳을 완공하면 모든 사람이 혜택을 본다. 새로운 주민, 근로자, 정부, 승객, 개발업자 그리고 다른 기업과 다르게 움직이는 이 완벽하고 정확한 철도 회사까지 말이다.

———

당신의 사과상자 안에는
이미 벌레 한 마리가 기어들어갔다

———

한 기업의 사업모델 피벗은 현재의 내부 강점을 바탕으로 세워야 성공할 수 있다. 내스퍼스의 중국 투자는 고립 상태에서 어쩌다 생긴 모험이 아니다. 기업 문화 관점에서 이것은 비즈니스상의 위험을 감수해온 100년이라는 세월에서 기인했다. 남아프리카 언론 〈디 브루거Die Burger〉의 전 기자로 내스퍼스의 안팎을 모두 파악하고 있는 리제트 라브가 말했다.

"사업기회를 포착하는 능력과 사업적·혁신적 성격은 처음부터 내스퍼스의 DNA에 박혀 있었어요. 내스퍼스는 언제나 그 시대 기술에 따라 혁신해왔지요. 1960년대에 최고의 그라비어인쇄기를 수입해 남아프리카 최고 잡지를 내놓거나 최초의 유료TV 디코더 시스템을 만들기도 했고요. 매번 새로운 기술은 또 다른 기회를 안겨주었고 매번 이회사는 투자할 준비를 갖추고 있었어요. 이전 투자 덕에 현금이 풍족했으니까요."

밥 반 다이크는 이것을 '개척지 사고frontier thinking'라고 부른다. 이는 경쟁자들이 미처 익숙해지기도 전에 먼저 미성숙 시장에서 성장 가능성을 탐색하는 것을 말한다. 그가 말했다.

"우리는 러시아나 아시아처럼 서양 투자자들이 대개 나중에야 가는 곳에 먼저 투자했고 수많은 실수를 저질렀습니다. 동시에 극적인 성과도 발견했지요. 우리는 늘 다음 개척지가 어디일지 생각했습니다."

이 말이 새로운 개척지마다 수익을 올릴 수 있다는 뜻은 아니다. 그렇지만 내스퍼스는 역발상 접근법 덕분에 '벤처캐피털'이라는 이름 자체가 위험하거나 대담한 여정이라고 넌지시 암시하는 산업을 향해 일찌감치 과감하게 움직이는 것에 익숙해졌다.

반 다이크는 내스퍼스가 효과적으로 변신한 것은 3가지 요인 덕분이라고 했다. 첫째, 위험을 감수하려는 욕구가 컸다. "우리는 완전히 잘못된 것으로 밝혀지는 일들도 많이 합니다. 그리고 그런 게 아무렇지도 않아요." 둘째, 핵심 기업을 작고 기민하게 유지한다. "명함에 내스퍼스를 새긴 사람은 전 세계에 200명 남짓일 겁니다. 따라서 방향을 바꾸고 싶으면 상대적으로 쉽게 할 수 있습니다." 셋째, 소위 '기분 좋은 자기만족 결여'다. "당신의 자리가 즐겁게 느껴지는 순간 그때가 끝이에요."

2018년 연차보고서는 이들 전략이 얼마나 효과적이었는지 보여준다. 내스퍼스의 인터넷 투자는 지난해 대비 수익 159억 달러를 올렸고 거래이익은 31억 달러였다. 텐센트의 수익은 34억 달러로 56% 증가했으며 메일닷루는 8억 5,000만 달러였다. 그리고 내스퍼스는 인도의 전자상거래 기업 플립카트의 지분을 22억 달러에 월마트에 매각했다. 그 성공적인 국제투자 포트폴리오는 지불 서비스부터 여행 가격 비교 사이트까지 다양하게 아우른다.

나는 반 다이크에게 내스퍼스의 투자 철학이 무엇인지 물었다.

"우리는 기술이 사람들의 삶을 어떻게 더 낫게 바꿔놓는지 예리하게 관찰합니다. 예를 들어 우리는 사람들이 필요한 것보다 더 많은 물건을 산다고 생각해요. 분명 지구상의 제약과 경각심이 늘어나면서 사람들은 중고물품을 사고팔 겁니다. 우리는 이를 '중고거래 광고'라고 하는데 이 사업을 40개국에서 하고 있어요."

현재 내스퍼스는 세계적으로 손꼽히는 중고거래 사이트를 운영하고 있다. 내스퍼스가 40여 개 나라에서 활발하게 참여하고 있는 또 다른 분야는 음식 배달이다.

"사람들은 하루에 두세 끼의 식사를 마련합니다. 이것은 시간이 꽤 걸리는 일이지만 늘 만족스럽거나 건강한 것도 아닙니다. 유럽의 음식배달 서비스 앱 딜리버루Deliveroo 같은 사업모델은 사람들이 먹는 방식을 바꿔놓고 있습니다. 우리는 그 분야의 영향력 면에서 1% 정도에 불과해요."

예를 들어 내스퍼스는 인도의 음식배달 스타트업 스위기Swiggy의 가장 큰 투자자다. 스위기는 자사에 부엌을 갖추고 있으며 영양학 면에서 최적화한 식사를 묶음으로 배달한다. 스위기 창업팀은 반 다이크가 보통 기업가들에게 원하는 능력을 보여주고 있다. 그것은 비논리적 결정, 어마어마한 열정, 지속 가능한 무언가를 만들려는 완벽한 집중력 그리고 어느 정도의 겸손을 말한다.

"이들은 돈을 벌거나 명예를 높이는 것보다 사람들이 좋아하는 훌륭한 제품을 만드는 데 완전히 몰두하고 있습니다."

반 다이크는 여전히 60종의 신문과 30종의 잡지를 포함해 내스퍼스의 전통 매체 산업을 책임지고 있다. 그러나 이 분야의 수익은 고작 1~2%에 기여할 뿐이다. 그는 노르웨이 미디어 그룹 십스테드Schibsted에서 일하는 동안 혁신가는 미래를 세우기 위해 현재의 핵심 수입원을 희생할 수 있어야 함을 배웠다. 1839년 설립된 십스테드는 1990년대 말 별도의 독립 브랜드 아래 온라인 중고거래 사이트를 개설하고 스웨덴과 브라질 등 22개국에서 르 봉 쿠앙Le Bon Coin과 FINN.

no 등을 운영함으로써 그동안 높은 이윤을 안겨주던 인쇄 중고거래 광고 쇠퇴를 가속화했다. 이 역발상 전략은 성공했고 높은 수익률을 올리는 스핀오프 디지털 사이트가 그 시장을 거의 다 장악했다.

반 다이크는 변화가 다가오고 있음을 감지하는 다른 산업 리더에게 몇 가지 조언을 하고 싶어 했다.

"급진적으로 빠르게 움직여야 합니다. 당신이 기술보다 앞서고 싶을 경우 한계효용-Marginalism은 적합하지 않습니다. 새로운 방향으로 적극 움직이려면 민첩해야 합니다. 일단 기업의 기능이 너무 거대해질 경우 변화 앞에서 조직적인 저항이 일어납니다."

외부를 바라보는 것 역시 중요하다.

"사내회의에 너무 많은 시간을 보내고 그룹 내부 업무만 걱정하는 것은 정말 위험합니다. 구체적인 영업활동이 아니라 경쟁자와 고객, 자사를 둘러싼 세계를 생각해야 합니다."

2014년 5월 성공한 벤처 자본가 마이클 모리츠는 링크트인에 '〈뉴욕타임스〉는 무엇이 될 수 있었을까'라는 도발적인 글을 썼다. 그는 1990년대 초와 2000년대 중반 사이 어려움을 겪던 〈뉴욕타임스〉 경영진이 약 20억 달러를 대부분 전통 인쇄자산을 구입하는 데 써버렸다고 지적했다. 훗날 가치가 붕괴될 자산에 투자했다는 얘기다. 반면 베커가 이끈 내스퍼스는 '기술의 파도에 맞서 싸우기보다 그 파도를 타기로 결심'하고 남아프리카의 매체 기업을 '온라인 거물'로 바꿔놓았다. 그리고 시장가치는 20년 전보다 100배 더 증가했다. 모리츠는 베커의 결정적 움직임은 '온라인을 우선시해 웹에서 탄생한 기업을 선별해 투자하거나 사들인 판단력'이었다고 썼다. 그러는 동안에도 〈뉴욕타임스〉 경영진은 여전히 과거에 경의를 표하고 있었다.

그럼 사우스 서머싯의 에밀리 에스테이트로 돌아가 보자. 나는 쿠스 베커에게 작별인사를 하기 전에 사업모델에 변화가 일어나고 있음을 느끼는 다른 경영자에게 추천하고 싶은 전략이 있는지 물었다.

"나이가 드니 전략이란 것에 좀 회의감이 드네요. 아무튼 중요한 것은 실행입니다. 물론 운도 따라야 하지요. 그러나 운이 좋으려면 끊임없이 노력하고 계속 기회를 찾아봐야 합니다. 우리는 전자상거래 분야에서 여러 차례 실패한 후에야 결국 폴란드에 있는 기업을 사들였어요. 또 우리는 페이스북이 탄생하기 전에 SNS에 투자하려고 2곳을 보고 있었지만 결국 투자하지 않았지요."

그는 세상에 '거대 이론'은 존재하지 않는다고 주장했다. 내스퍼스에는 그저 인쇄 사업에 미래가 없다는 깨달음, 대망을 품은 기업은 남아프리카에서 벗어나야 한다는 깨달음, 그리고 뜻밖에 벌어들인 22억 달러를 손에 쥐고 무언가 대담한 일을 저질러야 한다는 깨달음이 있었을 뿐이라고 했다.

중국 베팅에 성공한 사례는 베커가 운이 좋은 덕이었다. 심지어 지금도 내스퍼스의 시가총액은 텐센트의 보유 지분보다 가치가 낮다. 이는 업계에서 내스퍼스를 다른 활동은 거의 없는 것이나 마찬가지인 회사로 본다는 의미다. 베커는 안주할 여지는 없다고 잘라 말했다.

"현대적인 것은 언제나 한 발 앞서 있습니다. 그리고 오늘날 당신의 사과상자 안에는 이미 벌레 한 마리가 기어들어갔어요. 우리가 지금 들어가 있는 산업 그러니까 전자신호를 조작하는 이 분야는 50년, 아니 70년 동안 잘 해왔습니다."

디지털 물결은 모든 산업을 바꿔놓은 뒤 어떤 파괴적인 새로운 힘에 길을 내줄 것이다. 기차가 전기와 내연기관에 자리를 내준 것과 똑같이 말이다. 오늘날의 디지털 거물은 왜 살아남길 기대하는가? 베커는 어느 순간 모든 기술 세대는 고갈될 것이라고 말했다.

"그다음은 생명과학일까요? 알 수 없죠. 대학 내의 누군가가 오늘날 인터넷 경영 세계를 완전히 날려버릴 무언가를 발명하고 있을 가능성이 큽니다. 랭크 제록스Rank Xerox나 코닥Kodak을 보세요. 노키아가 화면 제작비용을 고작 2센트 낮추려고 어떻게 공급사슬 경영을 효율화했는지도요. 그러는 동안 스마트폰 회사들이 옆에서 들이박았잖아요."

작별인사를 하려고 일어났을 때 그가 마지막 말을 덧붙였다.

"일이 어떻게 돌아가는지 안다고 생각할 때가 가장 위험합니다."

오래된 출판사가 세계 최고의
기술투자 기업으로 변신한 비결

▼

가끔 인터넷은 전통 사업모델이 살아남기를 원치 않는다. 이는 여전히 인쇄기에 집착하는 매체 기업이나 유비쿼터스 데이터가 기민한 스타트업에 새로운 경쟁우위를 안겨주기 전 시대에 갇혀 있는 보험 회사에는 불편한 진실일 수 있다. 예를 들어 100년 역사를 자랑하는 보험 회사는 새로운 경쟁자만큼 효과적으로 빠르게 바뀌는 시장신호를 읽어내기가 쉽지 않다. 기존 장기계획에 기반한 이들의 재무적 핵심성과지표는 새로운 시장 현실에 적합하지 않다.

내스퍼스 사례는 대담한 지도부와 위험을 감수하려는 의지만 있으면 전통 프리-인터넷Pre-Internet 기업도 실질적으로 가치 있고 새로운 디지털 사업모델을 세울 수 있음을 보여준다. 그러나 이를 위해서는 몇 가지 조건이 필요하다.

1. 외부인을 데려온다. 평생 신문쟁이로 살아온 톤 보슬루가 제로에서부터 다시 시작해야 한다는 생각으로 자신에게 깊은 인상을 준 외부인을 데려오지 않았다면 내스퍼스를 유료TV 분야로 이끌지는 못했을 것이다.

조직 문화가 공고하다면 이제 전략적 채용으로 신선한 문화를 들여와야 한다.

2. 당신이 처한 당장의 위협을 밝혀내고 더 찾기 위해 계속 탐색한다. 쿠스 베커는 자기만족은 자기기만으로 이어진다고 믿는다. 이미 모든 조직이 미처 인식하지 못한 경쟁자에게 도전받는 중이다.

3. 이사회가 변화를 기대하도록 만든다. 밥 반 다이크는 이렇게 말했다. "내 스퍼스의 이사회는 5년 후 회사가 지금과 다르게 보이리라는 것을 마치 규범처럼 이해하고 있습니다. 그래서 큰 결정이 그들에게는 꽤 자연스러워요. 그들은 변화는 좋은 것이고 무엇보다 위험한 것은 세상이 변하는 동안 우리의 방향이 변하지 않는 상태라는 메시지를 내면화하고 있지요."

4. 변화를 다른 누군가의 문제로 떠넘기면 안 된다. 반 다이크는 혁신을 담당할 누군가를 임명하는 것은 '변화를 유발하는 가장 순박한 방식'이라고 했다. 그는 경영진을 '시간의 95%를 오늘 하는 사업이 아니라 앞으로 만들 수 있다고 생각하는 사업'에 쓰는 지도부로 구성하도록 추천한다. 다시 집중하기 위한 의식적인 의사결정은 고통스러울 만큼 어렵지만 궁극적으로 살아남을 가능성이 큰 기업을 차별화한다.

5. 변화를 가로막는 내부 장애물을 극복하기 위한 프로토콜을 구성한다. MTR은 새로운 역을 설계할 때마다 철도 엔지니어와 개발업자 간의 이해관계를 조절해야 했다. 일반적으로 철도 회사는 기차역 위에 무언가 개발하는 것을 꺼려한다. 환풍구 같은 공학설계가 필요하기 때문이다.

MTR은 자산팀과 철도팀이라는 사내의 두 팀을 조정해 모든 프로젝트의 출발부터 공유하는 의제 아래 긴밀히 일하도록 했다.

6. 현재의 수익모델이 운이 다했다고 믿을 경우 빠르고 급진적으로 움직인다. 규모가 작은 경영팀은 더 빠른 의사결정이 가능하다. 그리고 필요하다면 '피벗'을 실행하자.

7. 귀를 활짝 열고 듣는다. 톤 보슬루가 야망이 넘치는 뉴욕 MBA 학생과 만날 준비를 갖추지 않았다면 내스퍼스는 여전히 신문사로 남아 있었을지도 모른다.

8. 좌절당할 준비를 한다. 내스퍼스는 중국에서만 네 차례나 반복해서 실패했다. 그러나 경영진은 자신들이 실수했고, 특히 현지 사업 운영에 서구의 임원을 임명하면 안 된다는 사실을 받아들일 준비를 갖추고 있었다.

파괴하는 자들만이
새로운 제국을 세울 수 있다

프랑스 생명보험회사 악사AXA의 CEO 토마스 부베를이 2016년 9월 유럽에서 두 번째로 큰 보험회사를 인수했을 때, 그는 전략상의 우선순위 하나를 천명했다.

"우리는 우리의 사업을 어떻게 바꿀 것인가?"

당시 악사는 200년 역사에 16만 5,000명의 직원이 근무하는 대기업이었다. 이들은 30년 동안 인수합병으로 작은 상호보험 회사에서 의료보험 제공기관이자 투자관리자, 금융서비스 거인기업이라는 글로벌 주자로 성장해왔다. 부베를은 〈파이낸셜 타임스〉와의 인터뷰에서 이렇게 말했다.

"오늘날 우리의 경쟁자는 (보험회사) 알리안츠와 제네랄리Generalli입니다. 하지만 내일의 경쟁자는 구글이나 페이스북일 겁니다."

그의 초점은 '디지털 미래를 위한 사업모델 변화'에 있었다. 즉, 43세의 부베를이 마주한 도전과제는 미디어, 제조업, 의료기기 등 다른 전통 사업 리더가 맞닥뜨리는 것과는 종류가 달랐다. 여러 계층으로 이뤄진 하향식 기업 구조는 주식시장의 단기 수익 욕구를 충족하는 데서 동기를 부여받고, 보통 최신 기술이 경제 현실과 고객의 기대를 바꿔놓고 나서야 빠르게 움직이기 위해 고군분투한다. 회사의 역사, 브랜드 인식, 신용도 등은 기민하고 기술 집중적인 스타트업이 새로운 고객욕구를 빠르게 인식하고 반응할 경우 전혀 쓸모가 없어진다. 부베를은 새로운 '디지털 온리digital-only' 경쟁자들이 점차 시장점유율을 늘려가는 상황에서 악사가 경쟁력을 유지하려면 회사 문화를 바꿔놓는 시간과의 싸움이 필요하다는 것을 알았다. 성공을 위해 악사는 자신만의 디지털 여정을 떠나면서 고객을 우선시해야 했다.

악사의 독일 사업부를 맡은 부베를은 최고직에 지원하면서 그 위급함을 알리려 했다. 그는 보고서에 사업모델을 '지급인payer에서 파트너로' 바꿔야 한다고 썼다. 또 디지털 세계에서 급속히 진화하는 고객 욕구를 충족해주려면 기업혁신을 촉진하는 한편, 고객에게 단순히 보험증서를 파는 것이 아니라 고객을 건강하고 안전하게 지켜줄 새로운 방식을 찾아야 한다고 했다. 악사는 과정 자동화, 데이터 활용, 새로운 사업모델 탐색, 고객 여정Customer Journey 향상으로 이를 달성하고자 했다. 먼저 부베를은 시스템에 충격을 줘야만 했다. 그는 직원 감축과 본사 예산 삭감, 지역 관리자에게 더 많은 자율성 부여, 비용 21억 유로(약 2조 7,000억 원) 축소를 중심으로 한 5개년 계획을 발표했다. 회사는 해마다 '혁신 습득Innovation Acquisitions'에 2억 유로(약 2,600억 원)를 할당하기로 했다. 이는 혁신 촉진을 위해 기술 기업을 사들이는 데 쓸 비용이었다.

이 전략은 디지털 네이티브 보험 회사가 악사의 몫까지 다 먹어치우기 전에 성과를 낼 수 있을까? 내가 악사의 COO 아스트리드 스탠지를 만난 사무실에는 '빨리 움직여 혁신을 꾀하라'라고 쓴 페이스북의 담벼락 포스터가 걸려 있었다. 이는 흔히 보험 회사와 연계된 사고 방식이 아니지만 핵심은 바로 그것이었다. 스탠지는 자신을 회사가 '고객 먼저'의 의미를 이해하도록 돕는 기업 조력자라고 소개했다. 그녀는 자신에게 3억 유로(약 3,900억 원)의 예산과 구성원 8,000명이 있지만 이들이 기업을 혁신하려면 악사 내의 문화 변화가 필요하다고 말했다.

"5년 내에 보험증서를 파는 것은 우리 일로 남지 않을 겁니다. 고객은 늘 이 제품을 싫어하지요. 대신 그들은 안전과 자신을 돌봐줄 사람을 원합니다. 그렇다면 우리는 어떻게 새로운 사업모델을 찾고 우리 팀이 그곳으로 움직이도록 할 수 있을까요?"

그 도전은 대부분 33세의 악사 CIO 기욤 보리가 해야 할 일이다. 그는 기업의 '혁신 생태계'라고 부르는 것을 관장하는데 여기에는 카메트Kamet부서도 포함된다. 카메트는 파리와 런던, 텔아비브 지사에서 시작한 새로운 디지털 보험 스타트업이다. 지금까지 카메트가 세운 기업을 보면 가상 불임클리닉, 자동차 서비스 앱, 보험 로보-어드바이저Robo-Adviser(로봇과 투자전문가의 합성어. 투자자가 입력한 투자성향 정보를 바탕으로 알고리즘에 기반해 자산을 관리하는 온라인 서비스-옮긴이) 등이 있다. 또한 보리는 4억 5,000만 유로(약 5,800억 원) 규모의 벤처캐피털 기금인 악사 벤처 파트너스AXA Venture Partners를 감독하는데 이들은 보험과 자산관리 관련 기술 기업에 2,000만 유로(약 260억 원)까지 투자할 수 있다. 그는 '혁신'에 쓸 수 있는 연간 2억 유로의 예산을 관리하기도 한다. 알려진 바에 따르면 악사는 최근 미국의 의료보장행정 기업 마에스트로 헬스Maestro Heath를 1억 5,500만 달러에 사들였다.

보리는 내게 새로운 고객 서비스 구축, 고객 불만 해소, 기업 문화 변화, 아이디어에 개방적인 자세, 권한 위임 등을 얘기했다. 좀 식상하게 여겨졌던 나는 '최고혁신책임자'는 회사 구성원이 혁신의 책임에서 벗어나게 해주는 잘못된 직함이 아닌지 물었다. 잠시 침묵하던 그는 몇 분 후 대답했다.

"동의합니다. … 혁신은 모두의 일이지요."

혁신은 연구소나 인수자금, 직함, 컨퍼런스의 기조연설 같은 것이 아니다. 관건은 내부 팀들이 가장 효율적인 스타트업처럼 빠르고 반복적으로 생각하고 실행하게 만드는 문화를 조직 내에 뿌리내리게 하는 데 있다. 나는 부베를의 많은 노력에도 불구하고 악사에 여전히 편안하게 수익을 올리는 옛 사업 분야가 너무 많고 위계적인 경영층, 유물 같은 컴퓨터 시스템, 주주들의 기대 그리고 빨리 움직이고 질서를 깨뜨리되 편안함을 버리지 못하는 업무 방식에 우려를 보냈다.

그곳을 방문한 뒤 나는 고작 2년 만에 무섭게 성장 중인 프랑스 건강보험 스타트업 알란Alan의 공동창업자이자 CEO인 장 샤를 사무엘리앙을 만났다. 이 회사는 깔끔한 비용 계산과 투명한 배상 정책, 기술 우선 사고방식을 갖추고 악사를 직접 겨냥하고 있다. 알란은 마음을 끄는 사용자경험으로 빠른 시일 내에 명성을 쌓았고 4,100만 달러의 투자를 유치해 몇 달 만에 직원이 25명에서 80명으로 늘어났다. 그는 악사처럼 규모가 크고 역사가 200년에 이르는 기업들은 위험의 조짐을 놓친 뒤 눈앞에 직면한 스타트업의 위협을 부인한다고 말했다.

"새로운 주자들이 구축한 새로운 시장이 있음을 감지해도 그들은 이미 장기계획을 세워놨기 때문에 모든 재무적 핵심성과지표를 똑같이 유지합니다."

나는 사무엘리앙에게 만약 그가 부베를의 입장이라면 무엇을 하겠느냐고 물었다. 그는 웃음을 터뜨리더니 "내가 그 일을 하고 싶어 할지 모르겠다"고 말했다. 곧이어 그는 악사가 최첨단 디지털 경쟁자들에 비해 가장 취약한 분야가 무엇인지 파악하려 노력할 것이라고 답했다. 고객행동 변화는 단 몇 년 만에 엄청난 위협을 안겨주기 때문이다.

"나라면 보험 조직을 해체할 겁니다. 알란은 보험업의 모든 모호한 규범으로 규정되지 않습니다. 우리는 어쩌다 보니 스스로를 보험을 제공하는 제품·기술 기업으로 봅니다. 우리 팀의 5분의 4는 보험 업계가 아닌 실리콘 밸리와 프랑스의 최고 기업에서 온 엔지니어들입니다. 세계 최고의 소프트웨어 엔지니어들은 절대 악사에 들어가지 않을 거예요."

부베를에게 이것은 본질적인 도전이다. 현재 뛰어난 소프트웨어 엔지니어로 이뤄진 작고 민첩한 팀이 고객 수백만 명을 신속히 유인하는 제품을 만드는 동안, 기존 회사는 어느 분야든 스스로를 기민한 기술 기업으로 포지셔닝할 필요가 있다. 내가 방문한 기업 중 새로운 디지털 현실에 가장 잘 적용한 기업에는 몇 가지 공통점이 있었다.

* 자기결정이 가능한 소규모의 내부 팀에 권한을 위임하고 진화하는 고객욕구에 반응한다.
* 세계적인 수준의 인재를 채용하고 동기를 부여하며 그들이 자사의 가장 소중한 자산임을 이해한다.
* 호기심과 바깥세상을 향한 시선을 유지하고 계속 질문하고 배우며 거만함이나 자기만족과 싸운다.
* 스스로의 가정을 시험해보고 모든 단계마다 반복을 위한 피드백에 귀를 기울인다.
* 내부 목표보다 고객욕구를 우선시한다.
* 떠오르는 시장 트렌드를 이해하려 노력하면서 현재의 사업모델과 제품을 넘어선 곳을 바라본다.
* 결정을 늦추고 위험을 혐오하게 만드는 위계 구조와 관료적인 생각에 도전한다.
* 대담한 계획이 실패로 돌아가더라도 배울 수 있는 교훈이 있으면 관대하게 받아들인다.

* 단기 시장 수요에 휘둘리지 않기 위해 소유권 구조를 지배
  한다.
* '혁신'을 특정 개인이나 팀의 업무로 여기지 않는다.
* 학문을 넘나드는 연구와 하이브리드 사고가 가능하다.
* 기업의 목적과 가치관을 강하고 명료하게 인식한다.
* 사내 창업 정신에 지속적으로 동기를 부여하고 보상하는 문
  화를 육성한다.

이런 특성은 기성기업보다 가장 성공적인 기술 스타트업에서 더 흔
하게 볼 수 있다. 2014년 토니 파델은 네스트 랩스Nest Labs를 32억 달
러에 구글에 매각했다. 네스트 랩스는 온도조절장치와 연기탐지기 같
은 인터넷 커넥티드 디바이스를 만들던 4년 차 기업이다. 파델은 과거
애플에서 근무할 당시 그곳에 스타트업 문화가 부족하다고 느꼈다.
네스트 랩스의 성공은 일정 부분 그가 회사에 정착시키려고 결심한
스타트업 문화에서 비롯된 것이다.

'아이팟의 아버지'로 불리는 파델은 2001년 애플에 합류한 뒤 사업
계획을 기획하고 하드웨어와 소프트웨어 구조를 관리했으며 18종의
아이팟 시리즈를 내보냈다. 애플에서 9년간 근무하는 동안 그는 아이
폰의 처음 세 차례 반복시험을 개발하고 진행했다. 그러나 스티브 잡
스의 중앙집중식 통제는 가끔 인재들에게 좌절감을 안겨주었고 애플
의 팀들은 프로젝트에 전적으로 영향력을 발휘하지 못했다. 설령 독

창적인 아이디어를 내놓아도 이는 마찬가지였다. 회의에서 잡스는 가끔 사람들의 제안을 묵살하기까지 했다. 파델은 네스트에서 그와 반대로 하려고 꽤나 노력했다.

그는 어느 단계에서 아이팟을 자신의 생각대로 진행하기 위해 심지어 잡스를 속이기도 했다고 털어놓았다. 아이팟이 맥뿐 아니라 PC에서도 작동하도록 만들기 위해서였다.

"스티브는 '내 눈에 흙이 들어오기 전엔 아이팟을 PC에서 쓸 생각을 하지 마'라고 말했습니다. 그는 그렇게 하면 맥 판매량을 깎아먹을 것이라고 판단했어요. 아이팟은 사람들이 맥을 사게 만들 유일한 이유라면서요. 그래서 나는 그 전체적인 PC 연결성이 작동하게 하려고 몰래 스컹크 워크스 팀을 만들었습니다. 잡스가 그걸 허락하지 않을 것이 분명했으니까요."

프로젝트를 완성하기까지 2년이 걸렸지만 파델의 반항은 무죄로 드러났다. 아이팟이 PC에서 작동하자 매출이 급증했기 때문이다.

사실 반항은 기업환경에서 오랫동안 용인받기 어렵다. 2016년 파델은 내부에서 그의 리더십에 불만이 솟구치는 바람에 갑자기 구글을 떠났다. 당시 파델은 블로그에 자신이 얼마 전부터 구글을 떠날 생각이었다고 설명하는 글을 올렸다. '다른 산업을 창조하고 파괴와 함께 새로운 기회를 추구하는 시간과 유연성'을 원한다는 것이 그 이유였다. 직원에게 권한을 위임하는 문화는 분명 혁신이 이끌어내는 성과와 강한 상관관계가 있다. 아일랜드의 리머릭시에서 온 형제 패트릭 콜리슨과 존 콜리슨은 2010년 디지털 결제기업 스트라이프Stripe를 세워 기업들이 대형 은행과 일하면서 겪는 좌절을 극복하도록 돕고 싶어 했다. 이들은 처음부터 최고 인재를 영입해 힘을 실어주는 것을 우선순위로 삼았다. 그리고 이 가치를 성문화해 '스트라이프들'로 알려진 모든 직원과 공유하는 내부 문서 '스트라이프 문화 퀵 가이드'로 만들었다. 이들 가치 중 다수가 다른 유형의 사업에 도움을 줄 것이다. 몇 가지 예를 들면 다음과 같다.

> 스트라이프는 상호의존적이라 정말로 훌륭한 스트라이프들은 회사 전반에 강한 소유 의식을 느끼며 자신이 명목상 속한 영역과 상관없이 탈영역적이다. 대규모 팀을 구성하는 것에 보너스 점수는 없다.

> 우리는 스트라이프들이 자기 업무와 자기계발 모두에서 아주 많은 자율성을 발휘하길 기대한다. 우리는 성과관리와 피드백을 믿지만 경력관리와 업무완료 여부 확인에는 엄격하지 않다. 그러므로 상부에서 지시하지 않는 것을 상부에서 관심이 없는 것이라고 착각하지 말자. 고성과자는 우리가 알아보고 권한을 부여하고 또 상을 내릴 테니까.

> 우리는 올바름을 중시한다. 가끔은 이를 위해 처음부터 이성이 필요하기도 하다. 단호하다는 것이 NIH식 태도를 지녔다는 의미는 아니다. 우리가 주변 세계에 관심을 기울이면 다른 기업,

산업, 학문에서 많은 것을 배울 수 있다고 본다. 우리는 우리의 가정에 이의를 제기하고 우리에게 가르침을 주는 영감과 아이 디어를 얻기 위해 다른 분야를 적극 사냥하자.

절박함을 안고 집중력을 발휘해 움직이자. 우리는 시간을 기록 하지 않고 불필요한 대면도 신경 쓰지 않는다. 스트라이프들은 언제 어디서 일할지에 엄청난 융통성을 누릴 수 있다. 일을 완 료하는 데 무엇이 필요한지 가장 잘 아는 것은 바로 자기 자신 이기 때문이다.

콜리슨 형제는 2018년 9월 200억 달러의 기업가치를 인정받으면서 이전에 유치한 4억 4,000만 달러에다 2억 4,500만 달러를 더 유치했 다. 금융 서비스 산업이 전통 은행처럼 생각하지 않을 때 바로 이런 일 이 생긴다.

내가 조직 내에서 진정한 혁신을 성취하는 가장 스마트한 리더들 에게 목격한 마지막 특성은 그들이 '기업 유형에 상관없이 내가 기 술 기업을 운영한다'고 생각한다는 점이다. 이는 2010년과 2018년 중 반 사이에 애플이나 구글 주식에 투자했다면 420%의 수익률을 손에 쥐었을 것이라는 의미다. 같은 기간에 아마존은 1,500%, 넷플릭스는 2,400%의 수익률을 올렸다. 그러나 2,500%의 수익률을 원했다면 피 자 산업에 내기를 걸었어야 한다. 도미노 피자는 지난 10년간 미국 주 식시장에서 뛰어난 성공을 입증했고 전 CEO 패트릭 도일에 따르면 이는 모두 "우리가 피자 회사인 것만큼 기술 기업이었기 때문"이다.

2010년 도일은 도미노 피자가 맛없는 피자와 형편없는 고객 서비스, 재미없는 브랜드라는 평판을 얻고 있을 때 이 회사를 인수했다. 도일은 배달 흐름이 음식만큼이나 중요하다는 것을 깨닫고 운영과 고객 서비스를 디지털화하기 위해 소프트웨어와 애널리틱스에 엄청나게 투자했다. 그는 고객이 주문할 때 도미노 앱을 이용하든 트위터나 시리를 이용하든 심지어 문자로 피자모양 이모티콘을 보내든 가능한 한 쉽게 할 수 있길 바랐다. 고객은 온라인에서 나만의 피자를 만들고 또 준비와 배달의 각 단계를 추적할 수 있었다. 2015년 J.P.모건 애널리스트는 고객에게 말했다.

"'새로운' 도미노 피자를 피자 회사와 마케팅 회사로 변장한 기술 기업이라고 설명하고 싶은 심정입니다. 최근 몇 년간 뛰어나게 높은 성과는 이 의견이 사실임을 말해줍니다."

동시에 도미노 피자는 형편없는 음식 수준과 사업 호전을 기대하는 의도를 공개적으로 인정함으로써 브랜드에 활기를 불어넣었다. 도일은 이례적일 정도로 솔직했던 TV광고에 등장해 '내가 먹었던 최악의 피자' 또는 '케첩 맛이 나는 소스' 등 고객의 가혹한 비판을 공유했다. 그리고 그는 고객이 사업의 중심에 있어야 한다고 선언했다.

내가 도미노 피자의 유럽지사 COO 안드레 텐 볼데를 만났을 때, 나는 마치 로봇학 스타트업의 열정적인 창업자와 이야기를 나누는 듯한 기분이었다. 그는 VR 설정으로 고객에게 피자를 주문하는 기능을 부여한다거나 유럽에서 드론 배달을 시작하는 계획을 설명하며 "모든 것이 당신의 영역을 벗어난 호기심에서 시작된다"고 말했다. 그는 모든 직원에게 '나쁜 아이디어 책'이라고 부르는 노트를 나눠주고 아무리 형편없을지라도 고객경험을 개선해줄 아이디어를 제출하는 직원에게 포상한다. 또한 그는 현지 팀에게 공개적으로 프로토타입을 만들고 시험해보도록 장려한다. 이는 소프트웨어 스타트업이 하는 일과 똑같다.

"우리는 아직 존재하지 않는 피자를 웹사이트 고객의 10%에게 보여주고 그 피자를 원하는지 살펴봅니다. 고객이 주문하면 우리는 그 피자가 없다고 말하고 대신 무료로 피자를 줍니다. 비슷한 방식으로 피자 이름과 가격도 시험하지요. 나는 프로토타입을 만들어보는 걸 좋아합니다."

이처럼 데이터가 주도하는 고객 중심 접근법은 믿기 어려울 정도의 결과를 내놓았다. 도일이 CEO로 취임했을 때 주가는 9달러 밑이었으나 내가 이 글을 쓰는 시점에는 300달러를 넘어섰다.

나는 이 책을 쓰기 위한 여정에서 혁신을 과학 공식으로 압축할 수 있다는 증거는 발견하지 못했다. 그러나 업계에서 인정받는 위치에 있으면서도 어려움을 겪는 조직을 방문한 뒤 인간의 편견이 혁신의 가장 큰 적임을 자주 발견했다. 기계학습과 나노기술, 게놈학, 적층가공, 수많은 신흥기술이 사업모델을 위협하는 오늘날 무엇보다 큰 위험은 시간이 내 편이라고 가정하는 것이다.

혁신을 찾는 여정 중에 가끔 느긋하게 현실에 안주하는 기업의 최고 임원과 대화하다 보면 1903년 10월 〈뉴욕 타임스〉에 실린 그 악명 높은 기사가 떠올랐다. '하늘을 날지 못하는 비행기계'라는 제목의 그 기사는 항공기술 선구자 새뮤얼 피어폰트 랭글리Samuel Pierpont Langley 가 실험에 실패하는 광경을 목격한 기자가 쓴 것이었다. 그 기자는 '우스꽝스러운 실패작'이라고 썼다.

그리고 고작 몇 주 후 라이트 형제는 노스캐롤라이나주 키티 호크 에서 비행기로 하늘을 나는 데 성공했다.

▼

나는 이 모든 이야기를 내게 다양한 제안과 소개, 피드백, 통찰력을 제
시해준 수많은 사람의 배려·관대함·스마트한 사고·친절함 없이는 털
어놓지 못했을 것이다. 여러분 모두에게 감사한다. 그리고 이 책에 그
가치를 훼손할 수도 있는 의도하지 않은 개소리가 있다면 모든 책임
을 안고 가겠다.

펭귄 랜덤 하우스의 수잔나 웨이드슨, 헬레나 곤다, 래리 핀레이, 개
일 리벅, 팻시 어윈, 팀 베인브리지, 조시 벤, 조슈아 크로슬리, 엘라
혼, 엠마 버튼, 클로이 존슨-힐, 헬렌 에드워즈, 비선 무어, 대니얼 밸
라도, 바네사 버드. 나는 전문가로 꾸려진 이 놀라운 팀과 함께 일하면
서 스토리텔링 기술을 많이 배웠다.

운 좋게도 나는 멋진 에이전트와 함께 일할 수 있었다. 내 제안서
를 받아주고 현실로 만들어준 크루거 카운의 에이드리언 싱튼을 비
롯해 매력적인 이야기가 숨어 있을 듯한 장소로 나를 보내준 강연 에
이전트 돈 워커, 타티아나 더스, 헤리 워커 에이전시의 에밀리 트리블,

VBQ 스피커스의 리오 폰 불로, 런던 스피커 뷰로와 차트웰, 스피커스 코너, JLA, 스피커스 어소시에이트, 크루거 카운, 리딩 어소리티의 많은 팀과 그 외 많은 분에게도 감사드린다.

콘데 나스트의 조너선 뉴하우스, 니콜라스 콜러리지, 알버트 리드는 기술과 아이디어 세계에서 가장 훌륭한 잡지의 영국판을 발행하는 꿈 같은 기회를 내게 줬다. 잡지 편집에서 이보다 더 훌륭한 실무자는 없을 것이다. 나는 8년 동안 이들을 위해 일하는 특권을 누렸다. 콘데 나스트는 각 부서에서 창의적인 인재들이 이끌어가는 특별한 기업이다. 특히 나는 〈와이어드〉 편집팀과 광고팀 동료들에게 감사하고 싶다. 책에 실린 일부 사례는 내가 본래 〈와이어드〉에 쓴 이야기를 재구성한 것이다. 새라 해리스, 클라우디아 로완, 조 로완과 찰리 로완에게 감사를 전한다.

▼

데이비드 로완David Rowan

기술 환경의 변화와 미디어 트렌드를 흥미진진하게 소개하는 잡지 〈와이어드〉 영국판의 창간 편집장을 역임하고, 〈더 타임스〉, 〈GQ〉, 〈콘데 나스트 트래블러〉, 〈선데이 타임스〉의 기술 칼럼니스트로 일했다. 흥미로운 방식으로 자신만의 산업을 키워나가고 있거나 이미 혁신을 이뤄낸 기업가들을 만나기 위해 1년에 130회 이상 비행기를 타고 전 세계를 여행하고 있다.

구글, 스포티파이, 샤오미, 트위터 등 이름만 들으면 알 만한 혁신기업의 CEO들과 깊이 교류하며 그들에게 미래에 대한 영감을 주는 비즈니스 구루로 유명하다. 〈포천〉 선정 100대 기업들은 그를 자주 초청해 스타트업이 자신들의 회사를 어떤 식으로 위협하고 있는지 설명해달라고 부탁하지만, 아이러니하게도 그는 강연으로 벌어들인 돈을 전부 그 대기업들을 위협하는 스타트업에 투자한다.

암스테르담, 두바이, 제네바, 모스크바, 상하이 등 많은 곳에서 다양한 주제로 강연을 하는 뛰어난 연설가이기도 한 그는 여전히 '개소리가 아닌 진짜 혁신'을 찾아 전 세계를 탐험 중이다. 트위터(@iRowan)와 유튜브(David Rowan)를 통해 대중과 활발히 소통하고 있다.

▼

김문주

연세대학교 정치외교학과 졸업 후 연세대학교 신문방송학과 석사를 수료
했다. 현재 번역 에이전시 엔터스코리아에서 전문 번역가로 활동하고 있다.
주요 역서로 《셰이프 오브 워터》, 《거울 앞에서 너무 많은 시간을 보냈다》,
《나는 달리기로 마음의 병을 고쳤다》, 《마음챙김과 비폭력대화》가 있다.

디스럽터

2020년 2월 5일 초판 1쇄

지은이·데이비드 로완 | 옮긴이·김문주
펴낸이·김상현, 최세현 | 경영고문·박시형

책임편집·백지윤 | 디자인·정아연
마케팅·양근모, 권금숙, 양봉호, 임지윤, 최의범, 조히라, 유미정
경영지원·김현우, 문경국 | 해외기획·우정민, 배혜림 | 디지털콘텐츠·김명래
펴낸곳·(주)쌤앤파커스 | 출판신고·2006년 9월 25일 제406-2006-000210호
주소·서울시 마포구 월드컵북로 396 누리꿈스퀘어 비즈니스타워 18층
전화·02-6712-9800 | 팩스·02-6712-9810 | 이메일·info@smpk.kr

ⓒ 데이비드 로완(저작권자와 맺은 특약에 따라 검인을 생략합니다)
ISBN 979-11-6534-000-1(03320)

쌤앤파커스(Sam&Parkers)는 독자 여러분의 책에 관한 아이디어와 원고 투고를 설레는 마음으로 기다리고 있습니다. 책으로 엮기를 원하는 아이디어가 있으신 분은 이메일 book@smpk.kr로 간단한 개요와 취지, 연락처 등을 보내주세요. 머뭇거리지 말고 문을 두드리세요. 길이 열립니다.